성경 모든 본문에서 그리스도를 설교하라

- 그리스도 중심 설교와 성경 읽기의 원리와 실제 -

다함
도서출판 은

1. **다윗**과 **아브라함**의 자손

   아브라함과 다윗의 자손으로, 하나님 구원의 언약 안에 있는 택함 받은 하나님 나라 백성을 뜻합니다.

2. 마음과 뜻과 힘을 **다하여** 하나님을 사랑하라

   구약의 언약 백성 이스라엘에게 주신 명령(신 6:5)을 인용하여 예수님이 가르쳐 주신 새 계명

   (마 22:37, 막 12:30, 눅 10:27)대로 마음과 뜻과 힘을 다해 하나님을 사랑하겠노라는 결단과 고백입니다.

사명선언문

1. 성경을 영원불변히고 정확무오한 하나님의 말씀으로 믿으며, 모든 것의 기준이 되는 유일한 진리로 인정하겠습니다.
2. 수천 년 주님의 교회의 역사 가운데 찬란하게 드러난 하나님의 한결같은 나스림과 빛나는 영광을 드러내겠습니다.
3. 교회에 유익이 되고 성도에 덕을 끼치기 위해, 거룩한 진리를 사랑과 겸손에 담아 말하겠습니다.
4. 하나님 앞에서 부끄럽지 않도록 항상 정직하고 성실하겠습니다.

성경 모든 본문에서 그리스도를 설교하라
그리스도 중심 설교와 성경 읽기의 원리와 실제

초판 1쇄 인쇄 2023년 05월 22일
초판 1쇄 발행 2023년 06월 07일
초판 2쇄 발행 2023년 06월 20일

지은이 ㅣ 에드먼드 클라우니
옮 김 ㅣ 권명지, 신치헌
서 문 ㅣ 고상섭

디자인 ㅣ 장아연
펴낸이 ㅣ 이웅석
펴낸곳 ㅣ 도서출판 다함
등 록 ㅣ 제2018-000005호
주 소 ㅣ 경기도 군포시 산본로 323번길 20-33, 701-3호(산본동, 대원프라자빌딩)
전 화 ㅣ 031-391-2137
팩 스 ㅣ 050-7593-3175
블로그 ㅣ https://blog.naver.com/dahambooks
이메일 ㅣ dahambooks@gmail.com

ISBN 979-11-90584-72-2 [93230]

Preaching Christ in All of Scripture

Copyright © 2003 by Edmund P. Clowney
Published by Crossway, a publishing ministry of Good News Publishers
Wheaton, Illinois 60187, U.S.A.

This edition published by arrangement with Crossway through rMaeng2, Seoul, Republic of Korea.
All rights reserved.

This Korean edition © 2023 by Da-Ham Publishing Co., Gun-po si, Gyung-go do, Republic of Korea.

이 한국어판의 저작권은 알맹2를 통하여 Crossway와 독점 계약한 도서출판 다함에 있습니다.

성경 모든 본문에서
그리스도를 설교하라

그리스도 중심 설교와 성경 읽기의 원리와 실제

지은이 에드먼드 클라우니 (Edmund P. Clowney)
옮긴이 권명지, 신치헌

"이 책은 그리스도 중심 설교를 위한 필독서입니다!"

고상섭 목사, 길성운 대표, 김대혁 교수, 이수환 목사, 이정규 목사 추천
브라이언 채플, 웨인 그루뎀, 팀 켈러 추천

다함
도서출판

목차

서문

책을 출간하며

에드먼드 클라우니와 팀 켈러의 그리스도 중심 설교

고상섭 목사 (CTCKorea 이사, 팀 켈러 연구가)

팀 켈러 목사를 통해 '그리스도 중심 설교'에 대해 눈을 뜨고 나서 다양한 책들을 찾아보다가 팀 켈러의 스승이었던 에드먼드 클라우니의 『성경 모든 본문에서 그리스도를 설교하라』를 만났습니다. 팀 켈러 전기를 쓴 콜린 핸슨이 팀 켈러에게 개인적으로 가장 많은 영향을 미친 인물은 아내 캐시를 제외하면 에드먼드 클라우니가 유일하다고 말했을 정도로 클라우니는 팀 켈러에게 많은 영향을 미친 인물이며, 그리스도 중심 설교의 기초를 놓은 사람이라 할 수 있습니다.

왜 그리스도 중심 설교인가?

그리스도 중심 설교는 다양한 설교의 방식 중의 하나가 아니라, 성경을 설교하는 유일한 방식이라고 할 수 있습니다. 구약 어디에도 예수님의 이름이 명시적으로 드러나지 않지만, 사도 바울은 모든 성경이 궁극적으로 예수님과 그분의 구원을 가리킨다고 이해했습니다. 팀 켈러는 그의 책『팀 켈러의 설교』에서 그리스도 중심 설교에 대해 이렇게 말합니다.

> 모든 선지자, 제사장, 왕은 궁극적인 선지자, 제사장, 왕을 향해 빛을 비추고 있는데, 성경을 남김없이 온전히 전한다는 것은 곧 그리스도를 성경 메시지의 중심 주제와 본질로 설교하는 것이다.[1]

성경 모든 본문에서 그리스도를 설교해야 하는 이유는 성경 그 자체가 그리스도 중심이기 때문입니다. 성경을 성경의 의도대로 읽고 설교한다면 자연스럽게 그리스도가 드러날 수밖에 없습니다.

> 그 뜻의 비밀을 우리에게 알리신 것이요 그의 기뻐하심을 따라 그리스도 안에서 때가 찬 경륜을 위하여 예정하신 것이니 하늘에 있는 것이나 땅에 있는 것이 다 그리스도 안에

---

[1] 팀 켈러, 채경락 옮김,『팀 켈러의 설교』 (서울:도서출판 두란노, 2016), p29.

서 통일되게 하려 하심이라(엡 1:9-10)

성경 안에는 하나님의 '경륜'이 있습니다. 여기서 말하는 '경륜'은 '하나님의 경영'이라고 번역해도 괜찮은 단어입니다. 성경 안에는 하나님께서 계획하시는 궁극적 목적이 드러나는데, 그것은 그리스도 안에서 온 우주가 통일되는 것입니다. 성경 속에 나타난 모든 하나님의 계획은 결국 그리스도 안에서 귀결되며 완성됩니다.

엠마오 마을로 가는 제자들에게 나타나신 예수님께서도 그들에게 이렇게 말씀하셨습니다.

> 이르시되 미련하고 선지자들이 말한 모든 것을 마음에 더디 믿는 자들이여 그리스도가 이런 고난을 받고 자기의 영광에 들어가야 할 것이 아니냐 하시고 이에 모세와 모든 선지자의 글로 시작하여 모든 성경에 쓴 바 자기에 관한 것을 자세히 설명하시니라(눅 24:25-27)

예수님은 모세의 율법서와 선지서로 통칭되는 구약성경을 통해 그리스도의 고난과 부활을 이해할 수 있다고 말씀하시며, 모든 구약성경은 '자기에 관한 것' 즉 그리스도에 관한 내용이라고 설명하셨습니다. 요한복음에서도 예수님은 모든 성경이 곧 '내게 대하여 증언하는 것'이라 하시며, 성경이 그리스도 중심으로 기록되어 있다고 증언하십니다.

> 너희가 성경에서 영생을 얻는 줄 생각하고 성경을 연구하
> 거니와 이 성경이 곧 내게 대하여 증언하는 것이니라(요
> 5:39)

또 거듭남에 대해 질문하는 구약에 능통했던 니고데모에게도 "너
는 이스라엘의 선생으로서 이러한 것들을 알지 못하느냐?"(요 3:10)
라고 말씀하시고는 구약을 통해 그리스도의 죽음과 구원에 대해 이
해할 수 있어야 한다고 언급하시며, 민수기 21장의 모세가 광야에
서 놋뱀을 들었던 사건을 통해 그리스도의 십자가와 구원에 대해
설명하십니다. 우리가 잘 아는 요한복음 3장 16절의 복음은 이미
구약에 등장한 놋뱀 사건을 선명하게 재진술한 것입니다.

> 모세가 광야에서 뱀을 든 것 같이 인자도 들려야 하리니 이
> 는 그를 믿는 자마다 영생을 얻게 하려 하심이니라 하나
> 님이 세상을 이처럼 사랑하사 독생자를 주셨으니 이는 그
> 를 믿는 자마다 멸망하지 않고 영생을 얻게 하려 하심이라
> (요 3:14-16)

구약학자 트럼프 롱맨은 그리스도 중심 설교를 영화 〈식스 센스〉
를 보는 것과 같다고 설명합니다. 브루스 윌리스가 주연한 나이트
사말란 감독의 영화 〈식스 센스〉(1999)는 결말이 특이한 영화입
니다. 영화를 보는 내내 결말을 보기 전까지 주인공의 행동이 이해
되지 않지만 주인공이 죽은 귀신이었다는 반전이 일어나면서 영화
전체가 다시 이해되기 시작합니다. 어린 시절 TV 프로그램 중에

〈비밀의 커튼〉이라는 프로그램이 있었습니다. 주인공이 커튼 뒤에 숨어 있고 그림자만 보면서 질문을 통해 그 사람이 누구인지를 맞추는 퀴즈 프로그램이었는데, 마치 구약은 커튼 속에 비친 예수님의 그림자이고, 신약은 그 그림자가 예수님이었다는 사실을 보여줍니다. 즉 〈식스 센스〉를 보는 것처럼, 예수 그리스도라는 주제를 대입해서 구약성경을 읽으면 모두 그리스도를 가리키는 것임을 알 수 있게 됩니다.

> 모든 이야기의 맥락이 모든 주제의 모든 절정이 그리스도께서 수렴된다는 걸 안다면, 당신은 모든 성경 본문이 궁극적으로 예수님에 관한 것임을 보지 않을 수 없다. 이제, 당신은 무조건 그리스도에 대해 생각하게 된다. 지금 보고 있는 본문이 딱히 메시아 예언이나, 그리스도를 전조하는 주요 인물 혹은 통정경적인 주제, 핵심적인 성경 이미지나 비유가 아니더라도 말이다. 이제 당신은 그분을 볼 수밖에 없다.[2]

사도 바울은 구약의 출애굽기를 신약의 빛으로 어떻게 해석해야 하는지 보여줍니다.

> 형제들아 나는 너희가 알지 못하기를 원하지 아니하노니 우리 조상들이 다 구름 아래에 있고 바다 가운데로 지나며 모세에게 속하여 다 구름과 바다에서 세례를 받고 다 같은

2　같은 책, p.119.

신령한 음식을 먹으며 다 같은 신령한 음료를 마셨으니 이
는 그들을 따르는 신령한 반석으로부터 마셨으매 그 반석
은 곧 그리스도시라 (고전 10:1-4)

이스라엘이 모세와 함께 출애굽한 사건을 홍해에서 '세례를 받은'
사건으로 묘사하고, 어린양의 죽음을 통한 출애굽은 그리스도로 인
한 구원을 상징하는 것으로 이해하게 합니다. 또 '만나'라는 신령한
음식과 반석에서 물을 마신 사건을 가리켜 그리스도로 인해 먹고
마신 사건이라 설명합니다. 이처럼 신약은 구약을 비추는 빛으로
작용하며, 희미했던 그리스도를 더욱 선명하게 드러내줍니다. 에
드먼드 클라우니의 말처럼 우리가 모든 성경을 그리스도의 빛으로
비추지 않는다면 우리의 설교는 유대 랍비들의 설교와 차이점이 없
을 것입니다.

그리스도 중심적 적용의 과제

이 책은 독자들을 '그리스도 중심 설교'에 대해 안내해주는 안내자
입니다. 그러나 한 가지 명심해야 할 것은 그리스도 중심 설교의 시
작을 안내해주는 책이지, 이 책 한 권으로 그리스도 중심 설교를 마
스터할 수는 없습니다. 팀 켈러도 클라우니 교수에게 그리스도 중
심 설교를 배웠지만 그것을 자신의 설교로 적용하기까지는 많은 시
행착오를 겪었다고 고백했습니다.

클라우니 박사님이 가르치신 대부분의 학생들이 직접 경험하는 것처럼, 그리스도 중심적 설교를 실천하는 일은 대단히 어렵습니다. … 9년 동안 구약 성경을 설교하면서 저는 본문에 충실한 동시에 현실과 관련된 방식으로 본문에서 '예수 그리스도를 설교하기'라는 어려운 문제와 씨름했습니다. 심지어 예수님이 특정 본문의 주제를 어떻게 성취하셨는지를 이해한다 하더라도 그것을 적용하는 것은 또다시 어려운 문제입니다. 그리스도 중심적 설교를 해석학적 측면에서는 건전하고 고무적으로 하지만, 그 본문이 성도들의 일상생활을 영위하는 방식에 어떤 차이를 만들어 내도록 구상된 것인지 모르는 상태로 남겨두는 경우가 많습니다. 저는 이런 문제들을 다루는 데 많은 노력을 쏟았고, 그런 문제들에 답하는 저만의 방법을 찾았습니다.[3]

그리스도 중심 설교는 하루아침에 완성되지 않습니다. 팀 켈러도 클라우니 교수에게 배운대로 본문에서 그리스도를 선명하게 드러내었지만 청중들의 삶 속에 적용하는 것이 어려웠기 때문에 수많은 시행착오와 치열한 고민 끝에 자신만의 방법을 발견했다고 말합니다. 팀 켈러의 그리스도 중심 설교는 에드먼드 클라우니와 크게 두 가지 정도 차이점이 있습니다.

첫째, 브라이언 채플 교수의 '그리스도 중심 설교'에서 채플은 인

---

3 팀 켈러 외, 윤석인 옮김, 『모든 성경에서 그리스도를 설교하라』 (서울: 부흥과개혁사, 2011), p.80.

간의 타락한 상황에 초점을 맞추는 FCF(The Fallen Condition Focus)를 강조합니다. 그리스도께서 인간을 위해 성취하신 그리스도의 행위를 선포하기 전에 인간의 노력으로 할 수 없다는 자기 절망의 단계가 필요합니다. 팀 켈러는 '문화를 향한 설교'라는 이름으로 문화 속에 있는 다양한 문화 내러티브의 영향을 받은 사람들의 잘못된 우상숭배를 드러내는 것을 통해 인간의 한계를 경험하게 합니다.

둘째, 그리스도 중심의 적용입니다. 싱클레어 퍼거슨은 『온전한 그리스도』에서 "그리스도와 그리스도의 혜택을 분리하지 말라"라고 말합니다. 이 문장은 매로우 논쟁 당시에 율법주의와 복음을 구분한 표현으로 '칭의와 성화를 분리하지 말라'는 것과 동일합니다. 이 원리를 설교에 적용하자면, 구체적인 행위의 변화를 선포하기 전에 먼저 칭의 즉 그리스도께서 베풀어 주신 구원의 은혜가 행위의 동기가 되도록 해야 한다는 것이며 그 동기가 삶의 현장에 연결될 수 있도록 도와주는 것입니다.

"The Gospel Changes Everything!"(복음은 모든 것을 변화시킨다.)이라는 말이 있습니다. 이 말은 그리스도께서 행하신 복음(Gospel)이 삶의 모든 영역(Everything)에 적용될 수 있도록 전달해서 복음으로 삶을 변화시키는(Changes) 것입니다. 이 원리를 이해하지 못하면 그리스도 중심 설교를 할 때 순종을 강조하는 것 자체를 율법

주의라고 오해할 수 있습니다. 순종을 강조하는 것 자체가 문제가
아니라, 은혜가 순종으로 연결되지 못하는 것이 문제입니다.

팀 켈러는 『팀 켈러의 센터 처치』에서 복음이 적용되는 다양한 삶의
영역을 소개합니다. 낙망과 우울, 사랑과 인간관계, 성, 가정, 자기
관리, 인종과 문화, 전도, 인간의 권위, 죄책감과 자아상, 기쁨과 유
머, 다른 계층에 대한 태도, 이런 주제들이 모두 그리스도 중심 설
교를 통해 복음의 동기 즉 칭의가 연결되어 성화 되어야 하는 구체
적인 영역들입니다.

D. A. 카슨도 바울의 고린도전서를 설교의 적용이라는 관점으로
해석했습니다.

> 고린도전서는 복음이 어떻게 태도나 정신기강, 인간관계,
> 그리고 문화적 상호작용들에 광범위한 변혁을 일으키는지
> 를 반복적으로 보여주고 있다. ... 바울이 고린도 사람들을
> 향해 삶의 모든 영역에서 복음이 작동해야 함을 반복해서
> 강조한 것처럼 오늘날의 우리도 동일하게 그래야한다. ...
> 복음이 다음의 영역들에서 어떻게 삶을 바꿀 수 있는지 생
> 각하는 것은 그리 힘든 일이 아니다. 복음이 어떻게 사업 관
> 행이나 그리스도인들의 상업상의 우선순위들을 바꿀 수 있
> 는지 등을 생각해야 한다. 이 작업은 복음으로부터 사회적
> 원칙을 추출한다고 되는 것이 아니다. 또한 선지자적 목소
> 리를 내려는 헛된 노력으로 끊임없이 부수적인 것들에 관

심을 둔다고 되는 것도 아니다. 오직 우리의 복되신 구주의 영광스러운 복음을 교회들 속에서 전파하고 가르치고 살아 냄으로써 되는 것이다.[4]

팀 켈러가 에드먼드 클라우니로부터 배운 '그리스도 중심 설교'를 자신의 방식으로 그리스도 중심 적용으로 승화시킨 것처럼 이 책을 통해 또 다른 팀 켈러가 나오는 계기가 되면 좋겠습니다.

그리스도 중심의 삶을 살라

마지막으로 잊지 말아야 할 사실은 그리스도 중심 설교는 단순한 이론이 아니라 그리스도 중심으로 살아가는 설교자의 삶에서 흘러 나온다는 것입니다.

팀 켈러는 설교에서 그리스도 중심 설교를 잘하는 사람들의 특징 중 하나를 '본능'이라고 언급했습니다. 이 말은 어떻게 들으면 많은 설교자들을 좌절시키는 말입니다. 왜냐하면 설교를 잘하는 사람은 타고났다는 뉘앙스를 풍기기 때문입니다. 그러나 팀 켈러가 여기서 말하는 '본능'은 단순한 타고남을 이야기하는 것이 아니라, 설교자의 삶을 말하는 것입니다. 복음 설교는 복음 중심의 삶을 사는

---

4 팀 켈러, 오종향 옮김, 『팀 켈러의 센터처치』 (서울:도서출판 두란노, 2016), p93.

사람들의 삶에서 흘러나옵니다. 그리스도 중심 설교는 그리스도로 가득 차 있는 사람들의 마음에서 선포되는 것입니다.

결국 그리스도 중심 설교란, 단순히 본문에서 그리스도를 드러내고 적용하는 것이 아니라 오직 그리스도로 가득 차 있는 설교자의 뜨거운 가슴에서 흘러나오는 설교입니다. 그리스도만을 높이고 그리스도만을 사랑하고 싶은 간절한 열망이 바로 그리스도 중심 설교의 핵심입니다. 이 책이 많은 설교자의 가슴에 그리스도를 선포하고 싶은 간절한 열망을 불러일으키기를 기도합니다.

이 책이 출간되기까지 많은 분들의 헌신이 있었습니다. 팀 켈러를 통해 에드먼드 클라우니의 책을 알게 되었고 이 책이 아직 번역되지 않았다는 사실을 알고 여러 출판사들을 찾아다니며 출판을 의뢰했습니다. 출판되지 못할 것 같은 여러 어려움이 있었지만 다함 출판사 이웅석 대표님께서 이 책의 가치를 알고 출판을 결정해주셨고, 시광교회(이정규 목사 시무)에서 번역비를 헌신해주셨습니다. 번역은 통번역과를 졸업한 권명지 전문번역가가 3장부터 15장까지의 설교를 번역했고, 1-2장의 설교 이론부분은 팀 켈러의 그리스도 중심 설교와 사역을 사랑하셔서 울산에 다문화교회를 개척하신 시티센터교회 신치헌 목사님이 번역과 전체 감수를 맡아주셨습니다. 수고해 주신 모든 분들께 감사드리며, 하나님께서 이 책을 통해 이 땅에 교회에 그리스도가 충만하게 선포되기를 기도합니다.

추천사

모든 강이 수원지가 있듯이, 위대한 설교에도 수원지가 있습니다. 이 책은 에드머니 클라우니의 그리스도 중심 설교를 추구하는 모든 설교자들에게 영적 수원지의 역할을 하기에 충분합니다.

우선 저자는 구약에 나타난 다양한 영역의 그리스도를 소개하며, 신약과의 충실한 연결점을 제공합니다. 여호수아 앞에 나타나신 군대장관이나 여호와의 사자와 같은 직접적인 단어부터, 희생제사에 나오는 의식들과 직분들(왕, 선지자, 제사장 등)과 역사적 사건 등을 그리스도와 연결시킴으로 풍성한 자료를 제시합니다.

둘째, 탁월한 해석학적 관점으로 억지 해석이나 애매한 영역을 명쾌하게 설명해줍니다. 설교자가 자칫 범하기 쉬운 풍유적 해석이나 풍유적 해석에 대한 두려움으로 성경에 나타난 그리스도에 대한 풍성한 모형들을 설교하기를 기피하는 분들에게 과도한 부분과 적절한 부분이 어디까지인지 분명한 경계선을 제공해줍니다.

셋째, 이 책은 단순한 이론서가 아닙니다. 구체적인 설교의 예시들을 통하여 원리로 끝나지 않고 실제적으로 적용하는데 도움을 줍니다.

넷째, 설교의 중요성과 설교자의 영광을 회복하게 해줍니다. 설교는 단순한 본문의 설명과 적용이 아니라 하나님의 영광이 드러나는 시간입니다. 그러므로 설교자는 단순히 설교를 잘하게 해달라고 기도하기보다 주님과의 친밀한 시간과 그분의 임재를 구하라고 도전합니다.

어느 시대보다 부흥이 필요합니다. 어느 시대이건 부흥은 언제나 복음의 부흥이었습니다. 저자는 우리를 부흥의 원친지로 안내하고 있습니다. 이 책이 우리의 오랜 기도의 응답이기를 소원합니다. "주여, 이 땅에 복음의 부흥을 주시옵소서!"

길성운 목사 (성복중앙교회, CTCK 이사장)

드디어 이 책이 번역되었습니다! 이제라서 안타깝지만, 나오게 되니 너무 감사할 따름입니다. 다른 말이 필요 없이, 이 책은 그리스도 중심 설교를 위한 필독서입니다.

최근 그리스도 중심 설교가 다시 주목받고 있습니다. 설교의 위기 시대를 맞이하여, 유구한 기독교 역사 가운데 너무나 당연했던 가치를 우리는 재발견하고 있습니다. 이런 시기에 에드먼드 클라우니의『성경 모든 본문에서 그리스도를 설교하라』가 번역되어 나온 것은 참 뜻깊은 일입니다. 왜냐하면 오늘날 그리스도 중심 설교를 설명하는데 클라우니를 빼고 논하기는 힘들기 때문입니다. 그중 이 책은 그리스도 중심 설교에 "약방의 감초"와 같은 역할을 하는 책입니다.

실제 현대 대표적인 그리스도 중심 설교(학)자들은 클라우니에게 직간접적으로 신세를 지고 있습니다. 예를 들면, 구속사적 주제의 연결(redemptive-historical focus)이 돋보이는 시드니 그레이다누스(Sidney Greidanus)의 설교 방법론, 인간 타락의 관점으로 정황적 연결(fallen conditioned focus)을 강조하는 브라이언 채플(Byran Chapell)의 방법론, 앞선 방법론을 진전시켜 청중의 마음을 움직이는 그리스도 중심 설교를 주창하는 티모시 켈러(Timothy Keller)의 방법론은 21세기 그리스도 중심 설교의 발전 궤도를 보여줍니다.

그런데 이들의 주장을 이해하고 실천하기 위해서는 클라우니의 사각형(Clowney's Rectangular)만한 해석과 설교의 얼개가 없습니다. 즉, 그리스도 중심 설교에 대한 비평과 계승 모두에 클라우니의 이 책이 활용됩니다. 앞으로 본문에 충실하면서도 삼위일체론적 그리스도 중심 설교를 더욱 계승 발전시키기 위해서도 이 책은 설교자의 사고와 실천의 가늠자 역할을 할 것입니다.

반드시 이 책을 사서 읽어보십시오. 이론은 머리에 심어두고,

설교는 가슴으로 녹여 보십시오. 그러면 설교단은 물론 교회와 사회 곳곳에 그리스도가 주되심을 힘차게 선포할 확신과 열정이 생겨날 것입니다.

김대혁 교수 (총신대학교 신학대학원, 설교학)

『성경 모든 본문에서 그리스도를 설교하라』(Preaching Christ in all of Scripture)라는 책 제목은 그 자체로 모든 설교자의 간절한 소망이자 유일한 설교의 목표입니다. 너무나도 당연한 이 제목이 오늘날 강조되고, 특별한 주제로 다루어지는 것은 그 만큼 우리의 설교와 교회의 현실이 본질에서 벗어나 있음을 반증합니다.

예수님께서는 구약의 모든 본문이 자신을 증거한다고 말씀하셨고(눅24:44), 빌립이 발견한 예수님 역시 모세와 선지자가 기록하고 전한 바로 그 분이셨습니다(요1:45). 즉, 신약성경만이 아니라 구약의 모든 본문 역시 예수님을 기록하고, 증거하고 전합니다. 성경의 모든 본문이 예수님을 말합니다.

그러므로 성경을 읽는다는 것은 그 안에 기록된 예수님을 읽는 것이며, 설교는 성경을 전하는 것이기에 당연히 성경의 예수님을 전하는 것입니다. 그것이 성경과 설교의 근본적인 목적이며 존재의 이유입니다.

그러나 오늘날 우리의 설교는 이 본질에서 상당히 멀어져있습니다. 가장 주된 이유는 너무 많은 이야기를 전하기 때문입니다. 이러한 현상의 이면에는 두 가지 정도의 이유가 있을 것입니다. 하나는 신자의 모든 형편에 즉각적이고 실용적인 메시지를 전해야 한다는 설교자의 강박이 있을 것이고, 다른 하나는 그리스도만을 전하는 것은 우리가 사는 이 시대를 감당하기에는 무언가 부족할 것이라는 설교자와 회중의 염려가 있을 것입니다. 많은 사람들이 '그리스도 중심 설교'를 부정적으로 말하는 주된 이유이기도 합니다. '억지스러운 해석'과 '극히 제한된 적용'이라는 것입니다. 그러나 이는 '그리스도 중심 설교'의 한계나 결함이 아닙니다. 이는 전적으로 성경을 온전히 읽어내지 못하고, 그 안에 담겨 있는 복음의 풍성함과 역동성을 전하지 못하는 설교자의 모자람 때문입니다. 사실 우리는 성경이 말하는 그리스도를 온전하게 그리고 바르게 전한 적이 그리 많지 않습니다. 늘 다른 이야기들이 먼저 우리의 눈과 귀와 혀를 장악합니다.

에드먼드 클라우니의 이 책은 이와 같은 모든 염려와 불안, 무지와 실수를 지적하고 그에 대한 성경적인 답을 제시합니다. 그 답은 단순합니다. 먼저는 성경의 본문을 정확하고 바르게 읽고, 하나님께서 그 성경의 본문을 통하여 우리에게 말씀하시는 교훈을 성령의 도우심으로 듣는 것입니다. 그리고 그 다음에 성경 속에서 들은 하나님의 말씀을 전하는 것이 설교입니다.

사실 이것으로 충분합니다. 성경은 우리의 믿음과 삶에 대한 유일하고 절대적인 규범입니다(웨스트민스터 대요리문답 3,5문답). 그 성경의 중심에 예수 그리스도가 계십니다. 그러므로 성경의 예수 그리스도를 전한다는 것은, 우리의 믿음과 삶을 말하는 것입니다.

그래서 이 책은 설교에 관한 책이지만, 설교 이전에 '성경'에 관한 책입니다. 성경의 본문을 신중하고 세심하게 살핍니다. 이러한 과정은 단순히 해당 본문에 대한 이해만이 아니라, 성경 본문을 어떻게 읽고 해석하고 적용해야 하는지, 성경 읽기와 해석 그 자체에 대한 가장 좋은 방법을 가르쳐 줍니다. 훌륭한 설교를 들으면 성경 본문에 대한 이해의 폭이 넓어지고 새로워지듯이 이 책은 그러한 유익과 마음의 시원함을 우리에게 풍성하고 넘치게 제공합니다.

그리고 당연하게도 이 책은 '설교'가 얼마나 귀하고 중요한 일인지를 알려주며 설교자들의 각성을 촉구합니다. 맞습니다. 이 책의 결론은 '설교'입니다. 하나님께서 사용하시는 설교, 예수 그리스도를 증거하는 설교, 예수 그리스도의 생명의 복음을 선명하게 드러내며, 하나님의 택하신 자녀들을 구원으로 인도하는, 성령의 검인 말씀을 통하여 역사하시는 하나님의 설교를 말합니다.

사랑하는 설교자 여러분. 복음의 동역자 여러분에게 이 책을 추천하는 가장 강력하고 실제적인 이유입니다. 우리를 설교의 자리로 부르신 하나님의 뜻과 목적을 이 책을 통하여 다시금 확인하며, 우리에게 맡겨진 복음 선포의 귀한 사역을 감당하고자 함입니다. 지치고 상하여, 전할 힘을 잃어버리고, 전할 메시지도 놓쳐버리는 이때에 이 책을 통하여 모든 설교자의 심령에 성령과 말씀으로 역사하시는 주님의 은혜와 복음의 메아리가 울려 퍼지기를 간절히 소원합니다.

이수환 목사 (강변교회)

저는 추천사를 자주 쓰는 편이고, 쓸 때마다 독자들이 강요당하는 느낌이 들지 않도록 섬세하게 책을 추천하려고 노력하는 편입니다. 하지만 이 책은 다릅니다. 이 책은 강요라도 하고 싶은 심정입니다. 특히 이 글을 읽고 있는 당신이 설교자라면 이 책을 꼭 읽으라고 애원이라도 하고 싶습니다.

그냥 설교를 잘 하는 법을 배우려면 이 책이 필요 없습니다. 하지만 복음이 말해주는 영광스러운 그리스도를 찬란하게 선포하고 싶다면 이 책을 집어야 합니다.

이 책을 쉽게 읽는 방법도 알려주고 싶습니다.

만약 당신이 신학과 설교학의 언어에 익숙하지 않다면 1장을 건너뛰고 2장부터 읽으십시오. 그래도 괜찮습니다. 다 읽고 나중에 1장을 읽어도 이해할 수 있습니다. 먼저 2장부터 거의 매 페이지마다 도배가 되어 있는 복음을 읽어내십시오.

만약 당신이 설교자가 아니라면, 역시 1장을 건너뛰고 2장을 읽으십시오. 복음이 당신에게 어떻게 적용되는지를 선명하게 누릴 수 있을 것입니다.

이정규 목사 (시광교회)

에드먼드 클라우니는 이 세대의 구속사적 설교의 대부라고 할 수 있습니다. 수십 년 동안 그는 그리스도가 모든 성경의 목표이기 때문에 모든 설교에서 그리스도에 초점을 맞출 것을 복음주의 설교자들에게 독려하는 광야의 외치는 소리였습니다. 이제, 많은 이들이 클라우니의 복음적 합창에 참여하지만, 그 누구도 성경 전반에 걸쳐 은혜의 교향곡을 자아내는 화음을 그보다 더 훌륭하게 만들어 내지 못합니다. 클라우니가 그의 연구, 설교, 그리고 마음으로 얻은 보석을 우리에게 나눠주기에, 우리는 성경의 모든 보물들을 통해 위대한 대가(代價)의 진주를 어떻게 빛나게 할 수 있는지 더 명확하게 분별하게 됩니다.

브라이언 채플(실천신학 커버넌트 신학교 총장이자 교수)

에드먼드 클라우니는 일반적으로 교회에, 그리고 특별히 설교자들에게 놀라운 선물을 선사합니다. 이 책은 단순히 설교에 관한 책이 아닙니다. 모든 성도들이 하나님의 말씀에서 그리스도와 그분의 영광을 보라는 외침입니다. 설교자들은 이 실용적이면서도 심오한 가르침으로 기뻐하고 유익을 얻을 수 있고, 모든 성도들은 주님이신 예수님의 놀라운 실체로 기뻐할 수 있습니다.

스테픈 W. 브라운(개혁신학 대학교 설교학 교수)

이 책은 어떻게 하나님을 높이고, 그리스도 중심이며 성령의 능력의 힘입은 설교를 할 수 있는지에 대한 성경 공부의 대가의 지침입니다. 저는 웨스트민스터 신학교에서 에드먼드 클라우니의 수업을 듣고 어떻게 성경 전체가 딱 맞아 떨어지는지에 대해 변화된 이해를 갖게 되었습니다. 이 책을 읽는 모든 이들도 같은 경험을 할 것이라 확신합니다.

웨인 그루뎀(피닉스 신학대학 성경과 신학 연구 교수)

에드먼드 클라우니는 포스트모더니즘 시대의 사람들에게 어떻게 복음을 설교해야 하는지 가르쳐 주었습니다. 그 방법을 배우고 싶은 모든 사람들에게 이 설교들은 매우 값진 자원이 될 것입니다.

팀 켈러(뉴욕 리디머 장로 교회 원로 목사)

그리스도인들은 성경 전체를 예수 그리스도에 대한 간증으로 읽는 법을 다시 배워야 합니다. 에드먼드 클라우니 박사는 이 책에서 성경을 어떻게 그리스도인답게 해석할 수 있는지 보여줍니다. 이 책은 너무 많은 설교자들이 어떻게 구약을 다뤄야 할지 갈팡질팡하고 있기에 오늘날 교회에 긴급하게 필요한 책입니다. 클리우니 박사는 어떻게 구약이 위대한 주제와 풍성한 디테일로 그리스도를 드러내는지 보여줍니다. 에드먼드 클라우니는 우리 시대의 위대한 크리스천 리더이자 목회적 신학자 중 한 명입니다. 이 책을 꼭 읽어보길 바랍니다.

R. 알버트 몰러 주니어(서던 침례 신학대학교 총장)

저자 서문

성경을 읽고 가르치는 사람들은 성경이 이야기 책임을 알고 있다.
내 초등부 주일학교 선생님은 나에게 성경을 읽어볼 것을 추천하셨
고 그때부터 성경을 읽기 시작했다. 전쟁과도 같았던 대학 시절 나
에게 남은 유일한 소망은 성경을 읽는 것뿐이었다. 그래서 나는 토
막토막 읽지 않고 간절한 마음으로 몇 시간씩, 혹은 며칠씩 성경을
읽어 나갔다. 창세기 1장에서 시작하여 요나서에 이르렀을 때 "구
원은 여호와께 속하였나이다!"라는 구절을 읽게 되었다. 그때 나는
성경이 이스라엘의 역사를 다룰 뿐 아니라 선택된 백성을 구원하시
는 하나님의 구속사를 전하고 있음을 깨닫게 되었다. 성경은 전부
하나님이 행하신 일에 관한 것이다. 세상을 손에 쥐고 계시는 하나
님이 우리를 구원하기 위해 내려오셨다. 성경은 어떻게 하나님이

동정녀 마리아에게 나시고 우리를 위해 사셨고 죽으셨는지, 또 어떻게 무덤에서 일어나 승리 가운데 부활하셨는지 이야기한다. 내 소망은 내가 하나님을 붙드는 것이 아니라 그분이 나를 붙들어 주시는 것이었다.

계속해서 성경을 연구하고 가르치면서, 구약에서 나타난 하나님의 약속이 신약에서 성취되었음을 점점 더 알 수 있었다. 즉 성자 예수님의 강림으로 그 약속은 성취되었다. 요한복음은 말씀이 육신이 되신 예수 그리스도의 신성을 증언한다. 요한은 예수님이야말로 이사야가 환상 중에 본 그룹들 사이의 보좌에 앉으신 하나님이라고 이야기한다(요 12:41).

떨기나무 속에서 모세에게 나타나신 주의 사자는 자신을 "스스로 있는" 하나님으로 나타내셨다. 사복음서만이 예수님의 이야기를 하는 것이 아니다. 후에 오실 선지자에 대한 하나님의 약속을 전하는 모세오경도 그렇고, 구약 전체가 예수님의 이야기를 전한다. 사도 바울이 모든 회당에서 성경을 인용하여 가르칠 때마다 구약의 두루마리를 가지고 말씀을 전했음을 기억해야 한다. 바울은 모든 구약 말씀을 성취하신 예수님에 대해 사도적 증언을 하고 있다.

설교에서 구속사를 무시하는 설교자는 성경 전체에서 성령이 예수님에 대해 증언하시는 것을 무시하는 것이다.

이 책은 두 편의 강의로 시작하며, 다음에는 구약과 신약을 그리스도께 연결하는 통일된 증언을 담은 13편의 설교를 담고 있다. 1장에서는 그리스도가 구약 전반에 걸쳐 나타나심을 보여주고자

했고, 2장에서는 "그리스도를 나타내는 설교 준비하기"에 필요한 도움을 제공한다. 이어서 실린 설교들은 어떻게 특정 본문으로 그 문맥에 따라 그리스도를 나타낼 수 있는지 보여주기 위한 예시이다. 설교에 쓰인 다른 성경 구절은 직접 인용한 것 외에는 참고 목록에 싣지 않았다. 또한 이 설교들은 청중들에게 설교하는 메시지로 제공된 것이지 연구 논문에 각주로 달기 위한 목적으로 주어진 것이 아니다.

이 책을 읽는 독자들이 부활절 아침 예수님과 함께 엠마오로 가는 여정 중에 성경으로 눈을 돌려 예수님의 말씀을 듣는 기쁨을 만끽하게 되기를 기도한다.

에드먼드 P. 클라우니

1

성경 전체에 계시는 그리스도

* 일러두기
이 책의 원서에서는 다양한 성경역본을 사용했으나,
한국어판에서는 주로 대한성서공회의 개역개정 4판을 사용했습니다.

1. 성경 전체에 계시는 그리스도

구약에서 그리스도를 설교한다는 것은 회당에서의 설교와 달리 구속의 드라마 전체를 고려하면서, 그것이 그리스도 안에서 어떻게 실현되었는지를 전하는 것을 의미한다. 본문을 그리스도와 연관지어 보는 것은 그것을 더 큰 문맥, 즉 계시 속에 드러나는 하나님의 목적의 맥락에서 본다는 것이다. 그렇다고 본문이 주는 특정 메시지를 무시하거나, 만능으로 써먹을 수 있는 그리스도 중심 설교의 마무리를 써 놓고 매주 필요할 때 골라가며 쓰라는 말이 아니다.

우리는 본문에 나타나 있는 대로 그리스도를 설교해야 한다. 만약 대부분의 구약 본문이 그리스도를 나타내지 않는다고 생각한다면, 성경의 통일성과 예수 그리스도의 충만하심을 깊이 묵상해 보라. 그리스도는 주와 종의 모습으로 성경에 나타나신다.

언약의 주인이신 그리스도

신약에서는 퀴리오스(주)라는 호칭을 그리스도에게 붙인다(예: 히 1:10; 벧전 3:15). 이것은 구약을 헬라어로 번역한 70인역에서 히브리어 "야훼(Yahweh)"라는 단어를 번역하기 위해 쓰인 헬라어 용어로서, 주님이신 예수 그리스도를 지칭하는 짧은 명칭이 되었다. 사도행전 4장 26절에서 베드로가 시편 2편을 인용한 것처럼, 구약과 신약은 둘 다 "주"라는 단어를 "하나님 그리고 우리 주 예수 그리스도의 아버지"를 지칭하는 데 사용했다.

세상의 군왕들이 나서며
관리들이 함께 모여
주와 그의 그리스도를 대적하도다.

구약에서 하나님에 관한 대부분의 명칭은 삼위일체의 각 위격으로 구별하지 않는 살아 계신 하나님 한 분을 지칭한다. 하지만 삼위일체의 제2위격이신 예수님은 많은 본문에서 "주"로 나타나신다. 요한복음에서 요한이 이사야 6장 10절을 인용하면서 "이사야가 이렇게 말한 것은 주의 영광을 보고 주를 가리켜 말한 것이라"(요 12:41)라고 말한 것이 바로 그 예라고 볼 수 있다. 이 본문이 성전에 가득한 하나님의 영광을 본 이사야의 환상으로부터 인용된 것으로 볼 때, 요한은 보좌에 앉으신 주의 영광을 그리스도, 즉 말씀이신 로고스의 영광으로 여겼음이 확실하다.

바울 역시 시편 68편 18절 말씀을 인용한 에베소서 4장 8절에서, 주의 올라가심에 관한 말씀을 그리스도의 승천에 적용한다.

**그가 위로 올라가실 때에
사로잡혔던 자들을 사로잡으시고
사람들에게 선물을 주셨다.**

구약에 계시된 살아 계신 하나님은 삼위일체 하나님이시다. 확실히 성육신 사건은 아직 그림자 속에 있던 구약의 가르침에 빛을 비추어 주었다. 그러나 주님의 임재를 나타내는 사자는 분명히 하나님과는 구별되는 동시에 그분과 동일시될 수 있는 한 분의 신비를 드러내신다. 주님의 군대 대장이 여리고 성 앞에 있던 여호수아를 칼을 빼고 대면하셨을 때, 그는 여호수아에게 그 땅은 거룩한 땅이니 신발을 벗으라고 명령하셨다. 그 군대 대장은 스스로를 주님 자신으로 여호수아에게 드러내셨다(수 5:13-6:5). 주님이신 하나님은 불붙은 떨기나무 속에서 모세에게도 똑같이 신을 벗으라고 말씀하셨다. 주의 사자는 떨기나무에서 모세에게 말씀하셨지만, 스스로를 조상들의 하나님, 스스로 있는 자로 나타내셨다. 이것은 구약에서 하나님의 현현을 보여주는 잘 정립된 패턴이다. 사실 여기서 주의 사자는 성자 하나님이시며 주님이셨다. 그분은 아브라함에게 말씀하시고(창 18:1-2, 22, 33), 야곱과 씨름하셨고(창 32장), 이스라엘에 앞서가셨고(출 23:20), 모세가 알기 원했으며(출 33:12-13), 삼손의 탄생을 알리러 마노아에게 나타나신(삿 13장) 하나님의 임재의 사자이시다. 주의 사자는 주님으로 말씀하시고, 하나님의 이름을 입고, 하나님의 영광을 드러내신다(출 23:21). 이른 새벽빛에 그분의 얼굴을 살짝 본 야곱은 자신이 하나님의 얼굴을 보았노라 고백했다(창 32:30).

안토니 핸슨은 "[신약 저자들의] 증언의 핵심은 선재하신 예수님이 이미 구약 역사 곳곳에 상당 부분 존재하고 계셨다는 것과, 그렇기 때문에 문제의 핵심은 신약의 사건들을 조명하기 위해 구약의 모형을 추적하는 것이 아니라, 오히려 구약과 신약 시대에서 동일한 예수님의 행적을 추적하는 것이다"라고 주장했다.[1]

핸슨은 자신의 주장을 뒷받침하기 위해 바울 서신, 히브리서, 사도행전에 나오는 스데반의 설교, 네 번째 복음서(요한복음), 그리고 공동서신들을 살펴보았다. 또 그는 고린도전서 10장 1-11절에서 바울이 서술한 모세의 인도 하에 이스라엘이 겪은 경험을 자세히 살펴보았다. 그리고나서 그는 출애굽기 14장에 사용된 퀴리오스라는 단어에 주목하기 위해 구약의 헬라어 번역본인 70인역에 호소한다. 퀴리오스 혹은 호 퀴리오스는 이 장 전반에 걸쳐 사용되는데, 19절과 31절에서만 테오스(하나님)라는 단어를 사용한다. 이러한 구절들을 통해 바울이 출애굽기 14장에서 하나님과 주님이신 그리스도를 구별하고 있다고 핸슨은 설명한다. 그는 바울이 70인역 본

---

1 Anthony Tyrrell Hanson, *Jesus Christ in the Old Testament* (London: SPCK, 1965), 172.

문에 퀴리오스라는 단어가 나올 때마다 "그리스도"로 읽었다고 주장한다. 그리스도가 이스라엘을 애굽으로부터 구원하신 바로 그 주님이셨다. 구름 기둥으로 나타나신 하나님의 사자로서 주님은 출애굽 가운데 이스라엘을 인도하시고 보호하셨다. 하나님은 이스라엘 진에 앞서 행하셨고, 밤을 지새우는 동안에는 그들의 뒤로 옮겨 가서 뒤쫓아오는 애굽인들을 막아 주셨다(출 14:19).

> 그리고 이스라엘은 위대한 손, 즉 퀴리오스(주)께서 애굽인들에게 행하신 일을 보았다. 사람들은 퀴리오스(주)를 경외하고 테오스(하나님)와 그의 종 모세를 믿었다(출 14:31, 사역).

고린도전서 10장 1절에서 바울이 말하는 구름은 출애굽기 14장에 나오는 구름이지만, 70인역 성경의 출애굽기 13장 21절에서 "낮에는 구름 기둥으로 그들의 길을 인도하시고 밤에는 불기둥으로 그들에게 길을 비추"신 분은 하나님이라고 기록한 부분은 주목할 만하다[2] (이 구절에서 하나님의 이름은 히브리어 단어 "야훼"로 나타난다).

출애굽기 본문에서 바울이 퀴리오스를 "그리스도"라 생각했다는 점을 피력하며, 핸슨은 고린도전서 10장 9절을 "그들 가운데 어떤 사람들이 그리스도를 시험하다가 뱀에게 멸망하였나니 우리는 그들과 같이 시험하지 말자"라고 해석했다. 바울은 광야에서 이스

---

2 The Septuagint Version of the Old Testament (London: Bagster & Sons; New York: Harper. N.d.).

라엘을 인도하신 주님을 주되신 그리스도와 완전히 동일시했다.

고린도전서 10장 9절 말씀을 보면, 그는 체스터 비티 파피루스에 쓰인 '크리스톤'이라는 용어를 시내산 사본과 바티칸 사본의 '퀴리온'보다 더 선호한 것처럼 보인다. 어떤 용어를 쓰던, 바울은 애굽에서 이스라엘을 구원하시고 주의 사자로 나타나셔서 그분의 임재를 통해 그들을 인도하신 주님과 그리스도를 동일시하고 있다는 핸슨의 주장은 나름의 설득력이 있어 보인다.

핸슨은 로마서 10장 12-13절에 대해 C. H. 도드가 쓴 중요한 논평을 언급한다. "주를 뜻하는 용어 퀴리오스가 구약의 여호와를 지칭하는 말로 쓰인 곳마다, 바울은 이것이 주 예수 그리스도 안에서 다가올 하나님의 계시를 미리 가리킨다고 주장하는 것으로 보인다."[3] 핸슨은 이러한 진술이 "너무 광범위하며 단조로운" 것이라고 말한다. 너무 광범위한 이유는, 바울이 헬라어판 구약성경에 등장하는 퀴리오스를 항상 그리스도를 지칭하지는 않기 때문이다(예: 롬 9:28; 11:3).[4] 또 도드의 주장이 너무 단조롭다고 말하는데, 바울의 견해에 따르면 퀴리오스는 단순히 오실 그리스도를 미리 가리키

---

3 C. H. Dodd (*Romans*, Moffatt New Testament Commentaries, London: Hodder & Stoughton, 1942]), Hanson이 *Jesus Christ in the Old Testament*, 39에서 인용.

4 이에 대한 더 많은 예시들을 제시할 수 있다. 예를 들어, 바울은 "일한 것이 없이 하나님께 의로 여기심을 받는 사람"에 대해 쓰고(롬 4:6) 시편 32편 2절을 인용하여 이를 뒷받침한다. "주께서 그 죄를 인정하지 아니하실 사람은 복이 있도다."

는 것만 아니라, 주님으로 이미 임재해 계시는 그리스도를 지칭하기 때문이다.

우리는 핸슨이 자신의 주장을 입증하기 위해 전개하는 난해한 해석학적 논리에 납득이 되지 않을 수도 있다. 또한 바울이 주와 그리스도를 동일시하는 것을 너무 70인역에 의존하거나, 혹은 바울의 심오한 신학에 비해 그가 너무 피상적인 차원에서 강조하고 있다고 결론지을 수도 있다. 그의 조상들의 한 분이신 하나님을 바울이 성부, 성자, 성령의 충만한 계시 속에서 예배했던 방식이 암시하듯, 정통 삼위일체 신학은 수 세기를 걸쳐 위격의 구분과 존재(혹은 "실체")의 연합을 풀어내기 위해 노력해왔다. 이 삼위일체의 신비를 공식화하려고 노력해 왔던 학자들에 반해, 바울이 성부에서 성자로, 또 성자에서 성령으로 이해하는 것은 더 쉬운 일이었다.

바울 서신과 히브리서 가운데 핸슨이 단호하게 그리스도를 퀴리오스로 인정한 것을 추적하는 지점에서, 다른 연구들은 바울의 신학이 얼마나 견고히 성부를 중심에 두고 있는지 증명하거나 아니면 성령의 신학자로서 바울을 재발견함으로 삼위일체 전체 그림의 균형을 맞출 수 있다. 그렇지만 핸슨의 주장은 확실히 구약에서 그리스도가 갖는 중심성에 대해 신약적인 이해가 더 필요하다는 사실을 우리에게 인식시킨다. 예수 그리스도는 주와 하나이시다. 선지자들을 통해 말씀하신 분은 그리스도의 영이었다(벧전 1:10-12). 베드로는 만군의 여호와의 이름만을 두려워하라는 70인역 성경 본문을 해석하면서 "그분 자신"이라는 말을 "그리스도"로 바꿔 사용했다

(벧전 3:15; 사 8:12-13).

하지만 핸슨은 모형론(구약의 특정 사건, 사람, 제도가 신약에서의 성취를 예표한다고 가정하는 이론)을 최소화하기 위해 구약에서 그리스도의 임재가 명확히 드러나는 부분을 주님으로 사용한다. 그는 그 어떤 본문에서도 주님으로 실재하시는 그리스도와 그리스도의 모형이 둘 다 동시에 나타날 수 없음은 분명하다고 말한다. 이 주장이 옳게 보일 수도 있겠지만, 사실 이러한 주장은 구약 계시의 풍성함을 놓치고 있다. 이 점을 잘 짚어주는 대목이 바로 핸슨이 그 핵심에 있는 상징주의(성경에 등장하는 물체, 동작, 사건 등이 그 자체의 문자적 의미를 넘어 추상적이고 영적인 다른 개념이나 대상을 나타내기 위해 사용하는 문학적 장치)를 설명하지 않고 논한 본문, 즉 하나님의 명령에 모세가 바위를 치는 부분이다(출 17:1-7). 그곳에 주님이 바위 위에 서 계신 것도 맞지만, 바위 그 자체가 하나님의 이름과 연관되어 하나의 상징이 되고, 따라서 반석이 하나님을 상징하는 것이다(신 32:4). 바울이 말한 바와 같이(고전 10:4), 반석은 상징적으로 성육신하신 그리스도를 나타냈다.

요한복음은 로고스이신 예수 그리스도의 완전한 신성을 강조한다. 그 로고스는 곧 하나님과 함께 계셨을 뿐 아니라 하나님 그분 자체이신 말씀이시다(요 1:1). 예수님은 "아브라함이 나기 전부터 내가 있느니라"(요 8:58)라고 말씀하신다. 그러므로 요한은 이사야가 환상 중에 본 성전 보좌에 앉으신 주의 영광을 그리스도의 영광으로 말하고 있다. "이사야가 이렇게 말한 것은 주의 영광을 보고 주를 가리켜 말한 것이라"(요 12:41).

바울은 다음과 같이 쓰며 그리스도의 신성을 확증했다. "그 안에는 신성의 모든 충만이 육체로 거하시고"(골 2:9). 하나님의 아들은 하나님의 모든 속성을 가지고 계신다. 그분은 "스스로 계시는 영이신데, 그 존재하심과 지혜와 거룩하심과 공의와 인자하심과 진실하심이 무한하시고 영원하시며 불변하시다"(웨스트민스터 소요리문답 제4문). 삼위일체의 제2위격은 자신의 피조물과 하나가 되시기 위해 인간으로 오셨다.

그러므로 그리스도의 주되심은 부활의 영광과 승천 이후 통치에서 시작되지 않는다. 그분의 신적 주권은 영원하시다. 이러한 이유로 우리는 그리스도의 주되심을 먼저 언약의 관점으로 이해하지 않고, 오히려 언약을 주님이 세우신 것으로 이해한다. 전통적인 개혁주의 신학에서는 "구속 언약"에 대해 말하는데, 이 용어는 하나님의 구속 계획을 확립하는 성부와 성자 사이의 언약을 지칭할 때 사용되었다. 성부가 성자에게 주신 모든 사람들을 구원하시려 성부는 성자를 친히 이 세상으로 보내기로 결정하셨다(요 17장). 성자는 구원 사역을 완성하시려 친히 이 세상에 오기로 결정하셨다. 그래서 예수님은 자신이 아버지로부터 오심과 다시 돌아가심에 대하여 말씀하신다(요 3:13).

하나님의 언약이 주는 약속은 구약 역사의 목표이다. 이 약속은 하나님의 아들이 인간으로 오셔서 사람들을 그 죄로부터 구원하실 것이라고 하신 분명한 맹세에 그 뿌리를 두고 있다. 존 머리는 나와 나눈 대화에서 요한복음 3장 16절 말씀이 **신성한** 아들을 주신 것에 대해 이야기하고, 여기서 주신다 함에는 아들을 이 세상으로 보내신 것이 포함되어 있다고 지적했다(요 17:3-4). 바울은 하나님의 영원한 계획의 질서 속에서 기뻐한다(롬 11:33-36). 아브라함에게 주신 하나님의 언약적 약속을 위해 그분이 직접 아들의 위격으로 오셔야 했다.

구속사는 하나님의 언약적 약속에 따라 세워졌고 하나님의 구원 행위의 "시기" 안에서 앞으로 나아간다. 예수님의 부활 후 제자들은 그분께 물었다. "주께서 이스라엘 나라를 회복하심이 이때니이까?"(행 1:6) 예수님은 "때와 시기는 아버지께서 자기의 권한에 두셨으니 너희가 알 바 아니요"라고 답하셨다(7절).

히브리서의 저자도 하나님의 계시 역사 속 시간에 대해 이야기한다. 이 시기, 혹은 시대는 하나님의 계획이 펼쳐지는 주요한 사건으로 표시된다. 스코필드 관주 성경에서는 구속사의 시대를 세대라고 말한다. 1917년 판 스코필드 관주 성경에 따르면, 이스라엘과 관련된 시대가 아브라함의 부르심으로부터 사도행전 2장의 교회의 등장에까지 이어졌다고 말한다. 세대주의는 하나님이 각기 다른 시대마다 각기 다른 구원의 수단을 제시하신다고 가르친다. 행위로 인한 구원은 이스라엘 시대의 구원의 방식이었으며 천년왕국에서 다시 그렇게 될 것이다. 구속사적 관점으로 볼 때 "교회 시대"는 예기치 못한 개입이었다. 그러므로 사복음서는 교회가 아닌 이스라엘을 위한 것이었다. 그 어떤 구약 선지자도 이를 예측하지 못했다. 예언적 시계가 멈춘 것이다.

이런 관점에서 보면 주기도문은 교회가 아닌 이스라엘에게 주
어진 것이다. 스코필드 관주 성경에 달린 주석은 "우리가 우리에게
죄지은 자를 사하여 준 것 같이 우리 죄를 사하여 주시옵고"라는 구
절이 교회를 위해 주신 기도가 될 수 없다고 설명한다. 왜냐하면 이
러한 탄원이 "법적 근거"에 기반하고 있기 때문이다. 이스라엘은 용
서하는 선한 행위를 근거로 용서를 구한다. 스코필드의 세대주의
신학은 수년간 많은 교회와 성경 학교에서 일반적인 복음주의 신학
으로 받아들여져 왔다. 현재 가장 선두적인 세대주의 신학자들은
구약이 신약과 마찬가지로 은혜에 의한 구원을 가르친다는 사실을
깨닫게 되었다. 이제 구약과 신약간 행위와 은혜의 구분을 따르는
학자는 거의 없다.

또 한편으로 개혁주의 진영 내에서 성경에 대한 구속사적인 이
해가 널리 퍼지면서 그 역사적 시대의 중요성을 새롭게 강조하는
분위기가 일어났다. 개혁주의와 세대주의 신학자 모두 성경에 집
중하게 되면서 이 둘 간의 구분이 옅어졌음은 참 기쁜 일이라고 할
수 있다.[5] 프린스턴 신학교의 게르할더스 보스가 구속사와 계시의
역사를 미국 칼빈주의에 들여오기 전에 고전적인 개혁주의 신학은
성경적 교리를 구축하기 위해 별도의 증거 본문(문맥과 상관없는 본

---

5 달라스의 원조 신학자였던 Lewis Sperry Chafer는 신학적으로 칼뱅주의
   자였다.

문 인용)을 사용했다. 필라델피아에 소재한 웨스트민스터 신학교의 존 머리는 프린스턴에서 게르할더스 보스 밑에서 연구하며 성경신학에 대해 강의했다. 그는 구속사의 시대를 따라 창조에서 타락으로, 타락에서 홍수로, 홍수에서 아브라함을 부르심으로, 아브라함에서 모세로, 모세에서 그리스도까지 시대별로 연구해 나갔다. 머리는 시대별 신학을 요약하고, 어떻게 각 시대가 신약 속 조직신학의 전 범위를 예비하고 가리키는지 보여줬다.

예를 들어, 최근에 발행된 성경 주석인 WBC 성경 주석[6]은 성경신학에서 얻은 통찰로 본문을 주해한다. 이 중 몇몇 해설은 비평 이론(성경을 인간 저자에 의한 문학 작품으로 보고 역사적, 문화적, 문학적 배경과 장치들을 통해 본문을 해석하려는 이론)과 문서설(모세오경이 J, E, D, P의 네 가지 독립된 문서들을 조합하고 편집해서 구성되었다는 벨하우젠의 이론)에 지나치게 허용적이지만, 본문의 성경신학적 이해를 돕는 방대한 참고문헌과 집약된 학문 지식을 총망라하여 제공한다.

구속사의 각 시대들은 삼위일체 제2위격의 주되심을 보여준다. 구속사 속 모든 시대의 정점은 주의 오심이다. 주님이 그의 백성을 소유하러 오신다. 언약적 축복 안에서 주님이 그들을 소유하심으로 그들도 그분을 소유할 수 있게 하신다. "나는 너희 중에 행하여

---

6 *Word Biblical Commentaries* (Waco, Tex.: Word, published in the 1980s and 90s).

너희의 하나님이 되고 너희는 내 백성이 될 것이니라"(레 26:12). 오실 주님에 대한 약속은 구약 역사에서 높은 바다 파도처럼 쌓여 오른다. 주님은 구속사에서 언제나 주도권을 잡고 계신다. 에덴동산에서 아담이 죄를 지은 후부터 홍수 세대에서 악의 승리까지, 약속은 여진히 남아 있고 무지개의 표적으로 나타났다. 주님은 노아를 부르셨고, 아브라함에게 자신의 신실하심을 맹세하셨다. 또 벧엘에서 야곱에게 모습을 드러내셨고, 하늘에서 계단을 타고 내려오서서 야곱 위에 서서 약속을 재차 확증하셨다. 주님은 모세를 부르셨고 바로에게 자신의 백성을 놓아주어 자신을 경배하게 하라고 명하셨다. 그분은 주님이시다. 주님은 그분의 백성이 자신의 종이 되게 하기 위해 구원하신다. 모세는 이스라엘 백성들이 주님께 신실하면 주님의 축복을 받을 것이나 반역하면 저주기 있을 것이라 선포했다. 여호수아가 하나님이 예비하신 땅으로 이스라엘을 인도한 후 백성들은 등을 돌려 가나안의 바알신을 숭배했다. 주님은 심판으로 침략자들을 보내셨지만 반복해서 그의 백성들을 구원해 주셨다. 하지만 결국 우상을 숭배하는 그들을 내버려 두셨다. 사사 시대를 거치면서 이스라엘은 왕이 필요함을 느끼게 되었다. 그래서 사무엘은 사울, 그다음 다윗을 이스라엘의 왕으로 세우고 기름을 부었다. 다윗은 주변 국가들을 진압하고 주님이 그의 백성 가운데 거하실 성전을 건축할 준비를 했다.

솔로몬이 성전을 헌납했을 때 그는 하나님이 모세에게 하신 모든 약속을 지키셨음을 고백했다. 이스라엘은 주님이 그 땅에서 주시겠다고 약속하신 평안과 번영을 받았다(왕상 8:56). 복이 주어졌다. 온 지파의 반이 그리심산에서 복을 선포했지만, 그 후에 에발산에서 선포된 저주가 임했다(신 11:29).

언약의 종이신 그리스도

주님이신 그리스도는 주의 종이시기도 하다. 그분은 진정한 포도나무요, 진정한 아들이며 진정한 이스라엘이시다. 주의 공의로운 종이 구약의 역사에 나타날 때 진정한 종으로 예표되는 것이다. 하나님은 언약을 세우시고 그분의 백성을 자신의 것으로 주장하시며 그들도 그분을 주장할 수 있게 하신다. "주" 그리고 "종"은 이러한 관계를 나타낸다. 주님은 바로에게 "내 백성을 보내라. 그들이 나를 섬길 것이라"라고 명하셨다(출 10:3). 주님을 섬긴다는 것은 그분을 예배하고 그분께 순종하는 것을 의미한다. 예수 그리스도는 이 두 가지 측면에서 언약의 관계를 완성하신다.

구약은 주의 오실 것과 주의 종이 오실 것을 약속한다. 이스라엘의 목자들이 양을 제대로 돌보지 않았음을 책망하실 때 주님은 그분 자신이 오셔서 그들의 목자가 되실 것이라 선포하신다(겔 34:11-16). 또한 한 목자, 곧 그의 종 다윗을 세워 그들을 먹일 것이라고 말씀하신다(겔 34:24).[7]

7　F. F. Bruce는 구약, 특히 스가랴의 예언에서 목자 되신 왕이라는 주제를

구약의 역사는 예언의 역사로 언약적 축복, 언약적 저주, 그리고 앞으로 올 하나님의 위대한 구원 역사의 기이함을 묘사한다. "주의 날"이 임하기 위해, 또 하나님 나라가 임하기 위해 언약은 두 가지 측면 모두에서 성취되어야 한다. 핸슨은 모형론을 표현하는 용어를 해석함으로 신약의 모형론을 축소시키려고 노력한다. 그는 모형론으로 인해 신약의 저자들이 물들기 시작했다고 결론짓는다. 그리고 마태가 기록한 요나의 표적처럼(마 12:38-41) 모형론이 초대 교회에서 이루어진 구약에 대한 연구에서 유래되었을 것이라고 제안한다. 그는 심지어 예수님이 광야에 들려진 뱀에 대해 하신 말씀과 관련하여(요 3:14-15) "모형"을 나타내는 그 어떤 단어도 쓰이지 않았기 때문에 "우리 스스로 결론을 낼 수밖에 없다"고 변호한다.[8]

신약이 구약을 해석하는 방법에 대해 자주 언급하지 않기 때문에, 우리는 종종 나름의 결론을 낼 수밖에 없다는 것은 사실이다. 하지만 거대한 구조는 선명하다. 예수님이 주의 종으로 행하신 일들을 단순히 "병렬 상황 현상"(핸슨이 상징적 언급을 설명하기 위해

추적해 보았다. 그곳에서 왕이신 목자를 *geber ʿamiti*, 즉, "내 앞에 서 있는 사람"으로 표현한다. "주의 오른쪽에 있는 자"(시편 80:17)를 참고하라.

8 핸슨은 Barnabas Lindars가 70인역 민수기 21장 9절에서 모세가 든 장대와 관련하여 *sēmeion*이라는 단어가 사용된 것을 주목한 부분을 언급한다. 그는 복음서 본문에서 그런 용어가 사용된 적이 없다는 사실을 근거로 하여 주장했다(Hanson, *Jesus Christ in the Old Testament*, 175-176; Barnabas Lindars, *New Testament Apologetic* [London: SCM, 1961], 266을 인용).

사용한 용어)으로 설명할 수는 없다.[9] 핸슨이 구약에서 주님 자신이 하신 행적이 신약에서 주로서 행하신 일의 단순한 **모형**만은 아니라고 주장한 것은 맞는 말이다. 하지만 아담, 노아, 아브라함, 이삭, 야곱, 요셉, 아론, 여호수아, 다윗 그리고 다른 모든 인물의 행위와 역할을 예수님의 인격과 행적 옆에 세워 놓고, 그들이 예수님과 같은 종류의 헌신을 했지만 덜 효과적인 성과를 냈을 뿐이라고 말할 수는 없다. 레오나드 고펠트는 『신약의 신학 사전』에 자신이 기고한 "모형론"이라는 글과 『모형론』이라는 자신의 저서에서 로마서 5장에 나타나는 바울의 독특한 모형론을 보여준다. 이는 바울의 종말론적인 초점에서 나타난다. 메시아의 오심은 과거의 황금기로 우리를 데려가 그 영광을 회복시키는 것이 아니다. 오히려 그리스도의 오심은 하나님의 종들, 구원자들, 선지자들, 왕들, 제사장들, 그리고 구약 언약의 사사들이 기대한 것들의 성취이자 실현을 가지고 온다. 다른 견해들에 대응하여 고펠트는 다음과 같이 말했다. "대신에 하나님의 구속 계획의 완성에 대한 모형론적 발상은 구약에 드러나는 종말론의 핵심으로 나타난다." 고펠트는 회복의 주제를 인정하지만 "구원의 완성에 대한 모형론적 발상이 중심에 있으며, 회복의 개념은 그것에게 적절한 옷을 입혀 준다"고 주장한다[10]

---

9 Hanson, *Jesus Christ in the Old Testament*, 175.

10 Leonhard Goppelt, *Typos: The Typological Interpretation of the Old Testament in the New*, trans. D.G. Madvig (Grand Rapids, Mich.: Eerdmans, 1982), 28, note 99.

(시드니 그레이다누스가 쓴 『구속사적 설교의 원리』(*Sola Scriptura*), 『성경 해석과 성경적 설교』(*The Modern Preacher and the Ancient Text*), 『구약의 그리스도, 어떻게 설교할 것인가』(*Preaching Christ from the Old Testament*)를 참고하라).[11]

상징주의와 모형론

그리스도로 이어지는 언약의 역사 또한 그리스도를 상징으로 예표한다. 상징주의는 현대 개혁주의 성경해석에서 평판이 좋지 않다. 오리겐이 불쾌해 보이는 구약의 이야기에서 유익한 영적 교훈을 뽑아내기 위해 기상천외한 알레고리적 성경해석(본문의 문자적 의미 외에 저자의 의도와 상관없는 다른 영적 의미를 끌어내려는 성경해석 방식) 작업에 빠져 있었다는 이야기는 잘 알려져 있다.[12] 여기에서 그는 그리스 신화를 알레고리화한 스토아 철학자들과 플라톤 철학자들의 모본을 따르고 있었다. 필로 역시 교양 있는 헬라파 유대인들에게

---

11 Sidney Greidnus, *Sola Scriptura*: *Problems and Principles in Preaching Historical Texts* (Eugene, Ore.: Wipf & Stock, 2001); *The Modern Preacher and the Ancient Text*: *Interpreting and Preaching Biblical Literature* (Grand Rapids, Mich.: Eerdmans, 1988, 1994); and *Preaching Christ from the Old Testament*: *A Contemporary Hermeneutical Method* (Grand Rapids, Mich.: Eerdmans, 1999).

12 오리겐의 『원리론』(*De Principiis*) 제4권에서 성경의 직접적, 도덕적, 그리고 알레고리적 해석을 다루는 부분을 읽어보라.

구약을 추천하기 위해 같은 방법을 사용했다. 영지주의자들은 훨씬 더 극단적으로 나아가 성경적 근거가 없을 뿐 아니라 아예 모순되는 비밀 교리를 끌어내기 위해 알레고리적 해석을 사용했다.

하지만 프란시스 폴크스가 지적하듯, 하나의 방법으로서의 알레고리적 해석은 모형론과 차이가 있다. 왜냐하면 알레고리적 해석은 특징적으로 본문이 아닌 단어를 해석하기 때문이다.[13] 단어에 임의적 의미를 부여함으로써 알레고리 작가는 본문의 의미를 회피하거나 아예 뒤집어 버릴 수 있다.

반면에 성경 해석학은 반드시 성경의 본문을 그 안에서 발견되는 상징을 포함하여 설명해야 한다. 주님은 우리를 그분의 형상으로 지으셨고 하나님의 창조와 계시에서 유비의 원리는 필수적이다. 유비는 언제나 정체성과 차이를 결합한다. 해석은 그렇게 정체성을 억눌러 차이를 줄이거나 없앨 수 있다. 로마 가톨릭의 화체설 교리도 이에 해당된다. 화체설에 따르면 성찬식의 빵은 그리스도의 신체적 몸과 동일시된다. 이와 같은 이유로 그리스도가 5천 명을 먹이신 후 가르치신 내용을 많은 이들이 불쾌하게 여겼다. 그들은 이렇게 물었다. "이 사람이 어찌 능히 자기 살을 우리에게 주어 먹게 하겠느냐"(요 6:52). 이를 문자 그대로 해석하면 예수님이 식

---

13 Francis Foulkes, "The Acts of God: A Study of the Basis of Typology in the Old Testament," in G. K. Beale, ed., *The Right Doctrine from the Wrong Texts? Essays on the Use of the Old Testament in the New* (Grand Rapids, Mich.: Baker, 1994), 367.

인 풍습을 옹호하시는 것이 된다.

또 다른 면에서 보면 정체성의 측면을 무시할 수 없다. 그것이 비교의 요점이다. 때때로 본문 그 자체가 어떤 단어에 의미를 부여할 수 있는데 이는 자의적인 알레고리화에 의해 악용된 사실이다. 주님이 예레미야에게 자신의 말씀을 성취하실 것에 대한 상징으로 살구나무 가지를 보여주셨을 때(렘 1:11-12), 핵심은 "살구나무"라는 단어에 있다. 이 단어는 "지키는 자"를 뜻한다(히브리어 **샤케드**는 다가오는 봄을 알리는 살구나무를 뜻한다). 하나님은 자신의 말씀을 성취하시기 위해 지켜보실('지키다'라는 뜻의 히브리어 **쇼케드**) 것이다. 그러므로 우리가 하나님을 아버지라고 부를 수 있는 경이로움도 아버지의 존재에 나타나는 정체성의 요소로부터 흘러나온다.

언어 그 자체는 상징에 뿌리박고 있고, 그저 신호에 반응하는 동물과는 상반되게 상징을 사용할 수 있는 인간의 능력은 인간의 언어와 동물 간 소통 사이에 엄청난 차이를 보여준다.[14] 우리는 언어 속에서 끊임없이 은유를 사용한다. 우리는 용감한 사람을 사자와 같다(직유)고 말할 뿐 아니라 사자(은유)라고 부르기도 한다. 어떤 은유는 사상과 행위 전체를 구조화하는 "지배 은유"가 되었다. "몸"이라는 용어는 로마 가톨릭 교회론에서 성례적인 지배 은유로

---

14 Ernst Cassirer, *Essay on Man* (New Haven, Conn.: Yale University Press, 1944), 26. 이 주장은 최근 영장류를 대상으로 한 연구에 의해 뒷받침되었다.

사용되어왔다. 제2차 바티칸 공의회에서 교회를 그리스도의 몸뿐 아니라 하나님의 백성으로 설명하기로 결정한 시점부터 몸 은유를 독점적으로 사용하는 것에서 벗어나게 되었다. 또한 우리는 담론적 상징과 표상적 상징을 말할 수도 있다.[15] 담론적 상징은 언어적이다. 담론적 상징은 양립할 수 없는 사고의 영역을 모아서 정확한 의미를 넘는 제안을 제시함에도 불구하고, 명제 형식으로 표현될 수 있는 공동의 의미를 전달한다. 이에 비해 표상적 상징은 예술과 음악의 상징으로, 이성적 의미를 나누기보다는 감정적 힘을 가지고 있기 때문에 담론적이라기보다는 직관적이다.

성경의 상징이 감정적 반응을 일으키기는 하지만 이는 또한 담론적 의미로 가득 차 있다. 에스겔이 환상 중에 본 마른 뼈들이 가득한 골짜기는 강렬한 이미지를 전달한다. 심지어 주님의 말씀으로 뼈들이 합쳐질 때 덜거덕거리는 소리도 들을 수 있다. 하지만 이 환상의 의미는 명확하다. 바로 주님이 포로기에서 자신의 백성을 구원하시며 새로운 영생으로 그들을 채우실 능력을 가지고 계시다는 것이다. 계시록에 나타난 이미지는 담론적이다. 이 이미지들은 구약의 이미지와 연결선상에 있다. 계시록 초반에 등장하는 그리스도의 환상은 전형적인 꿈에 나타나는 이미지가 아니라 그리스도의 영광을 드러내는 의미를 가진 구약 암시의 모자이크이다.

---

15 Suanne K. Langer, *Philosophy in a New Key* (Cambridge, Mass.: Harvard University Press, 1957). Chapter 4를 참조하라.

E. D. 허쉬 주니어는 의미와 그 중요성을 완전하게 나누는 것이 어려운 일인 것은 인정하면서도 이 둘을 구분해야 할 필요성에 대해 매우 잘 대변했다.[16] 물론 하나님의 말씀을 해석하는 사람으로서 우리는 본문의 의미를 발견하고 청중에게 그 중요성을 보여야 한다. 하나님의 말씀은 성령의 감화로 쓰였기에 원 저자이신 주님에 의해 확립된 분명한 의미를 갖는다. 더 나아가 성령님은 우리가 이해할 수 있게 말씀을 해석해 주신다. 성경의 상징들을 해석함에 있어 우리는 성경의 명료성이라는 교리를 주장한다. 그러나 어려운 본문들도 있다. 그래서 본문의 의미를 해석할 때 그 의미가 확실하지 않거나 오역을 하는 경우도 있다. 하지만 성경은 하나님의 계시이고 말씀을 가지고 일하는 사람들은 그분의 조명하시는 복을 구해야 한다.

의식적 상징

구약에서 의식적 상징은 근본적으로 정함과 부정함을 구분하는 것에 사용된다. 죄를 오물에 비교하는 것은 거룩한 것, 혹은 거룩하신 주님께 나아가기 위한 정결의 필요와 연결되어 있다. 언제나 부

---

16 E. D. Hirsch, Jr., *Validity in Interpretation* (New Haven, Conn.: Yale University Press, 1967); *The Aims of Interpretation* (Chicago: University of Chicago Press, 1976). Dan McCartney와 Charles Clayton의 *Let the Reader Understand* (Wheaton, Ill.: Victor, 1994)도 참고하라.

정한 것이 정한 것을 오염시키며 절대 반대로는 일어나지 않는다는 사실에서 죄의 힘이 우세하고 있음을 볼 수 있다. 학개의 메시지는 이러한 특징에 주목한다(학 2:10-14). 그러나 성취에 있어서는 그리스도의 우세한 힘이 이 원리를 뒤집어 놨다. 예수님이 나병 환자를 만지셨을 때 예수님이 부정하게 되지 않으시고 나병환자가 정함을 입고 제사장과 희생 제물을 통해 새로운 신분을 얻을 수 있었다. 또 믿지 않는 배우자와의 이혼이 구약에서는 필수적으로 요구되었지만 바울이 기독교로 개종한 이들에는 하지 않아도 된다고 했던 가르침에서 이런 반전이 나타난다(느헤미야 때 귀환한 유대인들 사이에 행해졌던 개혁을 생각해 보라. 이방인 아내를 둔 사람들은 그들과 반드시 이혼을 해야 했다). 믿는 자는 불신자들이 개종하기를 구해야 하지만 그런 와중에 결혼을 통한 불신자와의 연합이 그리스도인들을 부정하게 만드는 것이라 여겨서는 안 된다. 이와는 반대로 불신자는 믿는 자와 연합하는 것만으로 정함을 입는데, 그 연합의 열매인 자녀가 거룩해지기 때문이다(고전 7:14).

희생제사 제도 전체는 하나님이 성전에서 그의 백성들 가운데 거하시는 것과 연결되어 **성례전적으로** 상징적인데, 이는 제물의 유익을 얻기 위해 제물을 드리는 사람의 참여를 상징하고 있기 때문이다. 히브리서 저자는 의식적 상징과 "진리로 향하는 유형처럼" 성막을 짓는 것의 의미를 상세하게 설명하고 있다.

예언적 상징 또한 구약에서 주목해 봐야 한다. 우리는 호세아와 고멜의 관계나 예레미야가 아나돗의 땅을 사는 장면(렘 32:9), 에스겔이 성벽을 뚫고 포로되어 가는 자 같이 행장을 옮기는 장면(겔 12:5)을 생각해 볼 수 있다.

직분적 상징

우리가 직분의 상징이라고 부르는 것은 구약 전반에 나타난다. 한 사람이 다른 누군가를 예표하는 사람으로 나타날 수 있다(슥 3:8, *mophet*, 대부분 = *typos*). 왕의 직분은 그의 행동에 상징적 중요성을 부여한다. 다윗은 한 명의 개인으로서가 아닌 주님의 기름부음 받은 종으로 시편을 쓴다. 다윗은 그분의 오실 아들, 곧 메시아를 예표하는 인물이 된다(사 55:3-5; 11:1; 렘 23:5-6; 겔 34:23 참고). 하나님은 미리암과 아론에게 경고하셨다. "너희가 어찌하여 내 종 모세 비방하기를 두려워하지 아니하느냐"(민 12:8). 의식적 상징에서처럼 제사장의 직분은 특히 두드러지게 나타나고 또한 미래를 가리킨다(슥 3:8; 6:11-13). 심지어 민족도 하나님의 아들의 역할, 곧 다른 나라들 중 그분의 개인적 소유물로서의 역할을 갖는다. 이스라엘은 그 행위로 하나님의 이름을 신성하게 하거나 명예를 훼손할 수 있다(겔 36:16-38).

역사적 상징

또한 구약은 역사적 사건이 갖는 상징적 측면을 구별하는데, 이러한 사건들이 하나님의 계속되는 구속 사역을 드러내기 때문이다. 하나님은 아브라함과 언약을 맺으시기 위해 쪼갠 고기 사이로 지나가신다. 여기에서 아브라함의 행위가 상징에 기여한다(창 15장).

역사적 상징은 아브라함이 이삭을 바치려 할 때도 나타난다. 한편으로 이삭을 바치라는 하나님의 명령이 아브라함을 시험하기 위함인 것은 분명하다. 본문 시작 부분에서 하나님의 목적을 밝히고 있다(창 22:1). 본문 뒷부분으로 가면 하나님은 아브라함이 독자를 아끼지 않았기 때문에 그를 복 주시리라 말씀하신다(16-17절). 그래서 이삭을 바치는 것이 어떤 상징을 갖는지 상상해보는 것은 찾을 수 없는 의미를 본문으로 끌어오는 것이라고 주장하는 이도 있었다. 하지만 우리는 본문의 사건에 주어진 이름을 간과해서는 안 된다. 아브라함은 그 땅의 이름을 **여호와 이레**, 즉 "여호와께서 준비하신다"라고 붙였다. 여기에는 설명이 뒤따른다. "아브라함이 그 땅 이름을 여호와 이레라 하였으므로 오늘날까지 사람들이 이르기를 여호와의 산에서 준비되리라 하더라(14절). 여기에 쓰인 동사 '이레'는 "보다"라는 평범한 동사의 한 형태이다. "제공하다" 혹은 "확인하여 살펴보다"라는 의미는 8절에서 하나님이 어린 양을 "보시는" 것을 준비하시는 것으로 이해할 수 있는 문맥에서 파생된 의미이다. 단순히 아브라함의 믿음을 시험하는 것 이상의 의미가 있다. 문제는 이삭을 제물로 바치는 것의 의미에 있다. 이스마엘이 아닌 이삭이 약속의 씨였기에 이삭이 죽는 것은 불가능한 일이다. "이삭에게서 나는 자라야 네 씨라 부를 것임이니라"(창 21:12). 구원은 반드시 약속의 씨를 통해서 와야 한다. 히브리서 저자는 아브라함이 종들에게 **우리가** 돌아오리라 약속한 말을 신중하게 받아들인다(창 22:5). 그가 해석하는 바는, 아브라함이 필요하다면 죽음에서 부활을 통해서 아들을 받으리라 기대했다는 것이다(히 11:17-18). 거기에 아브라함이 이삭을 형상으로 받았다고 덧붙인다.

하나님이 아브라함에게 지시하신 땅도 중요하다. 창세기 22장에 "보다"라는 동사는 4절에 처음 등장한다. "제삼일에 아브라함이 눈을 들어 그곳을 멀리 바라본지라." 아브라함은 산 위에서 덤불에 뿔이 걸린 숫양을 본다. 그 땅은 다시 한번 "주님의 산에서 보이리라" 혹은 "그가 보이리라"라는 말로 강조된다.

꽤 분명하게 그 땅과 보는 것 둘 다 중요성을 가지고 있다. 이를 이삭의 중요성과 연결하면 우리는 중요한 한 장소에서 제물을 통해 주님이 아브라함의 사랑하는 아들을 대신할 제물을 보시고, 혹은 제공하시는 것을 알 수 있다. 바울이 "자기 아들을 아끼지 아니하시고 우리 모든 사람을 위하여 내주신 이가 어찌 그 아들과 함께 모든 것을 우리에게 주시지 아니하겠느냐"(롬 8:32) 말할 때 이 본문을 암시하고 있음을 의심할 필요가 있을까?

하나님의 최후의 속죄는 덤불에 걸린 숫양이 아니라 약속의 아들을 통해서였다. 이삭은 약속의 씨였기에 살았고, 살아야만 했다. 하지만 그는 단지 그림자일 뿐이었다. 이삭은 진정한 씨, 곧 아브라함이 아닌 하나님 아버지의 사랑하는 아들을 가리킨다. 성부 하나님은 아브라함의 사랑하는 아들은 살리신 반면, 정작 자기 자신의 사랑하는 아들은 살리지 않으셨다.

중요한 기념비들

아브라함을 시험하신 이야기는 모세오경에 기록된 많은 이야기들, 특히 한 지명의 이름 혹은 제단의 이름이 단순히 사건 그 자체가 아닌 그 의미와 중요성을 기리는 기념비로 사용되는 여러 이야기들 가운데 하나다. 그래서 야곱은 하나님이 벧엘에서 주신 꿈과 얍복강 가에서 자신의 이름이 바뀌게 된 씨름의 의미를 알아보았다(창 28:19; 32:28, 30). 유월절은 위협이 닥친 이스라엘 집을 하나님이 양의 피로 인해 넘어가시는 사건을 선포한다. 이 사건은 하나님의 구원의 의미와 맞물려 있다(출 12:11-14). 홍해를 건넌 뒤 부른 모세의 노래도 한 사건을 기념하고 미래에 올 구원의 약속이 된다. 이러한 이유로 하나님이 주실 위대한 구원이 두 번째 출애굽으로 기록되어 있다(사 40:3; 43:16; 52:12; 렘 23:7-8; 호 2:14). 주님은 광야에서 마라의 경험을 이스라엘의 법령이 되게 만드시는데, 그 법령에는 현재에 대한 경고뿐 아니라 미래에 대한 약속으로 가득하다(출15:22-27). 하늘에서 내린 떡인 만나라는 선물은 신성한 명령으로 기념되었고, 항아리에 담아 언약궤 속 증거판 앞에 두었다(출 16:33-34). 후에 하나님이 선택하신 대제사장을 거부한 반역에 대한 표징으로 아론의 싹이 난 지팡이 또한 그곳에 놓여졌다(민 17:10 [히브리어로는 민 17:25]).

이와 같은 방식으로 모세는 아말렉 족속과의 전쟁해서 거둔 승리를 기념하는 의미로 제단에 **여호와 닛시**, 곧 "여호와는 나의 기"라는 이름을 붙이며 설명을 덧붙인다(출 17:15). "여호와의 보좌를 향해 손을 들었으니 여호와께서 맹세하시기를 여호와가 아말렉과 더불어 대대로 싸우리라 하셨다!"(16절). '네스'라는 용어는 "기" 혹은 "기준"이라는 뜻으로 모세가 전쟁터 언덕 위 돌에 앉아 아론의 훌의 도움을 받으며 높이 들어 올린 지팡이를 암시한다. 하루 종일 그렇게 손을 높이 들고 있는 동안 이스라엘 군대는 승리를 얻었다. "여호와는 나의 기"라는 이름은 지팡이가 아닌 주님 그분 자신이 승리의 표적이 되신다고 하는 고백이다. 이에 대해 "여호와의 보좌를 향해 손을 들었으니"라고 설명을 붙인 것은 모세의 손에 들린 심판의 지팡이가 아닌 주님의 손에 든 심판의 지팡이가 아말렉을 패하게 했다는 점을 확증한다[17](주님은 보좌에 앉아 계시다; 돌에 앉은 모세는 전쟁 중에 보좌에 앉아 있는 것처럼 보였을 것이다.) 여호와의 손이 아말렉에 완전한 심판을 내리기 위해 높이 들리셨다.

높이 들린 기가 갖는 상징은 선지자들에 의해 계속 이어지고, 이사야는 이를 이새의 뿌리, 곧 메시아에 적용한다(사 11:10). 다시 한번 기념비적인 이름이 그 사건의 상징적 중요성을 부여한다.

---

17 이유를 밝히는 설명이 가지각색인 이유는 보좌를 향해 드신 여호와의 손에 대한 다양한 해석이 존재하기 때문이다. 가장 간단한 해석은 그 장면의 이미지와 연결시키는 것이다.

역사적 상징의 힘을 보여주는 또 다른 본문은 모세가 마사/므리바에서 반석을 치는 장면이다(출 17장). 이 본문을 이해할 수 있는 열쇠는 이 사건에 붙여진 이름에서 찾을 수 있다. 마사 그리고 므리바 이 두 단어는 모두 본문을 설명하는 부분에서 유래했다. 이스라엘은 하나님의 명령으로 광야를 떠돌다가 물이 전혀 없는 르비딤이라는 곳에서 장막을 쳤다. 그들의 불만을 묘사하기 위해 두 단어가 사용되었다. 첫 번째 동사 '리브'(*rib*, "므리바"의 어근)는 NIV 영어 성경 2절과 7절에서 '다투다'라고 번역되었다. 법적 조치를 묘사하는 동사인 "주장하다"라는 말이 더 나았을 것이다. 이 말은 '고소하다', '소송을 걸다'라는 의미를 갖고 있다.[18] 이 단어는 나중에 주님이 자신의 백성들을 고소하시는 장면을 묘사하기 위해 명사형으로 사용된다(렘 25:31; 미 6:1-8). 이스라엘이 시내산으로 가는 여정에 이미 드러났듯이, 이 장면의 배경은 하나님과 그분의 백성 사이의 언약적 관계이다. 이스라엘 민족은 하나님이 약속을 깨신 것 아니냐며 달려들었다. "여호와께서 우리 중에 계신가 안 계신가?"(출 17:7).

모세는 말했다. "너희가 어찌하여 나와 다투느냐 너희가 어찌하여 여호와를 시험하느냐?"(2절). '다투다'는 '리브'(*rib*)이고 "시험하다"는 '나사'(*nasa*)라는 동사인데(분사형 형태로 "마사 Massah"라고 쓰

---

18 H. B. Huffmon, "The Covenant Lawsuit in Prophets," *Journal of Biblical Literature* 78 (1959): 285-295; B, Gemser, "The RiB or Controversy Pattern," *Wisdom in Israel and the Ancient Near East*, Vetus Testamentum supplement III (Leiden, Netherlands: Brill, 1955).

임) "시험하다, 도전하다, 유혹하다"라는 의미를 가지고 있다. 문맥 속에서 이 말은 그들이 하나님을 심판대 위에 세웠음을 암시한다.[19]

이스라엘은 하나님이 그들을 광야에서 죽게 내버려 두셨다고 비난한다. 그들은 정의를 요구했다. 하나님이 실제 심판대에 서실 수 없으셨기에, 그들은 하나님 대신 모세에게 비난의 화살을 돌려 돌로 치려 했다. 물론 돌로 치는 것은 군중 폭력이지만 공동체에 의한 사법적 처형이었고 증인들이 먼저 돌로 칠 수 있었다. 모세는 당연히 왜 자신을 돌로 치려 하는지 묻는다. 그들은 주님의 말씀에 의해 르비딤에 도달했다. 그들은 진정 모세가 아닌 하나님을 고발한 것이었다.

이러한 사법적 배경을 이해하는 것은 그다음에 이어지는 사건을 이해할 수 있게 해준다. 주님은 모세에게 백성의 장로들을 데리고 지팡이를 손에 잡으라고 말씀하신다. 장로들은 이스라엘의 재판관들이었으며 법정에서 증인으로 서야 했다. 모세의 지팡이는 나일강을 쳐서 피로 만들어 버린 심판의 지팡이로서, 권위의 상징이자 형벌의 도구였다. 여기서 우리는 로마의 릭토르(고대 로마에서 행정관을 수행하던 직책)가 사용한 권위와 형벌의 수단을 상징하는

---

19 시편 78편 15-20절에는 이스라엘이 물과 음식을 가지고 하나님을 시험한 것이 도전의 의미로 표현되었다. "하나님이 광야에서 식탁을 베푸실 수 있으랴? 보라 그가 반석을 쳐서 물을 내시니 시내가 넘쳤으나 그가 능히 떡도 주시며 자기 백성을 위하여 고기도 예비하시랴?" 신명기 6장 16절을 참고하라.

막대기 다발을 연상할 수 있다.

신명기 25장 1-3절에는 재판장에게 고소가 들어왔을 때 악인에게 형벌을 가하는 절차가 기록되어 있다. 재판장은 의인은 의롭다 하고 악인은 정죄한다. 만약 악인에게 태형이 합당하면 사십 대까지만 때릴 수 있었다.[20] 모세는 장로들과 함께 공개 재판을 소집하여 백성들 앞에 서야 했다. 그는 악인에게 공의의 일격을 가하기 위해 심판의 지팡이를 들었다. 이사야는 앗수르에 심판을 내리는 주님의 지팡이를 묘사한다. "여호와께서 예정하신 몽둥이를 앗수르 위에 더하실 때마다 소고를 치며 수금을 탈 것이며 그는 전쟁 때에 팔을 들어 그들을 치시리라"(사 30:32).

이스라엘은 악인이었지만 모세의 지팡이는 이스라엘을 치기 위해 들리지 않았다. 대신 우리는 성경에서 가장 놀라운 구절을 보게 된다. "내가 호렙 산에 있는 그 반석 위 거기에 서리니"(출 17:6a).[21] 이 재판 장면에서 모세는 심판의 지팡이를 들고 서있고 하나님이 그 앞에 서기 위해 오신다! 심판 날에는 사람들이 하나님 앞에 서는 것이지 하나님이 한 인간 앞에 서지 않으신다. 율법에는 "그 논쟁하는 쌍방이 같이 하나님 앞에 나아가 그 당신의 제사장과 재판장 앞에 설 것이요, 재판장은 자세히 조사하여…"(신 19:17-18)

---

20 NIV 번역을 보면 채찍으로 맞는 것처럼 보이지만, 히브리어 원어로는 단순히 때린다는 의미를 갖는다.
21 이를 직역하면 "거기 호렙의 반석 위에, 너의 얼굴 앞에 서 있는 나를 보라."

라고 명시되어 있다.

이스라엘은 정의를 외쳤고 주님은 그 사건을 재판에 회부하신다. 피고인이 되신 주님은 죄수의 자리에 서신다. 주님이 모세에게 명하신다. "너는 그 반석을 치라." 모세는 감히 하나님이 임하시는 쉐키나의 영광을 치지 못한다. 하지만 하나님이 그 위에 서 계시고 그분 자신과 동일시하신 반석을 쳐야만 했다. 모세의 노래를 보면 하나님의 이름이 "반석"으로 나온다. "내가 여호와의 이름을 전파하리니 너희는 우리 하나님께 위엄을 돌릴지어다. 그는 반석이시니 그가 하신 일이 완전하고"(신 32:3-4a). 여수룬이 "자기를 지으신 하나님을 버리고 자기를 구원하신 반석을 업신여겼도다"(15절). "너를 낳은 반석을 네가 상관하지 아니하고 너를 내시 하나님을 네가 잊었도다"(18절). "진실로 그들의 반석이 우리의 반석과 같지 아니하니 우리의 원수들이 스스로 판단하도다"(31절).[22] 마사와 므리바를 언급하는 두 시편에서 하나님은 반석이라 불린다(시 78:35; 95:1).

하나님은 반석이시다. 그분은 죄가 없으시지만 심판의 일격을 받기 위해 서신다. "그들의 모든 환난에 동참하사 자기 앞의 사자로 하여금 그들을 구원하시며 그의 사랑과 그의 자비로 그들을 구원하시고 옛적 모든 날에 그들을 드시며 안으셨으나"(사 63:9).

---

22 이 본문이 암시하듯 "반석"이라는 용어는 고대 근동 지역에서 신성한 이름으로 사용되었다.

자신의 백성들의 목자이신 하나님은 광야에서 그들을 인도하실 뿐 아니라 그들의 심판의 자리에 서서서 정의가 이루어지게 하신다. 그들이 형벌에서 면제된 것이다. 모세는 반석을 치고, 주님이 그 심판을 담당하심으로 구원하신다. 깨어진 반석에서 생명의 물이 죽음의 광야로 흘러나온다. 바울이 그 반석이 그리스도임을 말할 때(고전 10:4) 그는 이 본문이 무엇을 상징하는지 인식하고 있었다. 그리스도는 인격적으로 또 상징으로 현존하신다. 이 사건에서 주님이신 그리스도는 하나님의 현현을 나타내는 사자로 바위 위에 서셨지만, 심판을 속죄하는 일격을 감당하시기 위해 가지셔야 했던 인성을 나타내는 반석의 상징을 여전히 제공해야 한다. 우리는 모세가 바위를 두 번 쳤을 때 주님이 그를 혹독하게 질책하신 것에 대해 뜻밖의 일이라고 놀랄 필요가 없다(민 20:9-12).

주님의 행적과 말씀

역사적 상징을 뒷받침하는 증거는 매우 분명하고 그것은 상징이 구체적으로 명명된 사건들을 넘어 적용된다. 하나님은 구원 사역을 통해 자신을 드러내시고 약속과 함께 주신다. 이러한 배경에서 하나님이 이스라엘을 구원하신 것은 그분의 모든 약속을 성취하심으로 이루실 궁극적 구원을 예상하게 한다. 언약의 형태가 미래를 구축하고, 미래의 성취는 주님이시며 종이신 그리스도 안에서 이루어진다.

프란시스 폴크스는 모형론적 중요성을 뒷받침하는 구약의 증거들을 상세히 설명한다. 그는 구약의 계시에 나타나는 역사적 특징 그리고 하나님의 성품과 행적의 일관성을 강조한다. 그러므로 하나님은 축복과 심판의 행위를 반복해서 행하신다. 언약의 틀 안에서 과거의 하나님의 구원 역사는 어떤 장소를 돌들이나 제단으로 표시하거나 의식들을 통해 일어난 사건을 기념할 뿐 아니라, 선지자들에 의해 기념되었다. 하나님의 언약적 신실하심은 미래에 올 하나님의 은혜에 대해 영감받은 선지자들이 선포한 약속의 기반이 되었다. 하나님의 행적은 끊임없이 하나님의 말씀에 수반되었고, 그 말씀은 그분이 하신 일과 하실 일의 의미를 선포한다. 예언적 역사는 교육적이다. 언약을 깼을 때의 결과를 경고하기도 하지만 하나님의 계획과 약속의 놀라움으로 확장하기 때문이다. 하나님의 약속을 고조시키는 것은 모형론의 열쇠가 된다. 하나님은 단순히 과거의 행적을 반복하지 않으시고 더 위대한 일을 이루신다. 그분은 영적 구원을 포함한 두 번째 출애굽이라는 더 정점에 이르게 하는 일들을 행하시며, 새 언약, 새 창조를 이루시고, 유대인과 이방인을 포함한 새로운 민족을 만드시며, 모세, 다윗, 엘리야보다 훨씬 더 위대한 한 분을 세우실 것이다. 더 위대한 약속은 하나님 자신이 직접 오실 것과 그 신성한 이름을 가진 하나님의 종이 오실 것을 의미한다.

폴크스에 따르면 모형은 "한 사건, 일련의 상황 혹은 개인, 또는 한 민족의 삶의 양상을 가리키는데 이 모든 것이 우리 주님의 성육신하신 삶과 인간의 필요를 채우신 그분의 공급하심, 혹은 심판과 미래에 통치하심에서 유사성과 더 깊은 깨달음을 찾는 것"이라고 결론지었다.[23] 여기서 "더 깊은"이라는 표현만으로는 모자라다. 그보다는 최종적이고 최고조에 이르며, 종말론적이고, 그리스도 중심이라는 표현이 더 적절하다.

오리겐의 임의적인 알레고리적 해석의 위험성에 경각심을 갖게 된 개혁주의 진영의 주석가들은 종종 모형론을 기피해 왔다. 내 신학교 교수님도 신약에 모형으로 인정된 것들만 구약의 모형으로 받아들여야 한다고 가르치셨다. 이것은 확실히 안전한 규칙이다. 신약에서 어떤 것이 모형으로 확정되면 우리는 그에 따라 해석할 수 있다. 하지만 이는 마치 수학 문제를 풀면서 풀이 방법을 몰라 해답지를 베껴가며 답을 찾는 것과 비슷하다. 신약이 인정하지 않으면 모형을 절대 볼 수 없다고 결론짓는 것은 해석학적 파산이라고도 표현할 수 있다. 우리가 잘 알고 고백하듯 신약 저자들이 모형을 발견했지만 그들이 어떻게 그것을 찾아내는지는 알 수 없다. 우리가 따라갈 수 있는 분별할 만한 원칙이 없어 보인다.

하지만 원칙은 분명히 있다. 게르할더스 보스는 모형론의 문이 상징주의라는 집의 저 안쪽 끝에 자리하고 있다고 설명했다. 즉, 해석에 상징이 있다면 모형론이 있음을 유추해 내는 것이 당연하다는

---

23 Foulkes, "Acts of God," 366.

말이다. 상징이 없다면 모형론은 있을 수가 없다.

그러나 우리가 지금까지 봐 왔듯 상징주의는 구약에 간헐적으로 나타나는 것이 아니라 구조적으로 나타난다. 하나님의 행적은 마지막 구원/심판을 예표하고, 자신의 백성과의 관계는 새 언약의 회복과 갱신을 기대하게 한다. 이러한 견해를 바탕으로 우리는 상징주의와 모형론의 관계를 도식화할 수 있다. (도표 1을 보라).

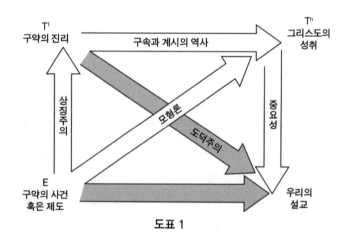

도표 1

우리가 앞서 살펴본 것처럼, 상징주의가 나타날 때 구약의 사건 혹은 제도(도표에서 E)는 하나님의 계시의 진리를 상징한다. 이 진리를 "첫 번째 능력의 진리"(T^1)라고 부를 수 있다. 그리고 이 진리는 n번째 능력의 진리(T^n)인 그리스도의 계시로 흘러간다. 드러난 모든 진리는 하나님의 구속과 계시로 가는 길가에 떨어지지 않고

성경 모든 본문에서 그리스도를 설교하라

그리스도와 연관되어 구현된다. 그래서 만약 한 사건이나 의식으로부터 계시된 진리로 이어지는 선을 구축할 수 있다면 그 진리는 우리를 그리스도로 이끌 것이다. 그리스도 안에서 그 진리가 온전히 완성된다. 우리의 신학적 기하학에서 삼각형의 두 변을 구축한 후 빗변도 확립했다. 그 변은 모형론이다.

또 T^n(그리스도 안에서의 완전한 계시)과 현재 메시지를 듣는 청중 사이에 선을 연결해야 한다. 이 선은 그리스도 안에서 발견되는 의미에서 시작되는 중요성이라는 변이다. 이 변은 해석자에 의해 분별되는 선이다.

필라델피아 웨스트민스터 신학교의 리처드 크레이븐는 도표에 포함해야 하는 두 가지 다른 변이 있을 수 있다고 내게 제안한 적이 있다. 그 두 변은 정식적인 변이 아니기 때문에 위 그림에서 회색 선으로 표현했다. 첫 번째 변은 구약의 진리(T^1)에서 우측 중요성 변의 대각선으로 내려오는데, 이것은 그리스도를 통한 진리의 성취와 관련 없이 구약에서 우리에게 직접적으로 계시된 진리를 나타내는 변이다. 이것은 도덕주의라는 변이다. 이는 구속사와 별개로 나타나는 진리이기에 십자가, 부활, 승천, 그리스도의 주되심과는 별개의 진리라고 할 수 있다. 그리고 이는 무의식적으로 우리가 성자 없이도 성부께 돌아갈 수 있다고 가정한다.

이러한 접근은 과거 설교를 준비하고 전통적인 주일학교 이야기를 전달하는데 골칫거리로 작용해왔다. 다윗은 크고 나쁜 거인 앞에서도 떨지 않고 물맷돌로 쓰러뜨린 용감한 작은 아이로 묘사된다. 이런 접근은 다윗과 밧세바의 남편 우리야의 이야기를 할 때 곤란해진다. 물론 긍정적인 것보다 부정적인 것에서 도덕적 교훈을 찾는 것이 더 쉽다. 다윗처럼 용감해져라. 하지만 간음한 살인자는 되지 말라. 분명히 성경은 다윗이 밧세바와 저지른 죄와 우리야를 죽이라고 명령한 죄를 강하게 비판한다.

하지만 진짜 문제는 성경에 등장하는 인물들이 끔찍한 일을 저지르고도 칭찬을 받는 부분에서 발생한다. 사울은 하나님이 심판으로 아말렉을 진멸하라고 명하셨을 때 이에 불순종했다(삼상 15장). 사울은 명령대로 다 행했다고 주장하지만 사무엘은 묻는다. "그러면 내 귀에 들려오는 이 양의 소리와 내게 들리는 소의 소리는 어찌 됨이니이까?" 사무엘은 사울이 왕 아각을 살려뒀다는 것을 알고 그를 끌어오게 하여 사울이 마무리하지 못한 심판을 최종 집행했다. 그리고 여호와 앞에서 아각을 찍어 쪼갰다. 사무엘의 행동, 그리고 이야기 속에서 이 행동을 옳다고 여기는 것은 도덕적 차원으로는 이해할 수 없는 부분이다. 이를 이해하기 위해 우리는 구속사를 주의 깊게 살펴야 한다. 사무엘이 집행한 신성한 저주는 주님이 대적을 정복하시는 문맥에서 이해해야 한다. 이스라엘이 치른 모든 전쟁에서 그랬듯, 여기서 최후의 심판의 상징이 나타나고 있으며, 이는 이스라엘이 전리품을 취하기 위함이 아닌 하나님의 복수를 행하는 사자로서 그분의 심판을 가져오기 위해 싸우는 진정한 "성전"을 나타낸다. 이슬람 테러 세력들이 미국을 상대로 벌인 지하드, 곧 성전(聖戰)은 구약의 교리를 확대했지만 예수 그리스도를 통해 성취된 변화를 부인하는 코란을 기반으로 하고 있다. 부활하시고 심판자로 다스리시는 예수님은 은혜의 목적을 달성하시기 위해 심판을 보류하신다.

다윗은 청년의 용감함을 뽐내려고 골리앗에 맞선 것이 아니라 하나님의 기름부음 받은 자로서의 역할을 성취하기 위해 나아갔다. 그때 다윗은 이미 사무엘에게 기름 부음을 받은 상태였다. 그렇기 때문에 골리앗이 뱉는 신성모독의 말을 견딜 수 없었다. 그는 골리앗이 지닌 엄청난 무기들을 인정하지만 "나는 만군의 여호와의 이름 곧 네가 모욕하는 이스라엘 군대의 하나님의 이름으로 네게 나아가노라"라고 말한다(삼상 17:45). 여기서 다윗이 보여주는 것은 믿음이다. 히브리서 기자는 구약 시대를 살았던 믿음의 인물들을 나열한다(히 11장). 믿음과 은혜는 함께 간다. 주님의 기름부음을 받은 다윗은 예수 그리스도, 즉 사로잡힌 포로들을 구원하시기 위해 사탄에 맞서고 정복하시는 메시아의 모형이다(눅 11:15-19).

도덕주의로는 성경을 충분히 설명할 수 없다. 이는 알레고리도 마찬가지다. 알레고리에 의존하는 설교자는 본문에서 문맥과는 상관없는 의미를 뭔가 뽑아내서 본문을 설명하려 할 것이다. 예를 들면, 설교자가 본문에서 "촛대"(왕하 4:10)라는 단어를 하나 선택했다고 해 보자. 이 단어는 수넴 여인이 엘리사가 여행을 다니다가 편히 거할 수 있게 만든 작은 방에 놓여 있던 가구 중 하나이다. 이를 알레고리적으로 해석하자면 선지자가 불을 필요로 한다는 점에 초점을 맞추고 온갖 종류의 적용점을 나열하며 본문을 핑계 삼아 창세기부터 계시록에까지 나타나는 영적 빛에 대한 주제로 메시지를 전했을 것이며, 그리고 의심할 여지 없이, 결국 성막에 세운 촛대 이야기를 끝어낼 것이다. 이런 식으로 본문에 등장하는 "의자"를 가지고도 나이 든 부모의 흔들의자, 손자의 높은 의자, 책상머리에 놓인 아버지의 의자, 탕자의 빈 의자를 연상시켜가며 본문을 해석하려 할 것이다.

시드니 그레이다누스는 저서 『구약의 그리스도, 어떻게 설교할 것인가』(Preaching Christ from the Old Testament)[24]에서 그리스도 중심적 설교를 이해하고 실행하는 부분에 엄청난 족적을 남겼다. 그는 구약에서 그리스도의 모형을 찾기 위해 신약의 저자들이 사용한 6가지 방법을 보여주며, 여기에 7번째 항목을 덧붙였다. 신약이 이미 완성되었으므로 구약의 해석에 따라 7번째 방식을 제시한 것이다. 나열한 방식들은 그리스도를 찾기 위해 구약을 돌아볼 수 있는 방법이 아니라, 오히려 구약이 우리를 그리스도에게로 이끌어주는 방식이라고 할 수 있다. 7가지의 방식은 다음과 같다. (1) 구속사의 진행 방식; (2) 약속-성취의 방식; (3) 모형론의 방식; (4) 유비의 방식; (5) 통시적 주제의 방식; (6) 대조의 방식; (7) 신약 인용의 방식.

그레이다누스가 이 7가지 방법을 다루는 방식은 풍부한 통찰력으로 가득하다. 하지만 그의 구별법은 서로 겹치기도 하고, 하나님

---

24 Sidney Greidnus, *Preaching Christ from the Old Testament*; and *The Modern Preacher and the Ancient Text.*

의 구원 계획에 대한 구약의 핵심 가르침으로부터 더 간단하게 파악될 수 있다. 하나님의 계획은 구속사의 처음부터 나타난 하나님의 약속을 포함하고 있었고, 그분의 구원 사역과 말씀이 밝혀진 시대들이 뒤이어 등장했다. 이 시대들은 통시적 주제가 그 시대들의 문맥에서 표현 어구를 찾기 때문에 강조되어야 한다. 세대주의는 하나님의 구속 사역의 연속성을 보지 못했지만, 성경신학은 각 시대들의 중요성을 올바르게 인지한다.

성경은 하나님, 곧 하나님의 구속 사역과, 그 행적을 해석하는 하나님의 말씀에 대해 이야기한다. 구속사는 언제나 계시의 역사와 함께한다. 예를 들면 사사기의 암울한 시대에는 하나님의 이상이 흔히 보이지 않았다고 기록한다(삼상 3:1). 사무엘에게 주어진 선지자적 사역은 하나님이 죄를 범한 백성을 버리지 않으셨음을 보여준다. "여호와께서 실로에서 여호와의 말씀으로 사무엘에게 자기를 나타내시니라. 사무엘의 말이 온 이스라엘에 전파되니라"(삼상 3:21b-4:1a).

구속 역사는 언제나 계시 역사와 함께한다. 자신의 행위에 대한 하나님 스스로의 해석은 성경신학과 조직신학이 모으고 요약하는 주제들을 제시한다. 그레이다누스가 식별한 통시적 주제들은 계시 역사에서 발견되는 주제들이다. 코넬리우스 반 틸이 계속해서 핵심을 찔렀듯, 하나님 자신에 대한 모든 계시는 필연적으로 유비를 수반한다. 우리는 창조주가 아닌 피조물이지만 그분의 형상으로 지음 받았다. 전에도 살펴봤듯 상징주의는 유비를 기반으로 한다.

코넬리우스가 지적하는 차이점은 새 언약과 구 언약을 연합시키는 위대한 종말론적 주제에 있다. 이 차이점의 핵심은 주님이 친히 오신다는 것이다. 우리가 처한 상황은 절망스럽고 오직 하나님만이 해결하실 수 있다. 그분 자신이 우리를 구원하러 오시기 때문에 하나님의 약속은 모든 희망을 넘어 소망을 가져온다. 하나님의 아들이 사무엘에게 나타났고 불타는 떨기나무 속에서 모세에게 나타나셨다. 모세에게 말씀하신 주님은 사무엘과 다른 선지자들에게 말씀하셨다.

이사야는 앗수르로부터 이스라엘을 구원하실 것을 선포할 때 이를 출애굽 구원에 비유했다(사 10:24-27). 그러나 이 예언은 단지 이새의 가지로서가 아닌 뿌리로서 오실 메시야를 통한 완전한 구현과 성취로 압도당한다. 그분은 여호와의 이름으로 오신 종이자 주님이시다. 이스라엘이 포로에서 다시 모일 때, 하나님의 이스라엘과 연합하기 위해 열방의 남은 자들도 모이게 될 것이다.

이사야 19장에 나오는 놀라운 약속은 하나님의 구원 목적의 승리를 보여준다. 주님의 날이 오면 애굽에 주님을 위한 제단이 세워질 것이다. 또한 앗수르가 애굽에서, 애굽이 앗수르에서 예루살렘을 지나쳐 경배할 것인데 이는 약속의 성취로 인해 예루살렘에서의 경배를 초월할 것이기 때문이다. 그때 하나님이 자신의 백성을 칭하는 소중한 이름을 적국에게 붙여 주실 것이다. "내 백성 애굽이여, 내 손으로 지은 앗수르여, 나의 기업 이스라엘이여, 복이 있을지어다"(사 19:25).

구속사와 계시의 역사가 전개되면서 계속해서 주님의 말씀과 행적이 함께 엮인다. 하나님 자신이 해석가가 되시며, 선지자들이 예견한 주의 날의 정점은 회복과 갱신뿐 아니라 초월적 실현의 성취를 보여준다. 주님이 친히 오실 것이고 모든 것들을 새롭게 하실 것이다. 오직 주님의 오심만이 이런 일들을 실현하실 수 있다. 아우구스티누스는 에덴동산에서 아담이 지은 죄를 "펠릭스 쿨파" 즉 "복된 죄"라고 말하기까지 했다! 죄와 죽음의 재앙의 현실에서 보면 아우구스티누스의 말은 신성모독으로 보일 수 있다. 하지만 아우구스티누스의 요점은 사도 바울이 지적한 것과 같다. "만일 하나님이 그의 진노를 보이시고 그의 능력을 알게 하고자 하사 멸하기로 준비된 진노의 그릇을 오래 참으심으로 관용하시고 또한 영광 받기로 예비하신 바 긍휼의 그릇에 대하여 그 영광의 풍성함을 알게 하고자 하셨을지라도 무슨 말을 하리요. 이 그릇은 우리니 곧 유대인 중에서뿐 아니라 이방인 중에서도 부르신 자라"(롬 9:22-24). 예수님은 구약에 나타난 증언을 자신의 고난과 앞으로 도래할 영광의 증언으로 보셨다. 오직 하나님만이 무한한 진노의 대상에게 복을 가져오실 수 있으며, 그분만이 구속의 대가를 지불하실 수 있었다.

구약은 인간 역사와 구속사를 위한 하나의 위대한 계획을 따라간다. 이 계획은 그분으로부터 시작될 뿐 아니라 성육신하신 아들 가운데 드러난 그분의 임재를 중심으로 세워진다.

구속과 계시의 역사는 그리스도가 오셨기 때문에 존재한다. 만약 예수 그리스도가 하나님의 영원한 계획에 선택되지 않으셨다

면 인간 역사 자체가 존재하지 않았을 것이다. 아담과 하와는 선악
과 아래에서 바로 죽었을 것이다. 하나님의 언약적 약속의 은혜는
구속사의 원천이자 핵심이다. 하나님은 선포하신다. "나는 너희 중
에 행하여 너희의 하나님이 되고 너희는 내 백성이 될 것이니라"(레
26:12).

　소유물은 언약적 관계를 나타낸다. 하나님은 자신의 백성을 소
유하기 위해 구원하신다. "여호와의 분깃은 자기 백성이라. 야곱은
그가 택하신 기업이로다"(신 32:9). 하나님은 이스라엘을 자신의 장
자로 주장하셨고 이스라엘을 놓아주지 않으면 애굽의 모든 장자에
심판이 임할 것이라 바로에게 경고하신다(출 4:22-23). 주님은 특별
히 이스라엘의 장자들을 요구하신다. 이들은 이스라엘의 모든 집
안을 대표했다. 하나님은 애굽에 내리신 마지막 열 번째 재앙에서
문설주에 피를 바른 이스라엘의 장자들을 살리셨다. 주님의 성막
을 섬기기 위해 구별된 레위 지파는 장자의 대속물로 간주되었다.
그들의 수를 넘어 모든 이스라엘 아버지는 첫 장자를 대속하기 위
해 다섯 세겔을 냈다(출 13:15-16; 민 3:14, 16, 42-51).

　하나님은 사랑으로 그 백성을 자신의 소유물로 선택하셨다. 그
들이 다른 민족보다 수가 많아서가 아니라 하나님이 그들을 사랑하
셨기 때문이다. 우리는 신성한 사랑의 언어를 듣는다. 하나님이 그
들을 사랑하셨기 때문에 그들을 사랑하신 것이다(신 7:7-8)! 더 나
아가 하나님은 자신의 백성들을 향한 사랑을 자신의 맹세로 인치셨
다. 구약에 등장하는 용어 **"헤세드"**는 자유롭게 주어진 사랑을 표현

하는 언약에 묶인 헌신을 의미한다. 영어로는 "헌신"이라고 번역하는 것이 가장 적절할 것이다. 우리는 하나님의 백성이 그분을 위해 헌신하는 것에 이 용어를 사용할 수 있다. 유대교에서도 이 용어를 사용하기는 한다. **하시딤**은 경건한 사람들이라는 뜻이다. 하지만 구약에서 이 용어는 **하나님의** 백성을 향한 그분의 주권적인 헌신을 나타낼 때만 사용된다.

반면에 하나님의 백성은 그분을 소유한다. 하지만 이것은 하나님이 자신을 그들에게 주셨기 때문에 가능하다. "나는 너의 하나님 여호와라…" 시내산에서 하나님은 이스라엘과 언약을 맺으셨다. 주님은 산 아래 있는 사람들에게 십계명을 말씀하셨다. 40일 동안 모세는 산꼭대기에 머물면서 이스라엘의 장막들 가운데 거하실 하나님의 장막인 성막 설계에 대한 주님의 말씀을 받았다. 그곳에서 하나님은 그들 가운데 거하셨다. 하나님이 그들을 소유하시고 그들도 하나님을 소유했다.

하지만 모세가 산에서 내려왔을 때 이스라엘이 금송아지를 신으로 경배하고 있음을 발견했다. 오직 모세가 속한 레위 지파만이 주님의 편에 섰다. 다른 지파들은 그들이 섬기겠다 맹세한 여호와께 반역했다. 레위 지파는 형제 지파들의 반란을 멈추기 위해 싸웠다. 하나님은 모세에게 이스라엘 가운데 거하시지 않겠다고 말씀하셨다. 그들은 목이 곧은 백성이었다. 하나님은 그들을 가나안으로 인도하셔서 그 땅을 그들에게 주시겠지만 그들 중에 거하시지는 않겠다고 말씀하셨다. 이것은 그들에게 너무 위험한 일이었다. 하나님의 거룩한 진노가 한순간에 그들을 소멸해버리고 말 것이었다. 이에 모세는 기도했다. 이스라엘이 더 잘하겠다는 약속을 드릴 수도 없었다. 하지만 모세는 하나님이 자신의 이름을 드러내 주실 것과 영광을 보여 달라고 간구했고, 하나님은 그렇게 하셨다. 하나님은 헤세드(언약적 헌신)와 진리, 곧 신실함이 충만하신 여호와 하나님으로 자신의 이름을 나타내셨다. 하나님은 단순히 자신의 백성들보다 앞서가지 않으시고 그들 가운데 함께 가시겠다고 약속하셨다. 모세는 감사 기도를 드렸고 하나님이 하신 말씀을 정확히 다시 한 번 반복해서 말했다. 하나님은 말씀하셨다. "너희는 목이 곧은 백성인즉 내가 한순간이라도 너희 가운데에 이르면 너희를 진멸하리니"(출 33:5). 이에 모세는 다음과 같이 기도했다. "주는 우리와 동행하옵소서. 이는 목이 **뻣뻣한** 백성이니이다⋯"(34:9). NIV 영어성경에서는 "이는 목이 **뻣뻣한** 백성**일지라도**"라고 바꿔 번역했지만 이렇게 되면 같은 말을 똑같이 반복했다는 요점은 설득력을 잃는다. 확실히 모세는 하나님의 말씀을 반복해서 말했고 이렇게 덧붙인다. "우리의 악과 죄를 사하시고 우리를 주의 기업으로 삼으소서."

바로 이스라엘이 목이 곧은 백성이었기 때문에 "은혜와 진리가 충만하신" 하나님의 주권적인 은혜가 필요했던 것이다. 그들은 그들 중에 하나님의 임재를 필요로 했는데, 그것은 바로 하나님의 영광이 임하는 성막이었다. 분명 거룩하신 분은 가려져야 했지만 접근할 수 있는 방법을 알려 주셨다. 그것은 번제단, 물두멍, 금촛대, 진설병, 분향단 그리고 그분의 보좌를 위한 언약궤였다. 그래서 사도 요한은 모세에게 나타난 주님의 계시의 성취를 나타낸다. "말씀이 육신이 되어 우리 가운데 거하시매(장막을 치시매) 우리가 그의 영광을 보니 아버지의 독생자의 영광이요 은혜와 진리가 충만하더라"(요 1:14).

그레이다누스는 예리한 질문을 던진다. "비기독교인 유대인 작가들에 반해 신약의 저자들은 그리스도의 실체로부터 구약을 해석하는 발상을 어디에서 얻었는가?"[25] 그는 가장 당연한 답안을 첫 번째로 제시한다. 제자들은 예수님과 함께 지냈고 부활하신 주님을 만났다. "하지만 보다 더 완전한 답은 예수님 자신이 제자들에게 이런 방식으로 구약을 읽으라 가르치셨다는 것이다." 여기에 구약을 해석하는 열쇠가 있다. 예수님은 그 열쇠를 부활절 아침에 제자들에게 주셨다. 또 예수님은 예루살렘에서 엠마오로 가는 길에 글로바와 또 다른 제자 한 명과 동행하셨다. 그들의 슬픔과 혼란스러움을 보시고 예수님은 말씀하셨다. "'미련하고 선지자들이 말한 모든 것을 마음에 더디 믿는 자들이여. 그리스도가 이런 고난을 받고 자기의 영광에 들어가야 할 것이 아니냐' 하시고 이에 모세와 모든 선지자의 글로 시작하여 모든 성경에 쓴 바 자기에 관한 것을 자세히 설명하시니라"(눅 24:25-27).

이후에 다락방에서 예수님은 제자들에게 나타나셨다. 그리고

---

25 Greidanus, *Preaching Christ from the Old Testament*, 202.

자신의 몸이 실제로 부활한 것을 보이시기 위해 구운 생선 한 토막을 드시고 말씀하셨다. "내가 너희와 함께 있을 때에 너희에게 말한 바 곧 모세의 율법과 선지자의 글과 시편에 나를 가리켜 기록된 모든 것이 이루어져야 하리라 한 말이 이것이라' 하시고 이에 그들의 마음을 열어 성경을 깨닫게 하시고"(눅 24:44-45). 그러고 나서 누가는 예수님의 말씀을 기록한다. 예수님은 복음을 요약하시고 그것이 모든 족속에게 전파될 것이라고 성경 구절을 인용하여 말씀하셨다(46-47절). 이것이 모든 이들을 위한 그분의 증인인 제자들에게 주신 메시지다. 제자들은 성령의 능력을 기다려야 한다(48-49절).

그렇다면 예수님이 사역 중 말씀이 성취되었음을 나타내기 위해 인용하신 성경 구절은 무엇이었는가?

예수님은 사역을 처음 시작하시고 승천하실 때까지 계속해서 성경 말씀이 성취되었음을 말씀하셨다. 예수님은 모세가 광야에서 뱀을 든 것 같이 인자 곧 그분 자신이 하늘로 "들려 올라"가셨고, 이사야가 말했듯이 높이 들려서 지극히 존귀하게 되셨다(요 3:14; 12:33-34; 잠 30:4; 사 52:13). 예수님이 천국이 가까이 왔음을 선포하신 것은 구약에서 주님이 구원의 통치를 이루리라 하신 약속의 정점에 비추어 이해해야 한다. 예수님은 다니엘 7장 13-14절 말씀을 인용하여 자신이 구름을 타고 오실 인자이심을 말씀하셨다(마 24:30; 막 14:62). 다니엘이 한 예언에는 이 세상 왕국을 바다에서 나오는 짐승들에 비유한다. 그리고 하늘 구름을 타고 인자와 같은 이가 등장한다. 그에게는 영원한 왕국이 주어진다. 예수님은 인자라는 호칭을 자신의 고난과 연결시키셨다. 그분의 고난과 하늘 구름의 영광이 보여주는 극명한 대비는 이사야 52장 13-14절에 이미 등장한 모순처럼 보이는 말씀의 한 부분이다.

예수님은 또한 이사야 53장의 고난받는 종으로 자신을 밝히신다. "엘리야가 과연 먼저 와서 모든 것을 회복하거니와 어찌 인자에 대하여 기록하기를 많은 고난을 받고 멸시를 당하리라 하였느냐 그러나 내가 저희에게 이르노니 엘리야가 왔으되 기록된 바와 같이 사람들이 함부로 대우하였느니라(막 9:12-13). 십자가에 달리신 예수님은 "나의 하나님, 나의 하나님, 어찌하여 나를 버리시나이까!" (시 22:1)라고 외치셨다. 예수님의 외침은 시편에서 **따온** 것이 아니라 시편 말씀을 성취하신 것이었다. 이 시편의 생생한 언어는 다윗의 경험을 넘어서 십자가에 대한 예언으로 이루어진다. 예수님이 옷을 제비 뽑아 나누는 것에 대해 구체적으로 말씀하지는 않으셨지만, 제자들은 예수님이 이 시편을 성취하셨음을 알았다. 히브리서 저자는 시편을 인용하여 예수님이 우리를 형제로 여기시며 말씀하신다는 점을 지적한다. "내가 주의 이름을 내 형제들에게 선포하고 내가 주를 교회 중에서 찬송하리로다(히 2:12에 인용된 시 22:22). 중요한 점은 이 본문이 시편 전반에 걸쳐(십자가 위에서의 외침뿐 아니라) 다윗의 노래를 예수님께로 돌리고 있다는 것이다. 시편 22편의 구조는 외침으로 시작해서 애가와 믿음의 고백 사이를 왔다 갔다 하다가 구원을 향한 외침으로 이어진다. "속히 도우소서… 내 생명을 건지소서… 구하소서…" 한 개인의 애가를 담은 시편들을 보면 하나님이 응답하실 때 감사의 기도를 드리겠노라 맹세하는 내용이 포함되어 있다(시 66:13-15를 보라). 그리고 이러한 시편들에는 주님이 그들의 외침과 맹세를 들으셨음을 확신하는 내용이 많이 등장한다. "주께서 내게 응답하시고 들소의 뿔에서 구원하셨나이다"(시 22:21). 하나님이 들으셨음을 확신하는 내용은 찬양의 구절들로 이어진다.

시편 22편의 말씀을 예수님이 성취하신 것은 시편에 나오는 기독론에 대한 많은 것들을 시사한다. 한 개인이 부른 애가의 시편은 다른 시편에서 찾을 수 있는 요소들을 담고 있다. 이러한 요소들에는 구원을 향한 애가와 외침뿐만 아니라, 신뢰의 표현, 찬양으로 드리는 헌신이 포함되어 있다. 시편 117편은 아주 짧은 찬양의 시편이다. 이 시편은 끝으로 갈수록 찬양이 가득하다. 시편 23편은 분명한 신뢰의 시편이다. 그리고 공동체적 애가를 표현한 "우리" 시편도 있다(시 79편). 시편 22편이 이런 다양한 요소들을 포함하고 있기 때문에 우리는 비슷한 시편에서도 그리스도를 언급하는 부분을 이해할 수 있다. 시편이라는 문학적 장르도 이스라엘이 드린 예배 성향에 통일성을 부여하는 형태의 연속성을 볼 수 있게 해준다.

문학적 형식을 떠나 우리는 구속사에서 시편이 차지하는 자리를 숙고해 볼 필요가 있다. 여기서 시편의 제목은 우리에게 방향을 알려주고 그 시편을 구속사에 끼어 맞출 수 있게 도와준다. 시편 51편부터 63편까지 다윗이 쓴 시편 시리즈는 꼭 역사적인 순서로 되어 있지는 않지만 그의 경험에 따라 등장한다.

예수님은 시편 110편 1절을 인용하여 자신의 신성함을 내보이셨다. 다윗은 자신의 자손을 주라고 불렀다. 예수님은 자신을 비판하는 자들에게 어떻게 이 본문을 설명할 수 있는지 물으셨다. 어떻게 다윗의 자손이 그의 주가 될 수 있는가(마 22:42-45; 막 12:35-37; 눅 20:41-44)?

제자들이 안식일을 어겼을 때 예수님이 이들을 옹호하시면서 하신 말씀은, 단순히 그들이 밀밭 사이로 가면서 이삭을 잘라먹은 것이 이삭을 베고 까부르는 일이라고 하기엔 너무 사소한 행동이라는 말씀이 아니었다. 대신 다윗이 주님의 기름 부음 받은 자로서 가졌던 특권과 안식일의 주인이신 자신이 가지고 계신 더 큰 특권을 지적하시며 제자들 편에 서셨다. 그래서 제사장들도 안식일에 일하지만 비난받지 않았다. 안식일에 예수님을 따랐던 이들은 성전보다 더 크신 주님을 따르고 있었다. 예수님은 스스로를 하나님이 백성 가운데 거하시는 성전에 대한 상징을 성취하셨다고 여기셨다(마 12:1-8; 요 2:21).

예수님은 아브라함이 나의 때를 보고 기뻐했다고 말씀하셨다(요 8:56). 우리는 아브라함이 기뻐했다고 하면 이삭이 태어났을 때라고 생각한다. 하나님께 불가능한 일은 없다(창 18:14; 눅 1:37). 아브라함은 이삭이 번제물로 죽지 않게 되었을 때 다시 한번 기뻐했다. 하지만 예수님은 자신을 단순히 다윗의 아들 혹은 아브라함의 아들이라고 밝히지 않으셨다. 그분은 다윗의 주님이었다. "아브라함이 나기 전부터 내가 있느니라"(요 8:58).

예수님이 자신에 대해 가르치실 때 구약에 쓰인 지혜서(시가서)를 사용하셨다. 예수님이 지혜가 그 행한 일로 인하여 옳다 함을 얻는다고 말씀하실 때 지혜를 여성 명사로 가리키셨다(마 11:19). 구약에 쓰인 지혜서에서도 지혜를 여성으로 의인화했다(**호크마**는 여성명사이다). 지혜의 여성은 매춘부를 가리키는 어리석은 부인과 대조를 이룬다. 하나님의 의인화된 속성인 지혜는 창조 때부터 하나님과 함께 있었다. 예수님은 구원의 신비를 지혜롭고 슬기 있는 자들에게는 숨기시고 어린아이들에게는 나타내심을 감사하며 하나님 아버지께 찬양을 올려 드렸다. 그러고 나서 무한하고 신성한 지혜를 주장하셨다. "내 아버지께서 모든 것을 내게 주셨으니 아버지 외에는 아들을 아는 자가 없고 아들과 또 아들의 소원대로 계시를 받는 자 외에는 아버지를 아는 자가 없느니라"(마 11:27)

예수님이 수고하고 무거운 짐 진 자들을 자신에게로 부르실 때 지혜의 부르심을 공표하신다. 예수님은 집회서 51장 23-27절에 쓰인 시락의 아들의 말을 사용하신다.

> 배우지 못한 사람들아, 나에게로 와서 내 학교에 들어오너라. 어찌하여 지혜를 갖지 못한 채 불평만 하고 너희 영혼의 갈증을 풀 생각을 하지 않느냐! 나 이제 결론 삼아 말한다. 지혜를 돈으로 살 생각은 말아라. 네 목에 멍에를 씌워라. 그리고 네 마음에 지혜의 가르침을 받아라. 지혜는 바로 네 곁에 있다. 눈을 바로 뜨고 보아라. 내가 얼마나 적은 노력으로 큰 평화를 얻었는가를!

이를 예수님의 말씀과 비교해 보라.

> 수고하고 무거운 짐 진 자들아 다 내게로 오라, 내가 너희를 쉬
> 게 하리라. 나는 마음이 온유하고 겸손하니 나의 멍에를 메고
> 내게 배우라. 그리하면 너희 마음이 쉼을 얻으리니 이는 내 멍
> 에는 쉽고 내 짐은 가벼움이라(마 11:28-30).

비록 쓰인 언어가 비슷할지라도 예수님의 말씀은 더 큰 것을 주
장한다. 예수님은 제자들을 찾는 또 한 명의 지혜 교사가 아니시다.
예수님은 시락의 아들이 말하듯 지혜의 멍에를 메라고 하시지 않고
그분의 멍에를 메라고 부르신다. 예수님은 모든 지혜의 하나님이
신 아버지의 아들로서 자신에게 짐진 자들을 부르신다. 그분의 주
장을 다시 한번 들어보라. "내 아버지께서 모든 것을 내게 주셨으니
아버지 외에는 아들을 아는 자가 없고 아들과 또 아들의 소원대로
계시를 받는 자 외에는 아버지를 아는 자가 없느니라"(마 11:27). 그
리스도 안에 모든 지혜와 지식의 보물이 숨겨져 있다(골 2:2). 욥이
지혜를 찾아 헤매던 노력은 신성한 지혜의 하나님이 부르시는 것으
로 끝이 났다(욥 28장). 예수님은 솔로몬보다 더 위대하신 분이고
구약의 지혜서를 모두 성취하신다. 예수님이 가르치시는 방식은
구약의 지혜를 가르치는 방식과 같지만 예수님은 새것과 옛것의 보
물을 꺼내신다(마 13:52). 그분 안에 구약은 새것으로 성취되었고
복음이 옛것을 성취하고 능가함으로 정당화한다.
복음서에서 예수님의 말씀을 들을 때 우리는 구약 성경의 메아

리를 듣는다. 변화산에서 예수님은 예루살렘에서 이루실 "출애굽"에 대해 모세와 엘리야와 대화를 나누셨다. 그들이 말하고 기대한 것을 예수님께서 이루셨다. 예수님이 예루살렘으로 가실 때 어린 아이들이 그분을 따라 성전으로 들어가면서 외쳤다. "호산나, 다윗의 자손이여." 대제사장들과 서기관들이 아이들을 조용히 시키려 하자 예수님은 시편 8편을 인용하여 말씀하셨다. "어린 아기와 젖먹이들의 입에서 나오는 찬미를 온전하게 하셨나이다"(마 21:16). 또다시 예수님은 성경 말씀이 성취되었음을 보셨고 자신의 어린 시절 드렸던 찬양에서부터 승천하시면서 말씀하신 축복에까지 예수님의 **모든** 말씀은 성경 말씀을 성취하는 것이었다.

그레이다누스는 자신이 구분해 놓은 "방식들"을 잘 모아 정리해 놓는 한편, 본 청자였던 이스라엘을 향한 본문의 의미에 초점을 맞춰서 본문을 해석하는 것에도 여지를 준다. 하지만 본래의 의미에만 집중하는 것은 하나님의 말씀을 적용하는 것보다 우선시될 수 없다. 구약의 기독론이 가지고 있는 예언적 풍성함은 이스라엘을 향한 말씀의 근거를 넘어서는 것이다. 심지어 다윗 왕조차도 자신이 쓴 글을 이해하지 못하는 부분이 많았다. 그리스도에 대해 성경이 증거하는 것, 그것이 곧 성경이 기록된 궁극적인 이유이며, 만물이 주에게서 나오고 주로 말미암고 주에게로 돌아간다(롬 11:36). 그레이다누스가 신중한 문학적 해석을 주장하는 것도 타당하지만 적어도 예수 그리스도에 관해서는 우리가 절대 이해할 수 없는 충만함이 있음을 나보다 그가 더 잘 깨닫고 있으리라 확신한다.

2

예수님을 나타내는 설교 준비하기

2. 예수님을 나타내는 설교 준비하기

복음 설교는 예수 그리스도를 나타낸다. 사도 바울은 어리석은 갈라디아 사람들에게 질문한다. "예수 그리스도께서 십자가에 못 박히신 것이 너희 눈앞에 밝히 보이거늘 누가 너희를 꾀더냐?"(갈 3:1). 바울은 그리스도 안에 있는 구원의 기쁜 소식을 천국을 얻기 위한 계획으로 왜곡한 "거짓 사도"들을 강하게 비난했다. 그는 하나님이 행위가 아닌 은혜로 구원하신다는 것을 선포할 뿐 아니라 그리스도를 앞에 그리고 높이 세운다. 설교는 우리의 죄를 위하여 십자가에 달리시고 우리의 생명을 위하여 부활하신 그리스도를 가리켜야 한다.

　성령의 권능을 입어 하는 설교는 예수님의 임재 안에서 하는 설교다. 바울이 어둠의 세력을 물리치신 그리스도의 승리를 이야기한 것은 악한 영적 세력이 있음을 인지하고 있다는 것을 보여준다. 미국은 이슬람 테러리스트들이 비행기를 이용해 뉴욕의 세계 무역 센터 쌍둥이 빌딩을 무너뜨리고 국방부 건물을 공격한 사건으로 충격에 빠졌다. 하지만 우리는 여전히 주님이 바울을 무장시켜 싸우게 하신 싸움에 대해서는 인지하지 못한 채 살아간다. 예수님은 십자가에 달려 사탄의 세력을 물리치셨다. 바울은 십자가에 달리신 예수님을 바라본다. 로마인들은 범죄자가 직접 자신의 죄패를 써 십자가 위에 못 박게 했다. 바울은 예수님이 대신하여 죽으신 사람들의 손으로 쓴 죄패가 못 박혀 있는 십자가를 본다(골 2:14-15). 바울은 속죄의 의미를 묘사하지만 십자가 위에서, 또 전파되는 말씀에서 예수님의 실존을 추상적으로 이야기하지 않는다. "예수님을 우리에게 보이라" 이것이 주일학교 교사들과 설교자가 가져야 할 올바른 모토이다.

주님이 설교를 통해 친히 말씀하신다

그분의 부르심이 들린다

바울은 우리에게 단언하는 말로 설교의 비밀을 알려준다. "누구든지 주의 이름을 부르는 자는 구원을 받으리라." 그리고 질문한다." 그런즉 그들이 믿지 아니하는 이를 어찌 부르리요, 듣지도 못한 이를 어찌 믿으리요, 전파하는 자가 없이 어찌 들으리요"(롬 10:13-

14). 이 본문은 여러 번역본에서 "그들이 **전해** 듣지 못한 이를 어찌 믿으리요"라고 번역되었지만 "그들이 **직접** 듣지 못한 이"라고 번역하는 것이 맞다(듣기를 뜻하는 헬라어 동사들은 직접 목적어를 소유격으로 사용한다). 복음이 전파될 때, 그리스도가 듣는 이들에게 직접 말씀하신다.

신약은 설교를 가리키는 다양한 용어를 사용한다. 설교에는 복음을 선포하고 하나님의 계시의 풍성함을 가르치고 격려하고 권면하고 경고하고 책망하는 것을 포함한다. 하지만 설교의 그 어떤 측면도 구주의 부르심을 놓쳐서는 안 된다. 어떤 설교자는 연약한 자들을 그리스도께로 모으기도 하고, 또 다른 설교자는 죄인들이 보좌에 앉으신 어린 양의 진노를 피해 도피처를 찾도록 몰아가기도 한다. 부드러운 애원이나 엄중한 경고 모두 그분의 선포된 말씀을 통해 말씀하시는 인격적인 구주의 입에서 비롯된다.

성경 공부는 우리를 그분의 임재 안으로 이끈다

말씀을 공부할 때 주님의 임재를 인지해야 함을 기억할 필요가 있는가? 물론 말씀을 읽는 것은 주님의 임재를 구하는 가장 주요한 방법이다. 우리에게 말씀하시는 분이 주님이심을 우리가 어찌 잊을 수 있겠는가?

번 포이드레스는 담화의 구조를 분석하면서, 의미가 고정적 요소임을 입증한다.[1] 즉, 고정된 의미가 있다는 뜻이다. 이것은 물론 포스트모더니즘적 사고에서 받아들여지지 않는 주장이다. 오늘날 존재하는 유일한 의미는 누군가에 의해 받아들여진(혹은 주어진) 의미뿐이라고 여겨진다. 성경 공부를 하는 모임들은 포스트모더니즘 시대에 들어오기 훨씬 전부터 이를 이행해 왔다. 본문의 의미는 성경 공부 모임에서 이리저리 논의되어 왔다. "나에게 이 본문은 이런 의미를 가진다." 이러한 주장을 누구도 거부할 수 없다. 하지만 여전히 의문은 남아있다. 이런 주장이 잘못된 것인가? 정말 그 본문이 그것을 의미하는가 아니면 잘못 해석된 것인가? 고정된 의미가 있다는 사실을 부인하는 사람들이 오히려 **자신들이** 오해를 받아 상처가 되었다는 답글들을 보면 놀라울 지경이다!

또한 의미는 송신자, 메시지, 수신자로 이루어진 소통의 역학으로 도출된다. 더 나아가 관계적 요소가 소통의 맥락을 제시한다. 메시지의 배경은 그 메시지가 전달된 대상들을 포함하지만 원래 의도한 수신자 너머의 중요성을 갖는다.

우리가 예수님을 나타내는 것에 대해 논하고 있기 때문에 주님과의 관계라는 목표에 도달하기 위해 문자적인 의미를 허물어뜨릴 필요가 있다. 따분한 해석과 단어 맞추기식의 연구는 변화산 정상

---

1 Vern S. Poythress, "A Framework for Discourse Analysis: The Components of a Discourse from a Tagmemic Viewpoint," *Semiotica* 38, no. 3/4 (1982): 277-298; "Hierarchy in Discourse Analysis: A Revision of Tagmenics," *Semiotica* 38, no. 1/2 (1982): 107-137.

에 도달하기 위해 한시 바쁜 우리에게 길을 뚫어 주기보다는 장애물로 작용하는 듯하다.

그러나 사실은 그 반대이다. 나는 맨하튼에 소재한 리디머 장로교회의 팀 켈러 목사가 헌신의 길에 대해 설명하는 것을 들은 적이 있다. 그는 성경이 주님을 찾는 이들에게 천국 문을 열어준다고 주장했다. 수 세기 동안 신비주의자들은 "야곱의 사다리"에 올라가기 위한 규율들을 설명해왔다. 그들은 이러한 수행을 통해 우리가 천국 문에 닿을 수 있다는 것에 동의했지만, 그 문은 반드시 안에서 열려야 한다. 종교적 금욕은 영적 실체를 이룰 수 없다. 서기 2000년이 돼서도 아토스산의 수도사들은 예수님이 하신 기도를 주문처럼 외우고 다녔다. "하나님의 아들이신 예수여, 우리에게 긍휼을 베푸소서"라며 반복해서 진심으로 기도할 수는 있었을 것이다. 하지만 계속해서 반복하는 기도는 이성적 생각을 혼란시키고 직관적 사고를 고립시킨다. 이러한 직관적 사고는 생각과 마음을 주님의 임재로 이끌어가는 깊은 이해와 믿음과는 다르다. 주님의 말씀을 듣는 것은 주님이 우리의 간구를 듣고 응답하신다는 것을 믿는 믿음의 실행이다. 주님과 우리의 교감은 인격적이다. 그 강도는 우리가 드리는 헌신의 표현을 넘어서지만, 우리의 말과 외침은 그분이 우리에게 말씀하시는 사랑에 대한 대답이다.[2]

---

2 E. P. Clowney, CM*: *Christian Meditation* (Nutley, N. J.: Craig, 1978)을 보라.

성경 본문을 연구하는 것이 어떻게 우리를 주님의 임재로 이끄는지 보기 위해서 그분의 사랑을 표현한 한 구절을 살펴보자. "내가 영원한 사랑으로 너를 사랑하기에 인자함으로 너를 이끌었다"(렘 31:3). 주님의 말씀이 처녀 이스라엘에게 임하고 있다. 이 말씀은 그분의 언약적 사랑을 나타낸다. 그 사랑은 하나님이 맹세하신 헌신이다. 뉴킹제임스(NKJV) 버전에서 인애를 뜻하는 "lovingkindness"이라는 용어는 '헤세드'로부터 번역되었다. 헤세드의 하나님은 자신의 백성에게 구원자가 되시겠다는 맹세를 인 쳐 주신 하나님이시다. 창세기 15장에는 아브라함의 하나님이 되시기 위해 자기 저주적 맹세를 하시는 장면이 등장한다. 이 맹세를 지키기 위해, 하나님 자신이 백성들의 구원자가 되기 위해 오셨다.

　　성경은 하나님의 사랑에 대한 그분의 표현이 그 사랑을 그분의 선택받은 백성에게 묶는 것에 집중하고 있다. 하나님은 사랑으로 친히 오셔서 백성들에게 자신의 헌신을 보이셨다. 그분은 아브라함과 그 자손에게 주의 사자로 나타나셨다. 주님의 헌신, 그분의 헤세드는 심오한 차원으로 인격적이지만, 그것은 선택된 백성들을 향한다. 그리스도 안에서 선택받은 우리는 그리스도 때문에 받은 사랑을 그분의 몸의 지체들과 함께 나눈다. 그 어떤 신자도 그리스도와 홀로 독대한다고 자랑할 수 없다. 한 유명한 찬송가는 다음과 같이 이야기한다 "저 장미꽃 위에 이슬 아직 맺혀 있는 그때에… 우리 서로 받은 그 기쁨은 알 사람이 없도다." 이렇게 호언장담하는 것은 성경적 경건함과 충돌한다. 주님은 자신의 백성들을 잠잠히 사랑하시며 그들로 말미암아 즐거이 부르며 기뻐하신다(습 3:17). 그러나 주님의 사랑의 대상은 개개인이 아닌 **그분의 백성**이다. 감상적 낭만주의는 하나님의 사랑의 실체에 대해 믿음으로 반응하는 것과는 거리가 멀다.

신중하고 경건하게 주님의 말씀을 묵상하는 것은 예배 중 그분의 임재로 들어갈 수 있는 열쇠다.

그리스도를 나타내기 위해 설교를 구성하라

해석/적용에 대한 구분은 그리스도의 임재로 변화된다

(1) 예수님의 말씀과 행적의 다양성

설교는 해석과 적용으로 나누어져 왔다. 또 다른 경우에는 적용으로 설교의 결론을 내기도 한다. 이러한 혼잡함을 피하기 위해 간략한 적용점들을 개별적인 요점으로 정리하여 덧붙일 수도 있다. 하지만 이런 방식은 일련의 짧은 메시지들이 주제에 느슨하게 연결되는 결과를 초래한다.

그리스도를 나타내는 설교를 하면 이 문제를 해결할 수 있다. 이제 예수님이 **자신을** 드러내기 위해 하신 말씀과 행위, 그리고 우리를 인도하시기 위해 하신 말씀과 행위에서 예수님을 나타낼 수 있기 때문이다. 다시 한번 말하지만 예수님의 임재가 우리가 그분의 음성을 들을 때 우리의 설교에 통일성을 부여한다. 우리의 청중들이 예수님을 인식하게 하기 위해서 우리는 복음적 이야기에 근거한 설교를 뒷전으로 미뤄서는 안 된다. 예수님이 지상 사역 중 어떻게 행하셨는지, 군중들에게, 제자들에게, 비판자들, 그리고 하늘의 아버지께 무슨 말씀을 하셨는지를 우리가 알아 갈 때에 그분의 임재를 생생하게 느낄 수 있다. 우리가 믿음으로 아는 것은 실재하는 예수님의 임재다. 복음서에 나타나시는 주님을 설교하는 것은 주님의 사역을 그려내는 그 어떤 영화보다 더 강력한 위력을 가지고 있다. CCC(Campus Crusade for Christ)에서 국제적으로 제작 상영한 〈예수〉(Jesus)라는 영화는 수많은 대중들, 특히 수천 명의 문맹 사회에 복음을 제시했다. 그러나 예수님의 임재라는 관점에서 보면 이 영화의 결론은 심각한 결함을 가지고 있다. 한 배우가 관객들에게 그에게 나아와 그를 믿으라고 애원한다. 전파된 말씀을 넘어 실체를 보여주려 한 노력은 허구의 이야기로 전락해 버린다. 그 배우는 예수님이 아니기 때문이다.

이러한 사실은 우리 설교자들에게 경고한다. 우리는 예수님의 역할이나 그분이 말씀하시며 짓는 표정을 재연할 수 없다. 예수님의 실체는 대역으로 대체할 수 없다.

(2) 그리스도의 하늘 영광이 가진 초월성

마찬가지로 신약의 서신서에서 예수님의 영광이 어떻게 묘사되었는지 살펴볼 필요가 있다. 성령의 영감으로 쓰인 이 서신들을 보면 예수님의 몸이 부활하신 것과 하늘 영광의 실체가 어제나 오늘이나 영원토록 동일하신 예수님으로 우리를 이끈다는 것을 알 수 있다 (히 13:8).

예수님을 나타낼 때 우리는 몇 대에 걸쳐 교회가 해 온 고백을 고려해야 한다. 구원은 우리 존재가 언제나 믿음으로 그리스도에게 연합하는 것을 의미한다. 우리는 그분을 지상 사역과 하늘 영광 속에 우리의 중보자, 우리의 선지자, 대제사장, 그리고 왕으로 알고 있다. 그리스도는 십자가에서 우리를 대표하셨고 보좌로부터 성령으로 우리에게 오신다. 빌립보 교인들에게 보낸 바울의 서신을 읽고 어떻게 글 전체를 통해 그가 예수님의 숨결을 직감하는지 보라. 요한복음은 예수님의 임하심의 표적이 되는 위대한 행적들을 어떻게 그분의 말씀이 동반하는지 보여준다.

우리가 교리 설교를 중요하게 생각하는 것도 옳다. 그 어느 때보다 가짜 복음이 넘쳐나고 있는 지금 예수님의 인격과 행적에 대해 교회에서 가르칠 필요가 있다. 그러나 우리가 주님의 임재의 실체에 집중하지 않으면 그분의 실체를 놓치게 된다. 우리가 펠라기우스나 아르미니우스 같은 이단에 대해 경고를 듣고도, 그들이 이해하지 못한 주님의 영광을 보여주지 못하면 오류를 목록화하는 것은 아무런 효과가 없다.

설교의 구조가 구속의 이야기 속 그리스도를 나타낸다

예수님을 나타내는 모든 것은 서술적 차원을 가지고 있다. 예수님의 오심은 성경의 위대한 이야기의 정점이다. 구약에서 예수님은 주의 사자로 나타나시고 "스스로 있는" 하나님으로 자신을 동일시하신다(출 3:2, 14). 이사야는 성전에 가득 찬 그분의 영광을 보았다. 우리가 이미 봤듯이 요한은 이사야가 환상 중에 본 영광스러운 주님이 예수님임을 확증한다(요 12:41).

구약의 서사에서 주님의 임하심은 약속의 씨로 임재하시는 것으로 묘사한다. 아브람이 하나님의 지시로 가나안 땅에 들어섰을 때 주님은 세겜 나무 아래에 나타나셨고 그 땅을 그에게 주시겠다고 약속하셨다. 아브람은 하나님의 출현을 기념하기 위해 제단을 쌓았다. 후에 하나님은 타는 횃불로 쪼개진 고기 사이를 지나가셨다. 이는 우리가 살펴봤듯이 아브람과의 언약을 인치시는 하나님의 맹세를 상징적으로 나타낸다. 또 얼마 후 주님은 두 천사와 함께 오셔서 인간에게는 불가능한 일, 즉 노쇠한 사라가 아들을 낳을 것이라고 약속하셨다. 이삭이 태어났을 때 하나님은 아브라함과 사라에게 기쁨을 안겨주셨다. 그리고 주님은 아브라함이 사랑하는 이삭을 바치라고 요구하셨다. 하지만 이삭은 아브라함의 구원을 위한 제물이 될 수 없었다. 아브라함이 이삭의 목을 베러 칼을 높이 들었을 때 주님은 그의 손을 막으시고 덤불에 걸린 숫양으로 대체 제물을 제공하셨다.

야곱의 삶 속에서 주님은 다시 한번 내려오셨고 언약적 약속을 재차 확인하셨다. 야곱이 아버지의 축복을 받자 그의 형 에서는 그를 죽이겠다 맹세했고 그래서 야곱은 도망길에 올랐다. 벧엘에서 (창 28:10-22) 주님은 자신의 약속을 재확인하시기 위해 내려오셨다. 우리가 알고 있듯, 야곱의 꿈에 나타나신 주님은 계단을 타고 내려와 야곱 위에 서셨다.(다시 한번 벧엘에서 "하나님이 그를 떠나 올라가시는지라"라고 기록된 창세기 35장 13절을 보라). 하나님은 계단을 타고 자신의 임재 속으로 내려와 야곱과 함께 하셨고 절대 그를 떠나지 않으시겠다 약속하셨다. 이때 오셔서 야곱 위에 서신 분은 삼위일체의 제2위격이신 성자 예수님이셨다. 주님의 임재는 항상 하나님을 드러내시는 성자의 오심으로 나타난다. 예수님은 나다나엘에게 하늘이 열리고 하나님의 사자들이 인자 위에 오르락내리락하는 것을 볼 것이라 말씀하시며 이 본문을 언급하셨다(요 1:51). 예수님이 자신을 계단에 비유하신 것 같지는 않지만 그가 벧엘에 내려오셨을 때 사자들이 그 위에 오르락내리락하는 인자로 자신을 가리키셨다. 주님이 영광 중 다시 오실 때 하나님의 사자들은 다시 한 번 주님과 함께 내려올 것이다.

주님이 얍복강에서 야곱과 씨름하러 내려오셨을 때 그분의 임재는 극적으로 나타난다. 야곱은 하란에서 라반과 함께 수 년을 살다가 하나님의 지시로 다시 가나안 땅으로 돌아오는 중이었다. 그는 자신이 피해 도망했던 에서를 만나기가 두려웠다. 야곱이 가나안 땅에 들어갈 때 천사 두 부대가 그를 맞이했다. 그 후 주님이 그와 만나 씨름을 했다. 챔피언의 씨름은 고대 근동 종교 문학에 자주 등장하는 주제였다. 요즘 우리가 TV에서 보는 유치한 레슬링과는 차원이 다르다. 야곱의 씨름에서는 둘 다 패배함으로 승리했다. 야곱은 주님이 그의 허벅지 관절을 치심으로 패배했지만 끝까지 상대를 놓지 않았기 때문에 승리했다. 주님은 야곱에게 복을 주시면서 패했다고 할 수 있지만 야곱을 복 주시는 것이 그분의 최종 목적이었기 때문에 승리하셨다. 야곱은 이 싸움으로 "허벅지 관절"을 절게 되었다. 야곱의 "허벅지 관절"을 언급하는 다른 두 본문에서 이는 야곱의 씨, 그의 자손을 의미한다. 야곱의 씨가 상징하는 것은 우리를 위해 십자가에 못 박히신 그리스도이다. 이른 새벽 야곱은 주님의 얼굴을 식별할 수 있었다. 그는 그곳의 이름을 브니엘이라고 했는데 "그가 이르기를 내가 하나님과 대면하여 보았으나 내 생명이 보전되었다 함이더라"(창 32:30).

출애굽기의 서사 전반에 걸쳐 주님의 임재가 이스라엘에게 드러났다. 불타는 떨기나무 속에서 주의 사자는 모세에게 말씀하셨다. 모세가 그의 이름을 묻자 주의 사자가 말해 준 이름은 야훼, "스스로 있는" 하나님이었다. 주님은 속박당한 이스라엘 백성의 신음소리를 들으셨고 그들을 구원하러 내려오셨다고 말씀하셨다. 주님은 멀리 떨어져 계시지 않고 자신의 임재 속에서 구원하셨다. 불같은 구름 기둥으로 주님의 임재는 그의 백성을 애굽으로부터 인도해내셨다. 애굽 군대가 뒤쫓아왔을 때 주님의 구름 기둥은 불의 장벽이 되어 애굽 전차로부터 이스라엘을 보호하셨다. 주님이 홍해를 갈라 만드신 길에 애굽의 전차부대가 쫓아 들어오려고 할 때 주님은 구름에서 내다보시고 그들을 진멸하셨다.

주님은 이스라엘을 시내산으로 이끌어 오시고 말씀하셨다. "내가 어떻게 독수리 날개로 너희를 업어 내게로 인도하였음을 너희가 보았느니라"(출 19:4). 하나님의 구름이 산을 에어 쌀 때 이스라엘이 그 앞에 서서 느낀 두려움은 하나님의 임재를 향한 두려움이었다.

출애굽을 묘사하는 본문에서 하나님은 임재의 구름으로 내려오셔서 자신의 백성을 이끄시고 보호하셨다. 애굽 전차 부대가 추격해 올 때 불기둥이 이스라엘 뒤를 막고 있었음을 생생히 기억할 것이다. 시내산에서 모세는 하나님이 이스라엘 진영 가운데 거하실 성막의 설계도를 받았다. 하지만 모세가 설계도를 받는 와중에 백성들은 그들이 만든 금송아지에 절하고 있었다.

이 우상 사건이 지나고 하나님은 이스라엘 가운데 거하지 않으시겠다고 말씀하셨다. 모세가 하나님께 받은 설계도에는 하나님의 성막을 모든 지파의 거처 한가운데에 두고 있었다. 이스라엘 지파는 씨족에 따라 하나님의 성막 주위에 장막을 치고 제사장과 레위 지파는 동쪽, 성막의 앞쪽에 진을 쳐야 했다. 그들은 마치 굴레에 저항하는 말처럼 "목이 곧은" 백성이었다. 하나님이 이들 진영 가운데 있는 성막에 거하시는 것은 그들에게 매우 위험한 일이었다. 그분의 거룩하신 불꽃이 그들을 살라 소멸할 것이다.

하나님은 이스라엘 진영 가운데 거하지 않으시겠지만 그들보다 앞서가시겠다고 말씀하셨다. 약속의 땅에서 가나안 족속을 쫓

성경 모든 본문에서 그리스도를 설교하라

아내실 것이지만 그들 "중에" 거하지는 않으시겠다고 하셨다(출 33:3). "가운데"라로 번역하는 것이 히브리어 원어를 더 예리하게 표현한다. 만약 하나님의 임재가 그들 가운데 임하지 않으면 그들 중에 장막을 칠 필요가 없어진다. 성막 자체가 불필요하게 되는 것이다.

주님의 임재로 그들과 함께 하지 않으실 것이라고 말씀하셨을 때 모세는 그렇다면 계속해서 나아가는 것이 더 이상 아무런 의미가 없다고 대답했다. 그는 애도하며 이스라엘을 이끌고 기도했다. 모세는 주님께 주님의 이름을 다시 한번 선포해 달라고 간구하고 그분의 영광을 보여 달라고 기도했다. 주님의 이름과 영광은 둘 다 하나님의 임재를 나타내는 것이었다. 하나님은 모세의 기도를 들으시고 '헤세드'와 '에메트', 즉 언약적 사랑과 신실하심(은혜와 진리)이 충만한 야훼라는 이름을 선포하셨다. 그리고 모세를 반석 틈에 두고 손으로 덮었다가 지나가시며 자신의 영광을 보이셨다.

요한복음에서 요한은 "장막을 치다"로 번역할 수 있는 헬라어 단어를 사용하는데 이때 1장 14절에서 출애굽기 34장 6절을 인용한다. 모세는 기도 중 목이 곧은 백성 가운데 가실 수 없다고 하신 하나님의 말씀을 그대로 반복하면서 "우리의 악과 죄를 사하시고 우리를 주의 기업으로 삼으소서"라고 덧붙인다(출 33:5; 34:9).

본문 전체가 출애굽기의 전환점이라고 할 수 있다. 주님이 그분의 임재가 그들과 함께 하실 것이라 약속하신 후 백성들은 성막을 위해 아낌없이 헌납한다. 성막은 하나님의 신성한 설계도에 따라 그대로 만들어지고 주님의 임재가 지성소에 충만하게 되는 것으로 출애굽기는 마무리된다. 출애굽기 전문이 주님의 임재, 구원, 인도, 그리고 백성 가운데 거하심에 대해 이야기한다. 요한복음 1장 14절에 인용된 말씀이 시사하듯 이 모든 것이 주님의 임재가 성육신하여 오시는 것을 가리킨다.

또한 그리스도는 구약의 상징의 모형으로 자신을 드러내셨다. 구약의 이야기를 통해 우리는 주님의 임재뿐 아니라 언약을 위해 헌신한 이들을 통해 예표되는 주의 종이 오실 것에 대해 듣는다. 의식법이 갖는 정교한 상징은 그리스도가 오셨기에 더 이상 의식을 위한 안내책자로의 역할을 하지 않는다. 오히려 우리는 어둠의 그림자에서 그리스도의 임재의 빛으로 이끌린다.

종말의 상징은 요한이 밧모섬에서 본 환상 중에 추수하는 구약의 이미지로 그리스도를 나타낸다. 계시록 설교는 최근 연구를 통해 많은 수확을 얻게 되었다. 데니스 존슨이 쓴 주석은 구속사를 배경으로 하는 계시록의 상징주의를 보여준다.[3] 이슬람 세력의 확장과 중동에서 일어나는 전쟁 속에서 그리스도의 현존하는 구원 법칙을 선포하는 것에는 명확한 주안점이 필요하다.

직접적 담화는 예수님을 나타낸다

예수님은 자신을 우리에게 드러내실 때도 그렇지만 우리에게 지시,

---

3 Dennis Johnson, *The Triumph of the Lamb* (Nutley, N. J.: Presbyterian & Reformed, 2001).

인도, 경고의 말씀을 하실 때도 임하신다. 그러므로 복음서를 가지고 설교할 때 예수님의 말씀을 간접적 담화로 표현하지 말아야 한다. 청중에게 예수님의 말씀을 들으라 부르고 그 말씀을 인용하라. "그들이 듣지도 못한 이를 어찌 믿으리요" 예수님이 설교를 통해 직접 말씀하신다. 빨간색 글씨로 쓰여진 성경 구절들은 인용된 예수님의 말씀이 그 말씀을 보고하는 복음서의 기록보다 더 권위적인 것처럼 보이게 한다는 이유로 비판받았다. 둘 다 성경 곧 하나님의 말씀이다. 그러나 사도 바울은 성만찬을 제정하면서 예수님의 말씀을 인용했다(고전 11:23-25). 맥스 맥클린(Max Maclean)이 만든 마태복음의 읽기 자료에는 예수님이 대적들의 불신을 꾸짖으시는 말씀이 메아리친다. 예수님의 임재는 예수님을 저녁 식사에 초대한 바리새인에게는 가장 불편한 일이 되었다(눅 7:35-47). 우리는 감히 예수님이 성령으로 임하실 때 말씀하시는 경고의 말씀을 부드럽게 전해서는 안 된다.

그리스도를 나타내기 위한 기도 준비

예수님의 임재의 기름 부으심을 구하는 것

당신의 설교에 주님이 축복해 달라거나 혹은 설교를 잘 할 수 있도록 기름 부어 달라는 식의 일반적인 기도를 하지 말라. 기도로 주님과 친밀한 시간을 가지며 그분의 임재를 구하라. 당신의 설교를 듣는 사람들을 보면서 그들이 주님을 인지할 수 있게 되기를 구하라. 주님은 말씀을 통해 그분의 임재를 반드시 드러내신다. 능력이 그분께 있고 당신도 잘 알다시피 당신의 성화의 상태가 당신의 설교의 효과를 제한하지 않는다. 우리 모두는 공기 중에 흩어지지 않고 믿음의 눈을 열어 주는 설교를 기억하고 있을 것이다.

어느 날, 런던 교외의 일링이라는 곳에서 마틴 로이드 존스와 만나 차를 마시면서 나는 내가 품고 있던 질문을 던졌다. "로이드 존스 박사님, 제가 설교를 할 때 육신의 힘으로 하는지 성령의 능력으로 하는지 어떻게 분별할 수 있습니까?"

"그건 간단합니다." 로이드 존스가 대답했고 나는 몸을 움츠렸다. "만약 육신의 힘으로 설교를 하고 있다면 행복감을 느끼고 한껏 고양된 감정을 느끼겠지요. 하지만 성령의 능력으로 한다면 경외감을 느끼고 겸손해질 겁니다."

자비하신 주님은 로이드 존스가 하는 말의 뜻을 실제로 보여주셨다. 얼마 후, 나는 오스트리아 슐로스 미터질에 소재한 기독학생회(IVF) 소유의 성에서 열리는 대규모 학생 집회에 말씀을 전하러 런던을 떠났다. 집회 중에 참석한 몇몇 학생들은 미국인이었지만 나머지는 철의 장막 뒤 나라들 출신이었다. 어느 날 오후, 나는 학생들과 만나 이야기를 나눴다. 만난 장소는 성의 탑에 있는 방이었고 난로에서는 장작불이 타오르고 있었다. 학생들은 산으로 하이킹을 다녀온 후 저녁 식사 전에 말씀 한 구절 들으려고 모여들었다. 방은 후끈했고 학생들과 나는 졸음을 느꼈다. 하지만 나는 확실하

성경 모든 본문에서 그리스도를 설교하라

게 그들에게 예수님을 전했다. 그 후에 일어난 일에 대해서는 전혀 예상하지 못했다. 내 말이 끝나자 많은 학생들이 울기 시작했다. 어떤 학생들은 무릎을 꿇고 기도했다. 그들은 계속 기도했고 나는 앉아서 그들과 함께 기도했다. 시간이 얼마 지나자 식당에서 식사 시간을 알리는 종소리가 들렸다.

부흥의 분위기에 익숙하지 않았던 나는 인위적으로 이 시간을 이어 나가고 싶지 않았다. 그래서 음식 준비에 방해가 되지 않기 위해 혼자 식당으로 내려갔다. 나는 내려갔지만 아무도 따라 나오지 않았다. 누군가 내려올 때까지 나 혼자 얼마나 오랫동안 빈 식당에 앉아 있었는지는 모른다. 15분 혹은 20분쯤 지났던 것 같다.

그때 나는 로이드 존스가 한 말의 의미를 깨달았다. 내 마음이 경외감으로 가득 찼다.

주님의 임재 연습하기

이번에 다룰 내용의 핵심은 대지의 제목과 같은 유명한 책에 잘 나타나 있다.[4] 예수님은 물 위를 걸어 제자들에게 오셔서 그들이 그분의 실체를 의심한 것에 대해 믿음이 적은 자들이라고 꾸짖으셨다.

---

4 로렌스 형제, 『하나님의 임재연습』, Brother Lawrence of the Resurrection *The Practice of the Presence of God*, John J. Delaney 옮김 (New York: Doubleday, 1996).

그들은 "유령이라" 하며 무서워하며 소리를 질렀다(마 14:26, 31). 십자가에 달리시기 전 예수님은 제자들에게 자신이 그들을 떠나 아버지께로 가야 한다고 말씀하셨다. 그러나 그들을 고아와 같이 버려두지 않으시고 다시 돌아오시겠다고 덧붙이셨다(요 14:18). 부활하신 후 예수님은 제자들에게 하나님의 약속을 기다리라고 말씀하셨다. 그 약속은 성령의 임재였고 그 임재를 통해 예수님이 그들에게 오실 것이었다. 그래서 사도행전에는 예수님이 들려 올려 지신 후 시작하신 일과 가르침에 대해 계속해서 이야기가 이어진다(행 1:4). 예수님은 믿는 자 위에 임하신 성령을 통해 이 일을 행하셨다. 그렇기 때문에 사도들의 서신에는 우리가 그리스도와 연합하는 것에 대해 쓰여 있다. 바울은 종종 "그리스도 안에" 있는 신자들에 대해 말한다. 그리스도와의 연합은 그분의 몸 안에서 우리를 서로 다른 지체들에게 연결시키는데, 이것이 바로 교회다(엡 2:13-16).

시편을 보면 다윗과 다른 시편 기자들이 성막에서 주님의 임재를 구하지만 또한 광야의 경험 가운데 그분의 날개 아래 거하는 것에 대해 노래한다. 시편 기자들이 구한 것은 다름 아닌 우리의 몸이 성령의 전으로 만들어질 때 그리스도에 안에서 우리가 받은 것이다. 서신서들은 우리의 구원의 나타내는 내용으로 가득하다. 주님이 우리와, 우리가 주님과 함께 한다. 그 어떤 것도 우리를 그분에게서 또는 그분의 임재로부터 갈라놓을 수 없다. 그러므로 우리는 성령을 통해 우리 안에 거하시는 주님과 함께 살도록 부르심을 받았다. 모든 지각을 뛰어넘는 하나님의 평강이 그분의 임재의 평강이다.

그렇기 때문에 하나님의 임재를 연습하는 것은 우리가 알고 있는 것을 인정하는 것을 의미한다. 우리는 탄식하며 하나님의 아들들을 구원해 주실 것을 기다리고 있는 세상에 살고 있다. 우리 자신도 슬픔과 고난 중에 탄식한다. 하지만 성령님이 우리 안에, 그리고 우리를 위하여 탄식하신다. 아무것도 구세주의 사랑에서 우리를 갈라놓을 수 없다. 우리는 그분이 우리를 보살피시기 때문에 우리의 염려를 그분께 맡길 수 있다.

주님의 임재 안에서 설교하기

우리는 설교를 통해 예수님을 나타내기 위해 애쓰지만 다 사도 바울이 가진 은사와 부르심을 갖고 있는 것은 아니다. 하지만 우리도 청중의 바로 눈앞에서 십자가에 달리신 예수님을 그려 낸다. 그분을 신뢰하라. 동일하신 주님이 우리와 함께 계신다. 제자들은 부활하신 예수님께 바로 이스라엘 왕국을 회복시키실 것인지 물었다. 예수님은 때와 시기는 아버지께서 자기의 권한에 두셨다고 말씀하셨다. 왕국에 대한 그들의 질문에 예수님은 아버지께서 성령을 주시리라 약속하셨다고 대답하셨다(행 1:8; 요 14:16). 예수님은 성령을 통해 그들을 가르치셨고 성령은 계속해서 그들을 가르칠 것이다. 예수님은 진리요 그분의 성령은 그 진리의 증인이 되신다.

사도행전은 어떻게 진리의 영이 사도들이 세운 교회를 주님의 계시의 빛으로 인도하는지 보여준다. 그들은 주님의 임재가 그들과 함께 있다는 것을 알았다. 승천하시기 전 행하시고 가르치신 것들을 계속해서 이루시기 위해 예수의 영이 직접 오셨다는 것을 이해하고 있었기 때문이다. 그들은 예수님이 다시 오실 때까지 유다와 사마리아, 땅끝까지 이르러 성령의 능력으로 증인이 될 것이다.

교회의 토대를 쌓기 위해 사도들에게는 특별한 은사가 주어졌다. 바울의 독특한 은사는 사도의 표가 되었다(고후 12:12). 이방인의 사도로 부르심을 받은 바울은 "나의 복음"이라고 부를 수 있는 메시지를 받았다(롬 2:16, 16:25; 살후 2:8). 바울은 다른 사람들이 쌓아 올릴 수 있는 토대를 마련하기 위해 애를 썼다. 그는 "이방인을 위하여 그리스도 예수의 일꾼이 되어 하나님의 복음의 제사장 직분을 하게 하사 이방인을 제물로 드리는 것이 성령 안에서 거룩하게 되어 받으실 만하게 하려" 부르심을 받았다(롬 15:16). 성령 안에서 그가 가진 능력은 주님의 임재 안에서 갖는 능력이었다. 그는 자신이 하는 모든 섬김을 예배로 여겼다. 그에게 사는 것은 그리스도였다. 자신의 주님이신 예수님을 위해, 바울은 그분을 알기 위해 모든 것을 잃는 고난을 겪어야 했다.

주님의 임재 안에서 설교하는 것은 더 강력한 표현력을 갖거나 설교에 기름부음을 받았다고 여길 만한 능력을 갖는 것보다 훨씬 더 인격적인 일이다. 제임스 맥콘키는 승리하는 삶에 대해 쓰면서 성령의 능력을 거대한 댐의 수압에 비유했다.[5] 우리는 성화의 행위를 통해 밸브를 열어 성령의 능력이 홍수처럼 밀려와 우리의 삶에 차고 넘치게 한다. 맥콘키가 제시하는 또 다른 예는 구식이기는 하지만 성령의 능력을 전차 위 전선에 흐르는 전류에 비유한다. 전차의 막대기를 전선에 닿게 하면 전류가 모터에 충전된다. 이러한 비유는 인격적으로 임재하시는 예수님의 영을 오해하게 한다. 나는 다시 한번 나의 구원이 내가 그분을 붙잡고 있어서 아니라 그분이 나를 붙들고 있기에 임한다는 사실을 배워야 했다. 주님은 우리와 함께 인격적으로 임재하시는 경이로움으로 우리를 구원하신다. 설교도 마찬가지다. 우리는 하나님 말씀을 전하는 사역에 필요한 능력을 구하지 않는다. 예수 그리스도의 인격을 논하면서, 설교를 하는 행위 속에 임하는 그분의 임재를 구해야 한다.

자의식은 언제나 우리가 그리스도를 나타내는 것을 방해한다. 우리가 그분이 임재를 인식하지 못하면 그분에 대해 의견을 피력할 수 없다. 주님 그분 자체를 바라보는 것만이 해답이다. 청중의 눈을 돌려 그분을 보게 해야 한다. 대화체를 사용하라. 당신의 청중이 주님께 뭐라고 말하고 있는가? 그들이 생각할 만한 것들을 인용하라. 회중 혹은 청중 속 한 사람에게 주님의 말씀이 어떻게 전달될지 생각해 보라. 청중이 주님께 하는 말들을 상상해 보고 말씀 안에서 그

---

5 James McConkey, *The Three-fold Secret of the Holy Spirit* (1897; reprint Lincoln, Nebr.: Back to the Bible, 1977).

분의 응답을 선포하라. 당신은 성도들과 죄인들이 주님과 함께 나누는 대화를 중재하는 자리에 있다. 하나님의 말씀이 공허하게 돌아오지 않는다는 것과 그분이 직접 말씀하고 계심을 기억하라. 생생한 언어를 사용하고 예수님께 집중하지 못하게 하는 예시나 비유적 표현은 사용하지 말고 주님이 말씀하고 행하시는 것들을 보여주는 생생한 참고자료를 활용하라. 예시를 통해 보여주려는 것 외의 것으로 인해 집중이 분산되지 않게 하라. 스포츠나 음악 아이돌에 대한 이야기로 청중들의 주의를 끌게 되면 다시 본문으로 돌아오지 못할 수 있다.

이런 조언들은 새로운 것이 아니다. 당신의 설교에 있어 새롭고 신선한 것은 바로 주님께서 그분 자신을 당신과 청중에게 나타내시도록 당신이 그분을 바라보는 헌신이다.

3
아버지의 환영에 참여하기
(누가복음 15:11–32)

3. 아버지의 환영에 참여하기
(누가복음 15:11-32)

미국인들은 성조기 옆에 노란색 리본을 달아 놓기 시작했다. 이는 로널드 레이건 대통령 임기 초에 이란에서 인질들이 풀려나온 사건으로부터 시작되었다. 워싱턴 D.C.의 나무와 전신주, 그리고 미국의 메인 스트리트마다 달아 놓은 노란색 리본이 펄럭이며 인질에서 풀려난 이들을 환영했다. 노란색 리본을 다는 것은 수감되어 있다 출소한 남편을 기다리던 아내가 그를 맞이하기 위해 "오래된 오크나무"에 노란색 리본을 묶었다는 유명한 노래에서 비롯된 것이었다. 이 노래는 서서히 잊혀졌지만 그 상징만큼은 유행이 되었고 노란색 리본은 귀향을 기쁘게 환영한다는 의미의 상징이 되었다.

　예수님이 들려주신 이야기에서 우리는 활짝 열린 천국 문에 걸려 있는 노란색 리본을 상상해 볼 수 있다. 예수님은 회개한 죄인을 환영하는 천국의 기쁨을 설명하셨다. 이 이야기는 탕자의 비유로 잘 알려져 있다. 어떤 이들은 이 비유를 큰 아들의 비유라고 불러야 한다고 이야기한다. 왜냐하면 큰아들이 동생의 귀향에 대해 반응하는 것으로 이야기가 끝이 나기 때문이다. 하지만 이 이야기의 주인공은 두 아들을 잔치에 초대하는 아버지다. 예수님은 우리가 하나님 아버지가 우리를 어떻게 환영하시는지 이해하고 그 기쁨에 동참할 수 있게 하기 위하여 이 이야기를 들려주신다.

이야기의 첫 부분에서 예수님은 하늘 아버지의 환영이 내포하는 **은혜**를 보여주시고 뒷부분에서는 그 환영에 따르는 **요구사항**에 대해 말씀하신다.

아버지의 환영이 내포하는 은혜

이야기는 두 형제 중 동생의 이야기로 시작한다. 이 청년은 집에 살면서 모든 것에 환멸을 느꼈다. 가족, 농사일, 그리고 아버지의 생활방식 전부 흥미를 잃었다. 그가 아버지에 대해 긍정적으로 생각하는 것은 딱 하나, 바로 아버지의 돈이었다. 하지만 그 재산을 물려받을 수 있는 가능성은 요원했다. 그리고 아버지가 일찍 돌아가실 것 같지도 않았다. 결국 이 청년의 인내심은 바닥이 났다. 그는 "아버지, 아버지의 재산 중에 제 몫을 주십시오."라고 말한다.

이렇게 요구하는 것은 어느 사회에서든 무례한 행동일 것이다. 특히 구약의 상속 율법에 비추어 보면 더욱더 받아들이기 힘든 태도였다. 유대인의 지혜서에서도 아버지들에게 자신이 죽기 전까지 자식들에게 유산을 남기지 말 것을 권한다. "네 아들들의 손을 바라보느니 자녀가 네게 청하는 것이 더 낫다"(집회서 33:22). 하지만 아버지는 둘째 아들의 요구를 들어주고 재산을 나눠 주었다. 아들은 적어도 전 재산의 삼분의 일, 혹은 반을 차지하게 되었다. 그는 가진 모든 재산을 전부 현금으로 바꿔서 가방에 넣고 가방끈을 동여 맸다. 이제 아들은 자신이 항상 원했던 것을 손에 넣었다. 가고 싶은 곳에 가고 하고 싶은 것을 마음껏 할 수 있게 된 것이다.

그리고 그는 바로 실행에 옮겼다.

아들은 당장 집을 떠났다. 그가 밟는 모든 걸음은 자유를 향했고 아버지의 집이 멀어질수록 조금씩 살아남을 느꼈다.

내가 어렸을 때 다니던 주일학교에는 니스를 칠해 놓은 오크 의자가 둥그렇게 놓여져 있었고 페인트가 칠해진 벽에는 주일학교용 사진들이 걸려있었다. 그런데 지하로 가는 복도에 난 문 뒤에 전혀 주일학교 사진으로는 볼 수 없는 판화가 걸려 있었다. 파티를 즐기고 있는 탕자의 모습을 묘사한 그림이었다. 정말이지 대단한 파티였다. 그 그림을 힐끔 봤을 때는 별생각이 없었지만 틀림없이 탕자가 그 파티 비용을 다 지불했을 것이다.

예수님은 탕자가 어떻게 돈을 다 써버렸는지 자세하게 말해 주시지 않는다. 사치스러운 생활을 좀 줄여야 할 때까지 몇 달 혹은 몇 년이 걸렸을까? 그의 재산이 한 번에 증발했을까? 아니면 호화로운 생활을 조금이라도 더 즐기기 위해 돈을 아껴가며 사용했을까? 어떠한 경우이든 이제 더 이상 가장 저렴한 술집이나 가장 싼 여자들을 찾는 문제가 아니었다. 빵 부스러기라도 얻어야 할 판이었다. 탕자는 지역에 기근이 닥치고 식료품 가격이 폭등하는 상황에서 빈털터리 신세가 되었다. 그렇게 유산을 흥청망청 썼지만 주위에 친구 하나 없었다. 굶어 죽지 않으려면 일을 해야 했고 결국에 그가 할 수 있는 유일한 일은 돼지를 먹이는 돼지치기가 되는 것뿐이었다. 여기서 초점은 돼지를 먹이는 일이 더럽다는 것이 아니다. 핵심은 구약의 율법에 의하면 돼지가 부정한 동물이라는 점이다. 그가 아버지와 갖고 있던 모든 유대관계가 끊어졌다. 탕자는 이방인이 되어 집에서 멀어졌을 뿐 아니라 관계가 끊어지고 길을 잃었으며 부정해졌다.

이 비유에서 탕자의 회개는 미화되지 않는다. 그가 회개한 것은 마음 깊은 곳에서부터가 아닌 굶주린 배로 인한 것이었다. 자신이 먹이는 돼지들이 쥐엄나무 열매를 먹는 것을 지켜보았을 것이다. 그가 받는 쥐꼬리만한 수입으로는 특히나 기근으로 인해 폭등한 가격 때문에 매일 먹을 빵도 구할 수 없었다. 어쩌면 쥐엄나무 열매 정도는 살 수 있었을지 모르겠다. 그것도 그나마 먹을 수는 있는 것이었으니까. 그는 너무나 배고팠다. 예전에 먹던 음식들을 얼마나 즐겼던가! 아들의 마음속에는 유산을 다 날려버린 호화스러운 잔치가 아닌 아버지의 집에서 먹던 저녁 식사를 떠올랐다. 아버지의 집! "내 아버지에게는 양식이 풍족한 품꾼이 얼마나 많은가. 나는 여기서 주려 죽는구나!"(눅 15:17).

그래, 탕자는 큰 소리로 말했다. 정말 그랬다. 그는 바보, 그것도 악한 바보였다. "율법을 지키는 자는 지혜로운 아들이요, 음식을 탐하는 자와 사귀는 자는 아비를 욕되기 하는 자니라"(잠 28:7). 집으로 돌아가 아버지를 다시 대면해야 했다. 무슨 말을 해야 할까? "아버지 내가 하늘과 아버지께 죄를 지었사오니 지금부터는 아버지의 아들이라 일컬음을 감당하지 못하겠나이다. 나를 품꾼의 하나로 보소서"(눅 15:18-19).

아버지라면 그를 품꾼으로 삼아 먹을 것을 줄 것이라 확신했다. 예전의 관계로 회복시킬 자격은 없었지만 아버지의 얼굴을 다시 한번 볼 수 있을 것이다.

탕자가 자신의 철저한 무가치함을 고백하는 것을 통해 우리는 아버지의 자비와 은혜로 아들을 환영하는 것에 더욱더 놀라게 된다.

예수님이 하신 말씀을 대승불교에 나오는 다소 비슷한 이야기와 비교해 보면 또 다른 놀라움을 느낄 수 있다. 유명한 "모법연화경"에는 다음과 같은 이야기가 실려 있다.[1] 한 청년이 아버지의 집을 떠나 수년간 떨어져 지냈다. 아버지는 아들을 찾아 헤매다가 다른 나라에 가서 엄청난 부를 쌓았다. 반면에 아들은 사람들에게 무시당하는 거지가 되어 돌아다녔다. 어느 날 아들은 아버지가 살고 있는 마을에 우연히 들리게 되었다. 아들은 아버지를 알아보지 못

---

1 Chapter 4 of the *Saddharma-Pundarika*, ed. F. Max Mueller, in *Sacred Books of the East*, vol. 21 (Oxford: Clarendon, 1909), 98-117.

했지만 웅장함을 내뿜는 이 나이 든 어르신을 호기심 어린 눈으로 지켜보았다. 좌중의 수호를 받으며 아버지는 보석으로 장식된 차양 아래 보좌에 앉았고 그 발등상은 금과 은으로 장식되어 있었다. 아버지는 금괴, 옥수수, 곡식을 가지고 주위에 몰려든 상인들과 은행원들의 무리와 거래를 매듭짓고 있었다. 거지가 된 아들은 완전히 두려움에 휩싸였다. "나 같은 사람은 이런 곳에 어울리지 않아." 그는 생각했다. "강제 노역으로 잡혀 끌려가기 전에 어서 여기를 빠져나가야겠다."

하지만 아버지는 한눈에 아들을 알아봤고 하인들을 시켜 그를 뒤쫓아가게 했다. 하인들은 공포에 질려 발을 구르고 소리를 지르는 아들을 데리고 왔다. 틀림없이 죽겠구나 생각하며 아들은 혼이 쏙 빠졌다. 아버지는 찬물을 아들에게 끼얹고 하인들에게 그를 놓아주라고 명령했다. 아버지는 아들에게 자신의 신분을 알리지 않았고 하인들에게 자신의 아들의 정체도 알려주지 않았다. 대신 또다시 하인들을 보내 도시의 빈민가에 거하는 아들을 찾게 하고 그를 고용하겠다는 뜻을 전한 후 데려오게 했다. 하인들은 이 거지 아들의 신뢰를 얻기 위해 얼굴에 흙을 묻히고 누더기를 걸쳐 평민 복장으로 위장했다. 이들은 아들을 설득하는데 성공하고 이 불쌍한 아들은 가장 비천한 노동을 하기 시작했다(그 지역에는 정화조가 설치되어 있지 않았다). 아버지는 창문 너머로 아들이 분뇨를 삽질하고 통에 담는 모습을 지켜보았다. 아버지도 얼굴에 흙칠을 하고 누더기를 걸치고는 아들에게 다가가 말을 걸고 일을 잘 해내도록 격려했다. 아들은 자신이 맡은 일을 충실하게 해냈지만 여전히 주변 판잣집에 살았다. 수년이 지난 후 아버지는 아들이 충실하게 일한 노고에 대해 크게 치하하며 그를 아들, 그리고 자신의 상속자로 삼을 것을 선포한다. 그러나 아들은 자신의 것으로 선포된 모든 부에 대해 관심을 보이지 않고 계속해서 판잣집에 살며 그 지역에서 일했다.

20여 년이 지나고, "주인은 아들이 돈을 모으고 어른스러워졌으며 정신적으로 성숙했다고 판단했다. 그리고 원래 가지고 있던 고귀한 신분으로서의 양심에 따라 이전에 겪었던 가난을 생각할 때 부끄러움, 수치심, 환멸을 느끼고 있음을 알 수 있었다." 주인은 자신이 곧 죽을 것을 알고 친척, 관리인 그리고 이웃들을 불러 모아 "이 사람은 내 친아들이요, 내가 가진 모든 것의 상속자라"라고 모두에게 선언한다.

이 이야기의 교훈은 "우리가 지금까지 세상의 전지자의 율법 아래 도덕성을 지키고 행했기 때문에 이제 우리가 전에 행했던 그 도덕성의 열매를 얻게 된다"는 것이다.

두 이야기 간의 차이는 무엇인가? 한 단어로 정의할 수 있다. **은혜**! 놀라운 은혜다! 예수님이 말씀하신 비유에 등장하는 아버지를 보라. 저 먼 길에서 낯익은 사람의 형체가 보인다. 아버지는 가운의 긴 자락을 허리끈으로 동여매고 아들을 향해 달려간다. 그리고 아들을 팔로 둘러 가슴에 껴안으며 먼지투성이 돼지치기의 뺨에 입을 맞춘다. 아들은 말했다. "아버지, 내가 하늘과 아버지께 죄를 지었사오니 지금부터는 아버지의 아들이라 일컬음을 감당하지 못하겠나이다…"

하지만 아버지는 그의 말을 들으려 하지 않았다. 아들을 감싸 안은 채로 집 쪽으로 몸을 돌이켜 하인들을 불러낸다. "제일 좋은 옷을 내어다가 입히고 손에 가락지를 끼우고 발에 신을 신기라. 그리고 살진 송아지를 끌어다가 잡으라 우리가 먹고 즐기자. 이 내 아들은 죽었다가 다시 살아났으며 내가 잃었다가 다시 얻었노라"(눅 15:22-24).

아버지의 용서는 너무나 충만하고 자유해서 아들의 신분을 상징하는 것들을 지체 없이 회복시켜 준다. 제일 좋은 옷은 명예를 상징하고 인장 반지에는 아버지의 인장이 새겨져 있다. 당시 종들은 맨발로 다녔기에 심지어 신발에도 의미가 담겨 있다. 그리고 마지막으로 잔치! 얼마나 성대한 환영식인가!

아버지의 신중함은 어디로 갔는가? 이 둘째 아들은 아버지의 이름에 먹칠을 하지 않았던가? 아들은 여태껏 뭘 하다 왔는가? 소문들은 또 어떠했나? 아들은 뭘 더 기대하고 온 것인가? 돈을 더 달라고 온 것은 아닌가?

아니다. 아버지는 아들에게 이런 질문들을 퍼부으며 정죄하지 않는다. 기쁨의 승리로 아들을 열렬히 환영한다. 그의 아들은 죽었다가 다시 살아났고 잃었다가 다시 얻었다. 아버지의 기쁨은 사랑으로 불타올랐다. 성경은 자주 아버지의 사랑을 그려낸다. 아브라함이 사랑하는 아들 이삭을 데리고 모리아 산으로 올라갈 때도 그렇다. 정말 이삭을 제물로 바쳐야만 했을까?

늙은 야곱은 가장 아끼던 요셉의 피 묻은 채색옷을 보고 들짐승에 찢겨 죽은 것으로 믿었다. 후에 야곱은 요셉이 형들에 의해 종으로 팔려 갔다가 애굽의 총리가 되었음을 알게 되었다. 그는 애굽으로 내려가는 길에 요셉을 만났다. 죽은 줄로 알고 슬퍼했던 그의 아들이 살아서 그의 품에 안기었다.

다윗 왕은 형편없는 아버지였다. 어떨 때는 너무 엄격하고 또 어떨 때는 너무 관대했다. 하지만 자신에게 반항한 아들 압살롬을 끔찍하게 사랑했다. 다윗의 군대와 압살롬의 군대가 치열한 전투를 벌이고 있을 때 다윗은 전투의 결과보다 아들 압살롬의 안위를 더 걱정하는 듯 보였다. 승리를 알리는 전령이 압살롬의 죽음을 보고하자 다윗은 슬피 울었다. "내 아들 압살롬아 내 아들 내 아들 압살롬아 차라리 내가 너를 대신하여 죽었더라면, 압살롬 내 아들아 내 아들아!"(삼하 18:33).

하지만 구약에서 가장 위대한 아버지의 사랑의 외침은 다윗이 아니라 하나님으로부터 나왔다. 주님은 애굽에서 이스라엘 민족을 자신의 소유로 삼으셨다. 하나님이 바로에게 명령하신 것은 "내 아들을 보내주어 나를 섬기게 하라"는 것이었다(출 4:23). 주님은 마치 아버지가 어린아이에게 걸음마를 가르치듯이 자신의 장자를 광야에서 인도하셨다(호 11:1-4). 이스라엘이 거역했을 때, 하나님은 그들의 배반을 심판하실 것을 선언하셨다. 하지만 사랑에 사무친 마음으로 하나님은 외치셨다.

"에브라임이여 내가 어찌 너를 놓겠느냐
이스라엘이여 내가 어찌 저를 버리겠느냐...
내 마음이 내 속에서 돌이키어
나의 긍휼이 온전히 불붙듯 하도다."(호 11:8)

아버지의 환영에 수반되는 요구사항

그리고 장면이 바뀐다. 우리는 이제 밭고랑에 그림자가 드리워지는 들판에 나와 있다. 큰아들이 일을 마치고 집으로 돌아온다. 집에 가까워지자 소리를 듣고 눈을 들어 본다. 음악 소리다. 음악대가 연주하는 소리가 들린다. 집에는 불이 환하게 켜져 있다. 사람들이 노래하고 춤을 추니 온 언덕이 들썩일 지경이다. 큰아들은 옆에 있는 수종에게 묻는다. "도대체 무슨 일이냐?"

왠지 큰아들이 무슨 일이 일어난 것인지 이미 알고 있었을 것 같은 느낌이 든다. 동생이 집을 떠난 후 이런 잔치는 한 번도 열린 적이 없었다. 하인이 대답한다. "당신의 동생이 돌아왔으매 당신의 아버지가 건강한 그를 다시 맞아들이게 됨으로 인하여 살진 송아지를 잡았나이다"(눅 15:27).

큰아들은 들고 있던 지팡이를 내동댕이치고 팔짱을 낀 채 서서히 분노에 차오르기 시작한다. 축하 연회라니, 나 참! 동생이 돌아온 건 놀랄 일도 아니지만 이런 환대를 받을 자격이 있나? 잔치를 열어줄 게 아니라 채찍질을 받아야 마땅하다. 큰아들은 아버지의 행동에도 환멸을 느낀다. 그는 생각한다. '설마 나더러 축하를 해주라고 하지는 않겠지. 결국 재산은 나눠졌고 남은 건 내 몫이야. 동생에게 준 새 옷, 인장 반지, 그리고 특히나 거창한 연회에 내온 살진 송아지 모두 내 것이라고.'

큰아들은 아버지의 기쁨을 경멸하고 아버지가 보인 은혜에 분노하며 돌아온 탕자를 향한 사랑에 분개했다.

하인은 아버지에게 큰아들이 들판을 서성이고 있고 엄청나게 화가 났으며 잔치에 참석하기를 거부한다는 소식을 전한다. 아버지는 재빨리 자리에서 일어나 큰아들을 집으로 부르기 위해 다시 길을 걸어 내려간다. 확실히 이 이야기에 등장하는 큰아들은 자기 의에 가득 찬 예수님의 대적 바리새인을 묘사하는 것임을 알 수 있다. 누가복음 이전 장에서 예수님은 그들에 대한 엄중한 경고를 담은 또 다른 비유를 드신다. 바리새인들은 잔치로의 초대를 거절하는 손님들과 같다. 화가 난 주인은 종들을 보내 시내의 거리와 골목, 큰길과 옆길에서 다른 손님들을 데려오게 한다. 모든 자리가 가난한 자들, 몸 불편한 자들, 시각장애인과 지체장애인들로 채워질 것이다. 원래 초대되었던 사람들은 그 어떤 자리에도 낄 수 없을 것이다.

바리새인들은 가난한 자들을 경멸하고 천국 잔치로 부르시는 예수님의 초대를 무시했다. 예수님은 그들에게 다른 이들이 천국 잔치에 앉게 될 것이고 그들은 영원히 제외될 것이라고 경고하셨다. 하지만 이 비유에서 예수님은 바리새인들에게도 문을 열어 두신다. 그들은 문밖에 서서 예수님이 세리들 그리고 죄인들과 함께 기뻐하는 것에 몹시 화가 나 있다. 하지만 예수님은 그래도 하나님 아버지가 그들을 위해 길을 내려오신다고 말한다. 이 부르심을 거절하는 것, 영광의 잔치에 들어오는 것을 거절하는 것이 어떤 의미인지 그들 스스로 생각해 보게 하셨다.

아버지는 큰아들에게 잔치에 참여할 것을 권한다. 하지만 아들은 억울하다는 듯이 답변한다. "내가 여러 해 아버지를 섬겨 명을 어김이 없거늘 내게는 염소 새끼라도 주어 나와 내 벗으로 즐기게 하신 일이 없더니 아버지의 살림을 창녀들과 함께 삼켜 버린 이 아들이 돌아오매 이를 위하여 살진 송아지를 잡으셨나이다!"(눅 15:29-30).

집 밖 들판에 서 있는 이 원통한 아들은 탕자가 돼지우리에 있었을 때보다 집에서 더 멀리 떨어져 있다. 아버지에 대한 사랑이 전혀 없다. 아버지의 명을 따르는 것은 고되고 아버지를 위해 일하는 것은 노예나 다름없었다. 그가 느끼는 진짜 즐거움은 이야기 초반에 탕자가 그랬듯이 아버지와 함께 있는 것이 아니라 자신의 친구들과 노는 것에 있다. 아버지가 동생과 자신에 대해 갖고 있는 사랑에 대한 이해가 아예 없다. 동생에 대한 사랑도 없었다. 이에 "내 동생"이라고 부르는 대신에 "당신의 아들"이라고 부른다.

아버지는 부드럽게 꾸짖는다. "얘, 너는 항상 나와 함께 있으니 내 것이 다 네 것이로되 이 네 동생은 죽었다가 살아났으며 내가 잃었다가 얻었기로 우리가 즐거워하고 기뻐하는 것이 마땅하니라"

(눅 15:31-32).

분명 온화하게 말씀하신다. 아버지와 항상 함께 있었다는 것이 큰아들에게 아무 의미가 없었던 것일까? 아버지와의 관계가 정말 주인과 종의 관계였던가? 유산 전체가 자신의 유산 전체가 자신의 것인데 살진 송아지 한 마리에 앙심을 품은 것인가? 동생이 죽지 않고 돌아왔다는데 아무 관심이 없었던 것일까?

그렇다. 부드럽게 꾸짖으셨지만 요구사항은 확실하다. 만약 큰아들이 아버지의 진정한 아들이라면 잔치에 참석해야 한다. 분노와 질투에 휩싸여 바깥 어두움에 남아있을 수 없다.

만약 큰아들이 아버지의 마음을 정말로 헤아리고 있었다면 어땠을까? 그랬다면 어떻게 반응했을까? 동생이 돌아왔다는 소식을 듣는 즉시 집으로 달려왔을 것이다. 그 이상 뭔가를 더 할 수 있었을까? 만약 큰아들이 아버지의 감정에 진심으로 공감하고 있었다면 그 역시도 동생을 찾아다녔을 것이다. 어쩌면 밭에 나가 있던 형이 동생을 먼저 발견하고 그를 향해 달려갔을지도 모르겠다. 그 이상 뭔가를 더 할 수 있었을까?

베트남 전쟁 중에 다니엘 도슨(Daniel Dawson) 중위가 조종하던 정찰기가 베트콩 밀림에 추락했다. 그의 형 도널드는 이 소식을 듣고 전 재산을 팔아 아내에게 20달러를 남겨두고 베트남행 비행기를 탔다. 베트남에 도착한 도널드는 군인 장비로 무장하고 게릴라가 장악하고 있던 밀림을 돌아다니며 동생을 찾아 헤맸다. 그는 비행기 사진과 함께 실종 조종사를 찾는 보상금을 베트남어로 담은 전단지를 들고 다녔다. 그는 그 조종사의 형이라는 뜻의 '안 토이 피콩'으로 알려졌다. 「라이프」라는 잡지의 한 기자는 도널드의 위험 천만한 수색에 대한 기사를 실었다.[2]

그렇다. 큰아들은 마음만 먹으면 뭔가 더 할 수 있었다. 정말 마음을 쓰고 있었다면 도널드 도슨이 한 것처럼 동생을 찾으러 먼 나라에까지 갈 수 있었을 것이다. 과연 이것은 그냥 던지는 추측이 아니다. 이것이 이 비유의 핵심이기 때문이다. 이 비유는 누가복음 15장에 등장하는 예수님의 세 가지 비유 중 하나로 바리새인과 서기관들이 예수님께 퍼부은 신랄한 비판에 대한 대답으로 하신 것이다. 예수님은 그분의 가르침을 열심히 듣고자 했던 세리와 죄인들에 둘러싸여 있었다. 바리새인들은 "이 사람이 죄인을 영접하고 음식을 같이 먹는다"라고 수군거렸다(눅 15:2).

예수님은 이에 대해 잃어버린 양, 잃어버린 동전, 그리고 잃어버린 아들에 대한 비유로 대답하신다. 각각의 이야기는 잃었던 것을 찾았음을 축하하는 기쁨의 잔치로 끝을 맺는다. 목자는 잃어버린 한 마리의 양을 찾은 기쁨에 친구들을 잔치로 초청한다. 여인은 잃어버렸던 동전을 찾았기 때문에 친구들을 초대한다. 아버지는 잃었던 아들을 다시 찾았음을 축하하는 잔치를 벌이고 큰아들에게도 이 기쁨에 참여하기를 권한다. 예수님은 회개하는 한 죄인으로

---

2 "A Haunted Man's Perilous Search," *Life*, March 12, 1965.

인해 천국이 기뻐한다고 가르치신다. 또한 예수님은 자신의 사역과 이를 비판하는 자들의 태도를 대조하고 있다. 바리새인들과 서기관들은 예수님이 죄인들과 어울리시는 것에 대해 불평했다. 예수님은 아버지가 죄인들을 찾고 계시기 때문에 자신도 그러하다고 응대하신다. 예수님은 한 마리의 잃은 양을 찾는 목자의 모습에 자신을 투영하신다. 또한 잃어버린 동전을 찾아 집안 구석구석을 쓰는 여인의 모습에도 나타나신다. 하지만 탕자의 비유에서만큼은 예수님이 등장하지 않으신다. 대신 이야기 밖으로 나와 바리새인의 모습을 이야기 속에 넣으신다. 바로 큰아들이 죄인과 사귀기를 거부하는 그들과 똑같이 행동하고 있다. 예수님은 이들과 반대로 행하신다. 예수님은 하나님 아버지가 지니신 자비의 마음을 헤아리고 계시다. 기꺼이 죄인들과 천국 잔치에 참여하실 뿐 아니라 더 나아가 죄인들이 있는 곳으로 그들을 찾으러 친히 오셨다. 잃어버린 자들을 찾고 구원하러 내려오신 것이다. 세리들을 찾으시며 돌무화과나무 아래에 멈춰 서서 삭개오를 부르시고 그의 집에 유하셨다. 사마리아의 한 우물가에서 타락한 여인을 찾으시고 자신과 함께 십자가에 못 박힌 한 살인자에게 용서를 말씀하신다.

이 비유를 말씀하신 분과 그 이유를 잊으면 이 비유를 이해할 수 없다. 예수 그리스도가 우리의 큰 형이시며 하늘 아버지의 장자 되신다. 그분은 잃어버린 양을 찾을 목자를 찾고 계신다. 그분은 죽은 자들을 살리시는 부활이자 생명이시다. 또한 하나님 아버지 집의 상속자이시다. 예수님에게 하나님은 "아들아, 내가 가진 모든 것이 너의 것이다"라고 진심으로 말씀하실 수 있다. 아들이신 그분이 우리가 하나님의 자녀가 되게 하기 위하여 종으로 오셨다. 우리가 이 비유에 등장하는 큰 형이 사실은 바리새인이 아니라 예수님이시라는 것을 잊어버린다면 이 이야기는 미완성으로 남게 된다. 비유에서 큰 형은 그렇게 하지 않았지만 예수님은 집으로 돌아온 우리를 환영하실 뿐 아니라 돼지우리에 있는 우리를 찾아오셔서 안아주시며 "집으로 돌아오라"라고 말씀하신다.

정말 그렇다. 우리가 예수님을 잊어버리면 아버지의 사랑을 완전히 가늠할 수 없다. 하늘에 계신 아버지는 죄를 용납하지 않으신다. 그분은 거룩한 하나님이시고 죄의 대가는 치러져야 한다. 놀라운 은혜의 영광은 예수님이 죄인들을 위하여 돌아가셨기 때문에 그들을 환영할 수 있다는 것이다. 예수님은 구원받은 세리들과 죄인들과 함께 먹는 잔치를 참여하기 위해서뿐 아니라 자신의 찢긴 몸과 흘린 피의 식탁으로 우리를 부르심으로 이 잔치를 널리 퍼뜨리기 위해 오셨다.

히브리서의 저자는 예수님이 형제들 중에서 하나님을 찬양하고 계심을 떠올리게 한다(히 2:12).[3] 천국 잔치의 기쁨은 찬송하는 구주와의 교제에서 이미 예견되었다. 예수님은 하나님 아버지의

---

3 시편 22편 초반부에 버림받음으로 인한 울부짖음이 예수님으로 인해 성취되었을 뿐 아니라 22절에 나오는 승리의 함성 또한 예수님의 것이다. 히브리서의 저자는 이 본문에서 이를 예수님이 하신 일로 쓰고 있다.

마음을 알았고 함께 기뻐하신다. 예수님은 성령으로 충만한 기쁨에 휩싸여 말씀하셨다. "천지의 주재이신 아버지여 이것을 지혜롭고 슬기 있는 자들에게는 숨기시고 어린아이들에게는 나타내심을 감사하나이다. 옳소이다, 이렇게 된 것이 아버지의 뜻이니이다"(눅 10:21).

하나님 아버지의 품으로, 예수님이 베푸신 잔치의 기쁨으로 돌아오라. 당신은 천국 문에 멀리 떨어져 있는 탕자인가? 예수님께서 이제 당신을 높이러 오신다. 아니면 하나님 집 밖에서 자기 의라는 더러운 넝마를 과시하고 있는 바리새인인가? 예수님의 말씀을 들으라. 그분의 아버지가 어린아이와 같이 회개하고 집으로 돌아오라고 당신을 부르신다. 아니면 방탕하면서도 교만한, 천하면서도 경멸하는, 이 두 가지 모습을 다 가지고 있는가? 상관없다. 이 모든 것을 버리고 예수님께 꼭 붙어 있으면 된다.

혹 당신은 믿는 사람인가? 예수님이 잃은 양과 같은 당신을 이미 찾아서 그 어깨에 메고 집으로 돌아오셨는가? 그렇다면 이 비유가 당신에게 전하는 요구사항을 잘 생각해 보라. 당신은 천국 은혜를 맛보았다. 하나님 아버지의 사랑이 어떻게 당신을 안아주는지 알고 있을 것이다. 그리고 그분이 당신 때문에 노래하며 기뻐하시는 것도 알고 있다. 그렇다면 잃어버린 죄인들을 향한 하늘의 기쁨, 아버지의 기쁨이 당신에게 어떤 의미로 다가오는가?

당신을 이렇게 말할 것이다. "이는 나 또한 죄인들을 환영하고 하나님의 식탁에 초대되었듯이 그들과 함께 먹을 준비가 되어있어야 함을 의미합니다." 하지만 이것으로 충분한가? 하나님 아버지의 마음을 알고 있는 진정한 아들은 단순히 죄인들과 옷, 반지, 그리고 신발을 나누는 것에 그치지 않으셨다. 죄인들을 집으로 데리고 오기 위해 이들을 찾으러 나가셨다. 당신은 오늘 어디를 찾아볼 것인가?

"사랑하지 아니하는 자는 하나님을 알지 못하나니 이는 하나님은 사랑이심이라"(요일 4:8)

4
치러야 할 대가를 보라
(창세기 22:1-19)

4. 치러야 할 대가를 보라
(창세기 22:1-19)

전화벨이 울리고 당신은 들고 있던 포크를 내려놓는다. "축하합니다 타겟씨! 비용 전액이 지불되는 카리브해 크루즈 여행에 당첨되셨습니다!" 아니면 어제 받았던 스팸 메일에서 당신 계좌에 천만 원이 입금되었다는 소식을 들었다면? 이런 천만 원짜리 제안 하단에 작은 글씨로 쓰인 세부 조항을 읽어보는가? 당연히 그러지 않을 것이다. 그럴 필요도 없다.

복음이 제시하는 것도 이와 같다고 생각하는가? 창세기 22장에 나오는 아브라함의 경험을 들어보라. 하나님은 아브라함에게 카리브해 크루즈, 혹은 천만 원보다 더 귀한 것을 약속하셨다. 하나님은 땅, 나라 그리고 온 땅 모든 족속과 나눌 수 있는 복을 약속으로 주셨다.

하지만 때때로 하나님의 약속이 이루어지기까지 오랜 시간이

걸렸다. 가나안 땅으로 이주한 지 10년이 지나도록 아브라함에게
는 땅도 민족도 없었다. 심지어 아내 사라는 아들을 낳지 못했다.
후손을 얻기 위한 절박함에 사라는 여종 하갈을 아브라함에게 주었
다. 하지만 주님은 아브라함과 사라에게 아들을 주실 것이라 재차
약속하셨다. 100세 그리고 90세라는 고령의 나이에 이들은 이 약속
이 터무니없다고 생각했다. 둘 다 하나님이 주신 이 불가능할 것 같
은 약속에 웃었다. 하지만 사라는 다시 한번 웃음 짓게 되었다. 그
가 낳은 아들의 이름을 "그가 웃으시다"라는 뜻을 가진 이삭이라고
지었다. 주님이 결국 웃으셨다.

아브라함은 확실히 복을 받았다. 재물, 두 아들, 그리고 넓은 목
초지가 있었다. 거기에 숨겨진 세부 정보는 무엇이었나? 축복의 대
가는 작은 글씨로 쓰여 있는 대신 하나님의 명령으로 나타났다. 하
나님은 "아브라함아, 네 아들 네 사랑하는 독자 이삭을 데리고 모
리아 땅으로 가서 내가 네게 일러준 한 산 거기서 그를 번제로 드리
라"라고 명하셨다(창 22:2).

"모리아"라는 이름에 무언가 "보인다"는 뜻을 내포하고 있다. 그
산에서 하나님의 축복의 대가가 보일 것이다. 아브라함은 믿음을
경험함으로 그 대가를 보게 될 것이다. 또한 거기서 하나님은 그분
자신만이 치를 수 있는 대가, 곧 은혜의 대가를 보여주실 것이다.
또한 아브라함은 하나님이 구원자이심을 보게 될 것이다.

믿음을 경험하는 것의 대가(모리아)

대가는 전부이다: 믿음의 온전한 헌신

(1) 시험: 믿음의 제물

사랑하는 아들이자 언약의 상속자였던 이삭을 헌납해야 했다. "통째로 드리는 번제"는 헌납의 선물이었다. 아브라함은 하나님께로부터 받은 것을 다시 돌려드려야만 했다.

아브라함이 치러야 할 대가는 그의 전부였다. 하나님이 약속하신 모든 것이 자신의 곁에서 함께 걷고 있는 아들 이삭 안에 있다. 만약 대가가 이삭이라면 아무것도 남는 것이 없다. "웃음"이 사라지는 것이다!

하나님의 명령을 따라 아브라함은 이스마엘을 떠나보냈다. 그는 약속의 아들이 아니었기 때문이다. "네 **독자** 이삭을 데리고…" 이삭이 없으면 이 땅의 상속자도, 큰 민족을 이룰 이도, 전 세계에 복이 될 이도 없어진다.

하나님은 "아브라함아"라고 부르셨다. 이는 "많은 무리의 아버지"라는 뜻으로 하나님이 그에게 주신 이름이었다. 이삭 없이 어떻게 "아브라함"이 되겠는가? 이삭은 아브라함의 믿음의 인장이요 사랑하는 아들이 아니었던가.

당신은 이렇게 말할지 모르겠다. "이 이야기가 소위 성경을 가르친다는 교회에서 흔히 하는 설교 중 하나라는 것을 알아요. 확실히 성경에 등장하는 이야기를 읽어 준 것이지요. 하지만 이래서 내가 성경을 못 믿는 것이라고요. 특히 구약을 말이죠. 이건 하나님이 한 아버지에게 아들의 목을 베어 죽이라고 명령하는 이야기잖아요. 만약 아브라함이 이 일로 법정에 끌려간다면 하늘에서 들린 목소리가 시킨 일이라고 말하겠지요. 인간 제물을 바치라고 하는 하나님을 당신이라면 믿고 싶겠어요?"

사실 이 이야기는 오늘날 우리와 마찬가지로 하나님을 믿는 이스라엘 민족에게도 충격적인 이야기다. 이스라엘과 주위의 이방 나라들 간의 가장 큰 차이점 중 하나는 이스라엘의 하나님이 인신 제사를 금하셨다는 것이다. 고대 가나안 땅에는 암몬의 신 몰렉을 경배하기 위해 아이들을 불에 태워 바치는 관습이 있었다(왕하 23:10; 렘 32:35; 왕하 17:31 참조). 이스라엘에서 자식을 몰렉에게 주는 죄에 대한 형벌은 사형이었다(레 18:21; 20:2-5).

그렇다면 왜 이와 같이 하나님의 율법에 반하는 이례적인 이야기가 나온 것일까? 덴마크 철학자이자 신학자인 쇠렌 키에르케고르는 이를 살인을 허용하는 신성한 명령으로 해석했다. 다시 말해, 더 고차원적인 목적을 위하여 윤리적 규칙을 보류하는 것이다.

여기에서 우리가 계속 잊어버리는 것은 하나님의 공의다. 우리는 한 무고한 흑인 남성을 트럭 뒤에 매달아 끔찍하게 살해한 사람들의 인종차별주의적 행동에 분노한다. 하지만 그들이 마지막으로 마주해야 하는 것은 인간의 법정이 아닌 하나님의 심판이다. 예수님은 하나님이 완전히 거룩하신 분이라고 가르치셨다. 다른 사람들에 비해 나는 더 악하지 않다고 생각하고 싶겠지만 사실 우리 모두는 이 세상에 유일하게 완벽히 의로운 사람이었던 예수님보다 악하다. 그분만이 심판대에 서실 수 있다. 우리는 모두 죄인이고 하나님의 영광에 이르지 못한다. 우리 중 의인은 하나도, 단 한 명도 없다.

하나님은 죄인들을 죽음으로 심판하실 모든 권한을 가지고 계시다. 실제로 하나님이 출애굽 전에 애굽 땅을 심판하실 때, 애굽뿐 아니라 이스라엘의 모든 장자의 생명을 요구하셨다. 가문을 대표하는 첫아들은 죽을 운명이었지만 주님은 유월절 어린양을 대속물로 주셔서 문설주에 그 피로 표시하게 하셨다. 후에도 하나님은 계속해서 모든 처음 태어난 것들이 자신에게 속한 것임을 확증하셨다(출 13:15; 민 8:17). 이삭을 바치는 것은 후에 유월절 어린양을 죽이는 것과 같은 것이었다. 하지만 이삭의 번제는 완벽한 제물이 아니었기 때문에 흠 없는 어린양이 될 수 없었다. 그래서 이삭은 다른 사람들의 죄를 위한 대가를 치를 수 없었다. 아브라함은 자기 영혼이 지은 죄를 위해 자신의 몸에서 난 열매를 드릴 수 없었다.

(2) 시험: 믿음의 순종

하나님은 아브라함의 장자 이삭을 번제로 바칠 것을 요구하실 수 있었고 실제로 그렇게 명하셨다. 이는 이후에 마치 하나님께서 애굽에 내리신 마지막 재앙에서 이스라엘, 애굽 할 것 없이 장자의 목숨을 취하시겠다고 경고하신 것과 흡사하다.

아침 일찍 아브라함은 떠날 채비를 했다. 아브라함은 지체 없이 순종했지만 시험은 아직 끝나지 않았다. 나무를 팰 때도 시험은 진행 중이었다. 아직 본 적도 없는 먼 곳으로 가서 번제를 드리려면 충분한 땔감이 필요했다. 도끼로 나무를 팰 때마다 칼로 제물을 내려치는 것의 예행연습이 되었다. 하인 둘을 데리고 나귀에 안장을 지운 후 땔감을 실었지만 번제물로 쓸 양은 고르지 않았다. 나무, 칼, 그리고 사랑하는 아들 이삭을 데리고 브엘세바를 떠났다. 그리고 사흘간 곁에 이삭과 함께 순종의 길을 걸었다. 그들은 시골 언덕을 향해 북쪽으로 향했다. 해가 뜰 때마다 아브라함은 믿고 또 순종했다.

대가는 없다: 믿음의 절대적 신뢰

(1) 믿음은 약속의 아들을 붙잡는다

드디어 아브라함이 눈을 들어 주님이 지시하신 그 산을 보았다. 바로 여기, 때가 되었다. 하인들은 더 이상 따라오지 못하게 하고 나귀에서 땔감을 내렸다. 이삭은 무거운 짐을 엮은 밧줄 사이로 팔을 집어넣고 어깨 위로 짊어졌다. 아브라함은 타오르는 횃불을 들었다. 둘은 모리아산 언덕에 도달하여 오르기 시작했다.

이삭이 침묵을 깨며 말했다. "아버지?" "내 아들아, 내가 여기 있노라." 아브라함이 대답했다. 서로를 부르는 정중한 호칭은 영원한 시간과 대비되었다. "불과 나무는 있거니와 번제할 어린 양은 어디 있나이까?"(창 22:7).

"내 아들아, 번제할 어린 양은 하나님이 자기를 위하여 친히 준비하시리라"(8절). 아브라함이 답했다. 아브라함은 이 시험으로 인한 괴로움에 휩싸여 하나님을 붙잡을 수밖에 없었다. 아브라함은 자신이 본 하나님의 산에 하나님이 주신 아들과 함께 있었다. 하나님이 그곳에서 그를 보셨다. 하나님이 자신을 위하여 준비하신 번제물을 보실 것이다. "보다"라는 동사의 히브리어는 "준비하다" 혹은 "제공하다"라는 뜻을 가지고 있다.

아브라함은 이삭의 질문을 회피하지 않았다. 자신도 모르게 그는 예언을 하고 있었다. 아브라함은 대가를 치를 것이지만 하나님의 약속은 실패하지 않을 것이다. 아브라함은 두 하인들에게 **"우리가** 너희에게 돌아오리라."라고 이야기했다. 필요하다면 하나님이 이삭을 죽음에서 다시 살리실 수도 있었다(히 11:17-19).

(2) 믿음으로 구원받은 아들을 얻다

아브라함과 이삭, 아버지와 아들이 함께 언덕 정상에 도달했다. 둘은 제단을 쌓기 위해 돌들을 모았다. 아브라함의 순종만큼이나 이삭의 믿음도 이에 필적할 만하다. 이삭은 저항하지 않고 도살장으로 끌려가는 양처럼 아버지의 손에 자신을 맡긴다. 손과 발이 묶여 자신의 지고 온 땔감 위에 놓일 때에도 가만히 있었다. 아브라함이 칼을 잡고 치려 할 때 그때서야 하늘에서 주의 사자가 "아브라함아, 아브라함아" 하며 그를 불렀다.

아브라함은 헌신적인 순종으로 모든 것을 드릴 준비가 되어 있었다. 하나님을 경외했기 때문에 대가를 치르려 했다. 그때 주의 사자가 그의 손을 잡았다. 산 위에서 아브라함은 눈을 들어 수풀에 뿔이 걸려 있는 숫양을 보았고 이를 잡아서 이삭을 대신해 번제를 드렸다. 아브라함은 그곳을 "여호와께서 살펴보신다(준비하신다)"라고 불렀다.

아브라함이 치러야 할 대가는 그의 모든 것이었지만 믿음으로 주님을 붙들었을 때 그 대가는 없어졌다. 아브라함은 주님이 준비하실 것이라 선포했고 실제로 주님이 준비하셨다. 아브라함의 순종은 믿음의 순종이었다. 이삭은 아브라함에게 두 번째로 주어졌다. 출생을 통해, 그리고 구속을 통해 이삭은 아브라함에게 다시 주어졌다. 양을 번제로 드리는 것은 봉헌의 의미뿐 아니라 대속물의 피로 인한 속죄를 상징한다.

믿음 안에서 온전히 헌신할 때 그 대가로 우리는 전부를 드려야 하지만 믿음으로 신뢰할 때 그 대가는 없어진다. 아브라함은 하나님이 자신과의 언약을 새롭게 하심에 그분을 경배했다.

주님이 아브라함에게 요구하신 것은 터무니없는 일이 아니다. 주님은 당신에게도 이와 같은 완전한 신뢰를 요구하신다. 예수님은 자신을 따르는 모든 이들에게 요구하신다. 자신의 아버지, 어머니, 아들, 딸을 주님보다 더 사랑하는 자는 예수님을 따를 자격이 없다. 과연 우리가 우리 자신의 사형 선고를 받아들이고 십자가를 질 때야 비로소 우리는 영생을 얻는다(마 10:37-39). 우리가 자신을 부인하고 주님을 따르기 위해 그분의 은혜의 능력이 필요한 것만큼 주님의 요구사항은 변하지 않는다. 지불해야 할 대가를 보라. 그것은 전부다.

은혜의 실체 안에서

하나님의 요구사항의 은혜

(1) 시험을 통해 믿음을 강하게 하기 위해서

믿음을 경험할 때뿐 아니라 은혜의 실체에서도 구속의 대가가 드러난다. 선하신 하나님은 우리에게 환난의 시기를 허락하신다. 예수님이 대제사장 앞에서 재판을 받고 있을 때 베드로는 제사장의 뜰에서 한 여종의 심문을 받았다. 예수님은 베드로의 믿음이 흔들리지 않기를 기도하셨지만 베드로는 그 기대를 저버렸다. 베드로가 하나님께 맹세코 예수님을 알지 못한다 부인했을 때 예수님은 참소자들로부터 고개를 돌려 베드로를 바라보셨다. 베드로는 어두운 밤 속으로 비틀거리며 걸어갔다. 하지만 이 시험은 베드로를 망하게 하려 한 것이 아니라 대가를 보여주시기 위한 시험이었다. 후에 예수님이 부활하셔서 호숫가에서 함께한 조반 자리에서 예수님은 베드로의 믿음을 회복시키셨다.

아브라함의 시험을 통해 그의 믿음이 확증되었고 주님은 그분의 약속을 이루실 것을 맹세하셨다. 과연 아브라함을 시험하신 것은 처음부터 끝까지 은혜였다. 하나님은 복 주시기 위해 시험하셨다. 주님은 시험하시면서도 아브라함의 믿음의 여정을 인도하셨다.

(2) 상징으로 믿음 전달하기: 아브라함이 그리스도의 날을 볼 수 있도록

아브라함의 시험에서 우리는 두 가지 핵심 요소를 알 수 있다. 첫 번째, 우리는 아브라함이 그의 순종으로 하나님을 경외했음을 증명했기에 복을 받았음을 익히 들어 알고 있다. 두 번째 핵심은 아브라함이 주님께서 보여주신 땅에 붙인 이름에서 찾아볼 수 있다. 우리는 이를 "주님께서 살펴보신다(준비하신다)", 즉, "여호와 이레"("야훼 이레"라고 하는 편이 더 좋을 것 같다)라고 알고 있다. 하나님은 숫양을 준비하심으로 단순히 이삭과 아브라함을 살리신 것만 아니라 아브라함에게 구원의 대가가 그가 지불할 수 있는 것보다 훨씬 더 크다는 것을 보여주셨다. 주님 자신이 구속하는 제물을 공급하셔야 한다. 그리고 하나님이 아브라함에게 보여주신 장소에서 공급하셔야 했다. 그렇게 주님은 아브라함에게 그의 후손들이 애굽으로 갔다가 다시 돌아온 후 이곳에서 약속의 민족이 모여 하나님을 경배하리라는 것을 보여주셨다.

이삭은 궁극적 제물이 될 수 없었다. 그렇다고 양이 진정한 희생물이 될 수도 없었다. 아브라함의 후손 가운데 한 분이 오셔야 하며, 그분 안에서만 땅의 모든 족속이 복을 받을 수 있다. "주님이 준비하신다"는 오실 그리스도에 대한 약속이다. 아브라함은 이삭이 태어났을 때 그리스도의 날을 보고 기뻐했고 주님이 이삭을 대신할 숫양을 준비하셨을 때 또다시 기뻐했다. 그러나 아브라함은 더 멀리 내다봤다(요 8:56). 이삭이 아닌 하나님의 어린양이 아버지가 공급하실 궁극의 희생제물이었다. 아브라함은 선지자로서 영원한 말씀, 즉 여호와 이레를 설명하는 말씀을 선포했다. "여호와의 산에서 그가 보이시리라"하더라(창 22:14, 직역).

여호와의 산에서 보이게 될 "그"는 누구인가? 하갈이 이스마엘을 잉태한 채 사라의 분노를 피해 도망갔을 때, 주의 사자가 샘물 곁에서 그녀를 찾았다. 하갈은 주님을 '엘 로이', '나를 살피시는 하나님"이라고 불렀다. 그리고 그 샘의 이름을 "나를 살펴보시는 살아계신 이의 우물이라"라고 불렀다(창 16:13-14).

하갈은 여호와의 사자가 먼저 그녀를 보았기 때문에 그 임재를 볼 수 있었다. 아브라함이 그 산을 주님이 보이는 곳이라고 명명했는가? 주의 사자는 **하늘**에서 아브라함을 불렀다. 주님이 직접 그 산에 내려오셔서 아브라함의 손을 잡으신 것이 아니다.

아브라함은 눈을 들어 그 산을 바라보았다. 그는 주님이 번제물을 보실 것이라 말했다. 아브라함은 다시 눈을 들어 덤불에 뿔이 걸린 숫양을 보았다. 그렇다면 아브라함이 말한 "그가 보이시리라"에서 "그"는 누구인가? 제일 간단한 답은 아브라함이 본 숫양일 것이다(여기서 "그"는 숫양을 지칭하는 남성 명사로 쓰였다. 13절에 "그를 제물로 바쳤다"에서도 볼 수 있다). 주님의 산에서 하나님이 살펴보신 숫양이 보였다.

아니면 아브라함의 말을 그대로 믿어볼 수 있다. 주님의 산에서 하나님의 어린양이 보일 것이다. 유명한 합창단이 노래하듯, "여호와 이레, 주님이 날 위해 공급하시네"라며 외칠 수 있다. 하지만 이는 메시지의 가장 중요한 부분을 놓치고 있다. 여호와 이레, 즉 주님의 산에서 예수 그리스도가 보이실 것이다. 우리가 보게 될 것은 골고다, 모리아산 언덕 바로 그 자리에서 달리신 예수 그리스도다.

하나님의 공급하심의 은혜: 하나님이 어린양을 보신다!

(1) 하나님의 가능성: 그가 와야만 한다

아브라함은 예수 그리스도의 날이 도래할 것을 보고 기뻐했다. 또 이삭을 품에 안고 기뻐했다. 하나님이 어린양을 살펴보신 것에 기뻐했고 아브라함은 그 어떤 약속의 말도 하나님이 이루시기에 놀랍지 않음을 알고 있었다. 믿음의 눈을 가지고 아브라함 역시 또 다른 이삭, 하나님의 어린양, 하나님의 아들이 오셔야 함을 깨달았다.

(2) 하나님이 대속물을 통해 대가를 치르시다: 주님이 살펴보신다!

아브라함에게 대가는 그의 전부였다. 그렇게 사랑하는 독자조차도 살려서는 안 되었다. 결국 이삭은 목숨을 건졌다. 하지만 만약 이삭이 목숨을 건졌다면 하나님 아버지의 사랑하시는 독자가 번제로 바쳐져야만 한다. 바울은 하나님 아버지가 자기 아들을 아끼지 않으시고 우리 모두를 위하여 아끼지 않으셨다고 말한다(롬 8:32). 아브라함의 삶에서 보여주신 구속의 대가에 대한 하나님의 계시는 하나님의 어린양을 가리킨다. 죄인을 위해 하나님이 준비하시는 어린양이다. 아들 하나님은 갈보리산에서 대가를 치르셨다. 아버지 하나님도 그리하셨다. 놀랍게도 영원하신 하나님이 인간의 몸으로 오신 자신의 아들이 "나의 하나님, 나의 하나님, 어찌 나를 버리시나이까?" 외칠 때 침묵하셨다.

하나님은 단순히 성육신으로 자신의 아들을 주신 것만이 아니었다. 하나님은 자신의 사랑하는 아들을 버릴 때 어두움과 침묵 속에서 그 아들을 우리에게 내어 주셨다. 우리가 아직 죄인일 때 그리스도가 우리를 위해 죽으심으로써 하나님은 우리를 향한 자신의 사랑을 확증하셨다(롬 5:8).

아브라함이 치러야 할 대가는 하나님이 준비하셨기에 0이 되었다. 하나님께서 치르셔야 할 대가는 무한하셨다. 하나님은 자신의 전부였던 사랑하는 아들을 선물로 주심으로 대가를 지불하신 것이다. 그리스도는 앞에 있는 기쁨을 위해 십자가와 경멸과 조롱을 견디셨고 지금은 아버지 보좌 우편에 앉아 계신다(히 12:2). 치러진 무한한 대가는 오직 하나님의 무한하신 사랑으로만 충족될 수 있다. 하나님이 세상을 이처럼 사랑하사 독생자를 주셨으니 이는 그를 믿는 자마다 멸망하지 않고 영생을 얻게 하시기 때문이다(요 3:16).

천사들도 이해할 수 없는 이 경이로움을 우리가 어떻게 감히 말로 표현할 수 있겠는가! 하지만 이 사랑, 우리를 향한 이 무한한 사랑이 하나님이 우리의 마음속에 부어 주시는 사랑이다(롬 5:5). 하나님의 임재의 불에 소멸되지 않고 이러한 사랑을 과연 견딜 수 있겠는가? 그분의 은혜를 통해서만 우리는 그 사랑을 받을 수 있다. 하나님이 써 주신 세부 조항은 그분의 사랑의 은혜, 즉 그분을 사랑하게 하고 다른 이들을 사랑하게 인도하는 사랑의 은혜로 선명하게 빛난다.

> 십자가 나타날 때 내 붉어진 얼굴 감출 수 있을까,
> 감사함에 내 마음 녹고 눈물에 잠기네.
>
> 늘 울어도 그 큰 은혜 다 갚을 수 없네,
> 나 주님께 몸 바쳐서 주의 일 힘쓰리.[1]

---

1 "만왕의 왕 내 주께서", Isaac Watts, "Alas! And Did My Savior Bleed," 1707.

5

하나님이 내려오실 때
(창세기 28:10–22)

5. 하나님이 내려오실 때
(창세기 28:10-22)

다음과 같은 애절한 영국 캐롤을 들어본 적 있는가?

> 여행길에 오른 야곱이 어느 날 지쳐
> 밤에 돌베개 베고 누웠는데
> 환영 속에 한 사다리가 내려오는 것을 보았네
> 그 높이가 높아 밑은 땅 위에, 위는 하늘에 닿았네.
>
> (합창)
> 예수님께 할렐루야, 나무에 달리신 주
> 나를 위해 자비의 사다리를 올리셨네
> 나를 위해 자비의 사다리를 올리셨네.

야곱의 사다리 이야기는 창세기 28장에 등장한다. 본문에서 야곱은 분노에 찬 형 에서의 살해 위협을 피해 도망가고 있다. 어머니 리브가의 태에서 먼저 완전히 빠져나온 쌍둥이 형 에서는 이삭의 장자였다. 큰 자가 어린 자를 섬길 것이라는 예언에도 불구하고 이삭은 장자인 에서를 축복하기로 맘을 먹었다. 그러나 야곱은 어머니의 지시에 따라 눈먼 이삭을 속였다. 야곱은 염소 가죽으로 팔과 목을 감쌌고 에서의 가장 좋은 옷을 입었다. 이에 속은 이삭은 야곱을 축복했다. 에서는 야곱을 죽이겠다 맹세하고 아버지가 돌아가시기만을 기다렸다. 그래서 야곱은 외삼촌 라반이 살고 있는 하란 땅으로 도망을 갔다. 이 긴 여정 중에 유대의 언덕에서 잠을 자기 위해 잠시 머물렀다. 돌을 베개 삼아 잠이 들었을 때 하나님이 환상 중에 나타나셨다.

야곱은 천국 문이 열리고 하늘과 땅을 연결하는 계단을 천사들이 오르락내리락하는 환상을 보았다.

하나님의 계단: 하나님의 개입이 그의 언약을 확증하다

야곱은 확실히 하나님의 복을 받기 원했지만 그렇다고 주님을 찾는 여정에 들어선 것이 아니었다. 오히려 약속의 땅을 떠나는 길을 나섰다. 이삭의 축복에는 기름진 땅과 풍성한 추수, 그리고 민족과 형제들의 통치자가 될 것이라는 내용이 들어있었다. 그런데 야곱이 하나님의 언약의 땅을 떠나버리면 이러한 축복은 어떻게 되는 것인가?

많은 사람들이 종교를 하나님을 찾기 위한 인간의 탐색이라고 생각한다. 하지만 사실 많은 종교는 하나님을 피할 수 있는 길들을 제시한다. 부족의 종교가 나무의 정령이나 표범의 영을 숭배할 수 있게 하나님은 저 높이 계신 어떤 존재로 밀려날 수 있다. 아니면 하나님을 법의 한도나 법령으로 제한하면서 자기 의로 충만한 사람들이 점수를 따 천국에 들어갈 수 있을 것이라 믿기도 한다. 어쩌면 하나님이 음양의 자연적 세력에 용해되어 우리가 더 이상 하나님에 대해 인격적인 책임을 지지 않아도 된다고 여기게 될 수 있다. 아니면 모든 것이 신성하고 우리 안에 신이 있다고 믿는 뉴에이지 영성에 의해 그 존재가 미미해질 수도 있다.

하지만 성경에 등장하시는 하나님은 우리를 찾으시는 하나님이시다. 하나님이 항상 먼저 주도권을 잡으신다. 그분은 야곱에게 스스로를 나타내셨다. 또 에덴동산에서 아담과 하와를 부르셨고 홍수 직전에 노아를 부르셨으며 갈대아 우르에서 아브라함을 부르셨다. 이제 하나님은 그의 언약을 주시기 위해 야곱을 부르셨다. 야곱을 택하신 주님의 선택은 특별히 더 명확하다. 야곱과 에서는 쌍둥이였고 에서가 장자였기 때문이다. 사도 바울은 이에 대해 하나님의 선택이 순전한 은혜로 말미암은 것임을 보여주는 장면이라 논한 바 있다(롬 9장). 하나님은 영향력 있는 귀족들을 선택하지 않으시고 천하고 멸시받는 자들을 선택하시며 승자가 아닌 패배자들을 선택하신다(고전 1:28).

하나님이 보여주신 환상에서 야곱은 하늘 문이 열리는 것을 보았다. 하늘까지 닿는 계단이 땅에 놓였다. 이 계단은 화가가 그린 사다리와는 다른 것이었다. 한 번은 내가 여름성경학교 준비물로 그림을 그리면서 야곱이 바닥에 누워있고 길게 뻗은 사다리가 하늘에 닿아 있는 모습을 스케치한 적이 있다. 사다리의 윗부분은 어디에 닿아 있을까? 그랬을 리 없지만 나는 사다리의 꼭대기가 구름에 기대어 있는 그림을 그렸다!

창세기 28장 12절에서 사용된 히브리어 단어를 보면 이 사다리는 도로가에 세워 놓은 제방과 같은 석조물의 형태임을 알 수 있다. 이 웅장한 계단은 이를 지탱하기 위해 어마어마한 돌 쌓기 공사가 필요할 것이다. 이 계단은 고고학자들이 메소포타미아에서 발굴해 낸 지구라트와 비슷할 것이라 예상할 수 있다.[1] 바벨탑 이야기에서도 사람들이 하늘에 닿기 위해 탑을 쌓았다고 나와 있다(창 11:4). 하나님은 인간의 교만으로 세워진 탑에 대한 심판을 위해 내려오셨다. 하지만 야곱의 꿈에서 하나님은 은혜를 위해 내려오셨다. 사닥다리를 오르락내리락하는 천사들은 하늘과 땅 사이에 열린 소통이 이루어지고 있음을 나타냈다.

이 환상의 정점은 하나님이 직접 계단을 내려오셔서 야곱의 위에 거하셨다는 점이다. 하나님은 계단 위에 머무르지 않으시고 야곱의 곁으로 내려오셨다. 우리는 이 사실을 벧엘에서 하나님이 야

---

1 André Parrot, *The Tower of Babel* (New York: Philosophical Library, 1955), 15-20.

곱에게 두 번째로 나타나셨을 때의 상황을 통해 알 수 있다. "하나님이 그와 말씀하시던 곳에서 그를 떠나 올라가시는지라"(창 31:13). 이 성경 본문에 따르면 하나님은 야곱의 곁에 계시기 위해 내려오셨다. 땅 위로 내려오신 주님의 임재로부터 천사들은 하늘로 올라갔다 다시 돌아왔다.

야곱의 곁에 서신 주님은 자신이 나타나신 목적을 야곱에게 밝히 알게 하셨다. 그분은 과거, 미래 그리고 현재의 하나님이시다. 그분은 과거의 주님, 즉, 조상 아브라함과 이삭의 하나님이시다. 또한 그분은 자신의 약속을 확증하는 미래의 주님이시다. "네가 누워 있는 땅을 내가 너와 네 자손에게 주리니 네 자손이 땅의 티끌같이 되어 네가 서쪽과 동쪽과 북쪽과 남쪽으로 퍼져나갈지며 땅의 모든 족속이 너와 네 자손으로 말미암아 복을 받으리라." 그분은 또한 현재의 주님이시다. "내가 너와 함께 있어 네가 어디로 가든지 너를 지키며 너를 이끌어 이 땅으로 돌아오게 할지라"(창 28:13-15). 야곱 곁의 하나님의 임재는 그분의 말씀의 핵심을 예리하게 나타낸다. 야곱이 누웠던 자리, 곧 모든 돌, 돌기, 움푹 꺼진 곳 모두 하나님이 주신 약속의 땅, 즉 하나님이 서 계신 땅이라는 사실이다.

우리에게 주신 하나님의 약속도 이와 같이 명확하다. 그분의 약속은 신약에서 성취되었다. 주 예수님은 성령님의 임재 속에 우리와 함께 하실 것이다. 예수님이 성도들과 교제를 나누게 하시고 가정을 언약의 사랑으로 접붙이실 것이다. 하지만 다른 성공 복음과 다르게 주님은 우리에게 세상의 부나 광활한 땅을 약속하지 않으신다. 예수님은 세상의 부가 아닌 일용할 양식을 위해 기도하라고 가르치신다. 그리고 예수님이 주시는 복에는 그분의 이름을 위해 겪는 박해가 포함되어 있다.

하나님의 집: 하나님의 임재가 언약을 실현하다

축복의 집은 하나님에 의해 세워진다. 야곱은 잠에서 깨어난다. 환상 속에서 본 하나님의 임재에 압도되어 야곱은 속삭인다. "여호와께서 과연 여기 계시거늘 내가 알지 못하였노라." 두려움에 그는 말을 이어간다. "두렵도다 이곳이여! 이것은 다름 아닌 하나님의 집이요 이는 하늘의 문이로다"(창 28:16-17).

야곱이 환상 중에 하나님을 보기도 했지만 언약의 실체가 그에게 의심할 여지를 남기지 않았다. 자신이 누웠던 바로 이 땅이 약속의 땅이다. 확실히 밧단아람 라반의 집에서 아내를 맞이하게 될 것이다. 그러나 이 땅의 역사적, 지리적 실체는 약속의 하늘 영광으로 터질 듯하다. 하나님의 집이라는 뜻의 벧엘은 천국의 문이다. 이 계단은 또 다른 바벨탑이 아니라 하나님의 집, 하나님의 도시였다. 하나님은 확실히 예루살렘을 그분의 백성 중 거하시는 곳으로 세우실 것이다. 히브리서의 저자가 말했듯이, 야곱과 같이 하나님의 언약을 믿었던 사람들은 더 나은 천국의 도시를 갈망했다(히 11:13-16). 아침이 되어 야곱은 주위의 경계를 돌아보지 않고 하나님의 집이자 하늘 문인 벧엘에 섰다. 벧엘은 바벨탑의 저주와 오순절의 축복 사이에 서 있다.

야곱은 하나님의 언약을 기념하기 위해 자신이 베고 누웠던 돌 베개를 세웠다. 그는 돌에 기름을 붓고 주님께 맹세한다. 야곱이 한 맹세를 기복적인 것으로 해석하는 것은 야곱을 폄하하는 일이 될 것이다. 시편을 보면 고통 중에 있는 자기 백성이 부르짖는 맹세를 들으시는 하나님께 감사와 찬송을 부르는 말씀이 가득하다(시 116:13-14; 22:22; 히 2:11-12). 야곱은 그의 기도에 이 언약을 되새기며 감사의 제물로 십일조를 드릴 것을 맹세한다.

벧엘에서의 주님

예수님은 나다나엘을 부르실 때 이 본문을 언급하심으로 그 중요성을 명확하게 밝히셨다. 요한은 예수님이 첫번째 제자들을 부르시는 장면을 기록하고 있다. 예수님은 빌립을 만나 "나를 따르라"라고 말씀하셨다. 빌립은 갈릴리 호숫가에 있는 벳새다라는 마을 출신이었다. 빌립은 바로 예수님을 따랐고 같은 벳새다 출신인 나다나엘을 찾아가서 이야기를 쏟아 냈다. "모세가 율법에 기록하였고 여러 선지자가 기록한 그이를 우리가 만났으니 요셉의 아들 나사렛 예수니라"(요 1:45).

나다나엘의 반응은 시큰둥했다. "나사렛에서 무슨 선한 것이 날 수 있느냐"하며 비웃었다. 이에 대한 빌립의 대답은 수 세기 동안 전도사들의 전용 멘트가 되었다. "와서 보라"(요 1:46).

나다나엘이 다가오는 것을 보신 예수님은 이렇게 말씀하셨다. "보라 이는 참으로 이스라엘 사람이라. 그 속에 간사한 것이 없도다"(47절). 예수님은 야곱이 간사하게 행하였음을 인정하셨다. "야곱"이라는 이름 자체가 히브리어로 "발꿈치"를 뜻하는 말로 태어날 때부터 형 에서의 자리를 대신하려 "발꿈치를 잡은 자"로 묘사하고 있다. 그런 야곱에게 하나님은 "이스라엘"이라는 이름을 주셨다. 그리고 나다나엘은 그 이름에 더 걸맞는 야곱의 자손이었다.

나다나엘은 놀라움을 금치 못했다. "어떻게 나를 아시나이까?" 그는 예수님께 물었다. 예수님의 대답은 어쩌면 평범하게 들릴지 모르겠다. "빌립이 너를 부르기 전에 네가 무화과나무 아래에 있을 때에 보았노라"(48절). 하지만 나다나엘의 반응은 놀라웠다. "랍비여 당신은 하나님의 아들이시요, 당신은 이스라엘의 임금이로소이다!" 이 말을 통해 우리는 나다나엘이 무화과나무 아래에서 한 경험은 그가 믿는 주님만이 아실 수 있는 일이었다는 것을 알 수 있다. 예수님은 이 새 제자에게 말씀하셨다. "이보다 더 큰일을 보리라… 진실로 진실로 너희에게 이르노니 하늘이 열리고 하나님의 사자들이 인자 위에 오르락내리락하는 것을 보리라"(50-51절). 여기서 "진실로"는 헬라어로 "아멘"을 뜻한다.

예수님이 야곱이 벧엘에서 꾸었던 꿈을 인용하신 출처는 확실하다. 하지만 예수님은 어떤 의미로 하나님의 사자들이 오르락내리락하는 것을 자신에게 적용하신 것일까?

어떤 목사나 해설자들은 예수님 자신이 사다리, 그러니까 야곱이 꿈에서 본 계단이라고 말한다. 예수님 자신이 땅으로 내려오셨고 다시 하늘로 올라가실 것을 말씀하신 것도 사실이다(잠 30:4; 요 3:13). 하지만 나다나엘에게는 하나님의 **사자들이** 오르락내리락한다고 말씀하셨다. 우리가 벧엘에 대해 알게 된 것에 비추어 보면 이를 해석하는 것이 어렵지 않다. 주님이 벧엘로 내려오신 것이다. 이렇게 내려오신 주님은 하나님 아버지를 드러내는 삼위일체 중 제2위격이시므로 예수님은 자연스럽게 사다리 아래에 있는 자신으로부터 하나님의 사자들이 올라갔다가 다시 내려온다고 말씀하신 것이다. 이들은 야곱 때문이 아닌 예수님 때문에 오르락내리락한 것이다. 예수님은 여기서 그분의 재림에 대해 말씀하시는데 그때 이 땅에 영광으로 다시 오실 것이며 하늘의 사자들이 그분을 호위할 것이다.

비밀스러운 교회의 휴거에 대한 세대주의적 가르침은 성경에 뒷받침할 만한 근거가 없고 요한계시록 4장 1절의 "이리로 올라오라"라는 말씀의 억지 해석에 지나지 않는다. 여기서 나팔 소리 같은 음성이 요한을 불러 성령을 통해 하늘의 장면으로 들어오라 명한다. 이는 밧모섬에서 요한이 받은 계시의 한 부분이었다.

야곱의 꿈에서 계단을 타고 내려오신 주님은 마리아의 태로 오신 주님이시다. 이 땅에서 주님은 나다나엘에게 그를 알고 있었으며 무화과나무 아래에서 그를 보았다고 말씀하실 수 있었다. 그리고 영광 중에 나타날 재림에 대해서도 말씀하셨다. 야곱이 꿈에서 본 하나님의 사자들이 예수님과 함께 내려오게 될 것이다. 이 사자

성경 모든 본문에서 그리스도를 설교하라

들은 목자들에게 예수님의 탄생을 알리러 내려왔다. 예수님이 다시 영광으로 내려오실 때 그들도 함께 올 것이다.

데살로니가후서에서 바울은 우리의 소망이 무엇인지 명확하게 가르친다. 그리스도의 재림이 환난 당한 그리스도인들에게 안식을 가져다줄 것이다. "주 예수께서 자기의 능력의 천사들과 함께 하늘로부터 불꽃 가운데에 나타나실 때에" 이 일이 일어날 것이다(1:7). 바로 이 재림에 대해 예수님이 나다나엘에게 말씀하신 것이었다. 예수님은 나다나엘과 우리에게 우리가 그분께 헌신하고 그분과 교제할 때 우리를 돌보시는 것도 놀랍지만 자신의 재림이 훨씬 더 놀라운 일이라는 것을 기억하게 하신다. 주님의 임재를 경험하고 주님이 우리를 보신다는 것을 깨닫는 "무화과나무" 아래의 시간은 소중하다. 그리스도의 말씀을 성령님이 우리의 마음속에 일깨워 주심으로 우리의 믿음이 견고해지는 축복이 있다. 하지만 우리는 위대한 하나님이시자 구주이신 예수 그리스도가 나타나시는 것을 찾으며 소망 안에서 믿어야 한다.

주님을 기다리면서 그분을 기대하라. 야곱은 벧엘, 하나님의 집, 하늘의 문이 되는 꿈을 찾았다. 당신에게는 그저 간직해야 할 꿈이 아닌 성경과 설교를 통해 당신에게 말씀하시는 살아 계신 구주가 계신다. 그분은 물세례를 통해 당신의 이름을 불러 소유하시고 긍휼의 표시이자 인장인 떡과 포도주를 주신다. 우리는 야곱이 했던 것처럼 돌에 기름을 부을 필요가 없다. 베다니의 마리아가 그랬듯, 당신의 예배 가운데 주님의 기름 부으신 분에게 기름을 부을 수 있다.

신앙의 맹세를 드릴 때 복음의 언약의 말씀을 반복해서 되뇌어라. 예수님이 하나님의 사자들과 내려오실 때 그분을 볼 수 있을 것이다. 하지만 그분은 지금 당신을 보고 계시고 당신에게 오신다. 주님이 이곳에 함께 계시는데 당신이 그 사실을 몰랐을 뿐이다! 이곳이 바로 당신의 벧엘, 곧 하나님의 집이다. 집으로 돌아오라!

Preaching Christ
n All of Scripture

6

챔피언의 이상한 승리
(창세기 32장)

6. 챔피언의 이상한 승리
(창세기 32장)

창세기 32장을 이해하기 위해서 우리는 레슬링(**씨름**)을 좀 더 진지하게 받아들일 필요가 있다. 농담이 아니다. 어떻게 TV에서 보여주는 시답지 않은 레슬링 쇼를 보고 이를 진지하게 받아들일 수 있단 말인가? 예전에 헐크라는 이름의 한 배우가 우승을 차지한 레슬링 경기를 본 적이 있다. 확실히 장내 아나운서는 레슬링을 매우 진지하게 받아들이는 듯했다. 관중들 중에는 분명 이러한 짜고 치는 연기에 넋이 나간 사람이 있었을 수도 있다(이들은 분명 TV에서 보여주는 클로즈업 장면을 보지 못한 사람들이었을 것이다).

또 다르게 생각해 보면 레슬링에도 진지한 구석이 있다. 지진이라는 별칭을 가진 180kg의 거구의 남성이 경기장 링 줄 위에서 뛰어내리다가 실제로 상대의 갈비뼈 위에 떨어지면 어떻게 되겠는가? 나는 차마 더 이상 볼 수가 없었다.

재빨리 덧붙이자면, 대학부 레슬링은 진정한 스포츠이다. 하지만 이마저도 미식축구나 농구에 비해 그다지 진지하게 받아들여지지 않는다. 지역 결승이라고 해도 일본의 스모처럼 좌중을 압도하지 않는다.

고대 근동에서 레슬링(씨름)은 매우 중요한 역할을 했다. 수메르인들의 신화 속에는 우르크 왕 길가메시가 나중에 우정을 쌓게 된 엔키두와 씨름하는 이야기가 등장한다. 더 나아가 레슬링, 곧 씨름은 전투를 위한 시험의 한 형태로서 자리했다. 다윗이 골리앗과 벌인 결전이 그 전투의 승패를 결정 지었듯이 씨름은 환난의 문제를 결정짓는 시련으로 이해할 수 있다.

하나님이 족장이었던 야곱을 어떻게 다루셨는지 기억할 것이다. 야곱은 눈먼 아버지 이삭을 속이고 형 에서에게 주려고 했던 축복을 가로챘다. 에서는 야곱을 죽이리라 맹세했고 이에 야곱은 가나안 땅을 넘어 하란에 있는 외삼촌의 집으로 도망갔다. 하지만 야곱이 약속을 떠나기 전에 하나님이 벧엘에서 그에게 나타나셨다. 하나님은 야곱의 꿈에 계단을 타고 내려오셔서 언약의 복이 확실히 야곱에게 있음을 확증하셨다. 하나님은 그를 떠나지 않을 것이며 다시 이 약속의 땅으로 돌아오게 하실 것이고 모든 복의 약속을 지킬 것이라 말씀하셨다.

이제 야곱은 하나님의 명령에 따라 가나안 땅으로 돌아오고 있다. 처음에는 홀로 도망길에 올랐지만 이제는 두 아내, 많은 자녀들, 수많은 낙타, 가축, 양, 염소를 소유한 거부가 되어 돌아왔다. 하나님은 확실히 부로 야곱에게 복을 주셨다. 하지만 그 복은 경제적인 것에 그치지 않았다. 야곱은 이제 자신의 삶이 하나님의 손에 있으며 그분의 복이 소나 염소의 수로 국한되지 않음을 알게 되었다. 외삼촌 라반은 두 아내를 바꾸고 야곱에게 줄 몫을 계속해서 속였지만 하나님은 언약의 후계자를 번성하게 하심으로 그 모든 계략을 물거품으로 만드셨다. 사실 라반 또한 야곱의 수고를 통해 번성했다. 하나님께서 아브라함에게 그를 복 주시고 복의 근원으로 삼으시겠다고 한 약속이 손자 야곱을 통해 성취되었다. 그가 저지른 모든 죄와 실패에도 불구하고 말이다.

씨름의 고통

하지만 이제 야곱의 믿음은 시험대 위에 올랐다. 20년이 지나 야곱은 에서가 살고 있는 땅으로 다시 다가가고 있다. 라반은 사기꾼이었기에 야곱은 오히려 이에 잘 대처할 수 있었다. 하지만 에서는 전사였다. 형이 자신을 어떻게 받아들일 것인가? 야곱은 근심에 휩싸인 채 에서에게 자신이 돌아왔음을 알리는 소식을 전한다. 주님이 자신에게 허락하신 번영을 기록하며 에서의 은혜를 구한다(32:3-5). 야곱은 불안에 떨며 얍복강가를 따라 서쪽으로 향하면서 에서에게 보냈던 사자들을 기다렸다. 드디어 사자들이 탄 낙타가 먼지를 일으키며 남쪽으로부터 나타났다. 그들은 가쁜 숨을 쉬며 소식

을 알렸다. 에서가 사백 명을 거느리고 야곱을 만나기 위해 오고 있
다. 이 무장한 무리가 환영하기 위해 오는 것이 아님이 자명했다.
야곱이 하나님의 사자와 씨름하는 사건의 뒷배경에는 이러한 위협
과 재앙이 있었다. 야곱과 에서의 다툼은 어머니의 태에서부터 시
작되었고 이제 야곱의 심판 날이 다가온 것이다. 야곱은 자신이 그
렇게 두려워하던 쌍둥이 형을 만나야 한다. 20년간 이에 대한 두려
움이 완전히 사라진 적은 한 번도 없었다. 이제 그 시간이 얼마 남
지 않았다.

야곱은 즉시 행동을 취한다. 그가 가진 엄청난 재산은 에서의
군대에게 너무 유혹적인 먹잇감이 될 것이다. 그래서 무리를 나눠
야만 했다. 만약 에서가 처음 무리를 만나 약탈이 시작되면 다른 무
리는 그 틈을 타 빠져나갈 수 있을 것이라고 생각했다. 자신의 일행
을 둘로 나누는 정신없는 혼란의 시간이 지나가고 야곱은 주님께
기도를 드린다. 그의 말을 들어보라.

> 내 조부 아브라함의 하나님, 내 아버지 이삭의 하나님 여호
> 와여. 주께서 전에 내게 명하시기를 네 고향, 네 족속에게로
> 돌아가라 내가 네게 은혜를 베풀리라 하셨나이다. 나는 주
> 께서 주의 종에게 베푸신 모든 은총과 모든 진실하심을 조
> 금도 감당할 수 없사오나 내가 내 지팡이만 가지고 이 요단
> 을 건넜더니 지금은 두 떼나 이루었나이다. 내가 주께 간구
> 하오니 내 형의 손에서, 에서의 손에서 나를 건져내시옵소
> 서. 내가 그를 두려워함은 그가 와서 나와 내 처자들을 칠

까 겁이 나기 때문이니이다. 주께서 말씀하시기를 내가 반
드시 네게 은혜를 베풀어 네 씨로 바다의 셀 수 없는 모래와
같이 많게 하리라 하셨나이다(창 32:9-12).

야곱은 더 이상 자신의 운명을 스스로 개척해 나가려 하지 않는
다. 그는 믿는 자가 되어 자신의 무가치함을 고백하고 주님의 기이
한 은총을 찬양한다. 또 에서의 위협적인 진격에서 자신을 구해달
라고 주님께 간구하고 주님의 언약, 곧 아브라함에게 주신 복의 언
약을 상기시킨다.

야곱이 간절히 탄원하는 것이 수동적인 태도를 취하는 것이라
고 할 수 없다. 왜냐하면 그가 하나님의 복을 구하고 있기 때문이
다. 한때 야곱은 모사꾼이었지만 지금은 전략가가 되었다. 만약 에
서가 야곱의 대적이 되기로 결심했다면 야곱은 형의 친구가 되리라
고 결단한다. 만약 에서가 자신에게 악을 행한다면 야곱은 그에게
선을 행할 것이다. 하나님의 언약적 약속은 야곱이 복이 **되리라**는
것이었다. 그러니 에서에게도 복이 될 수 있다. 엄청난 수의 가축들
같이 에서가 탐낼 만한 모든 것을 내놓을 수도 있었다. 야곱이 이러
한 방식으로 에서를 매수하려고 하는 것이라 의심한다 해도 그 대
가가 매우 후하다는 것은 인정해야 한다. 약간의 심리전을 벌였다
고 야곱을 책망할 수 있겠는가? 만약 야곱이 에서에게 보내는 선물
이 목장 전체에 해당하는 것이었다면 그 선물에 담긴 선한 의미를
에서가 생각해 볼 수 있는 기회를 주는 좋은 명목이 될 것이다. 염

소 수백 마리를 수백 마리의 양 떼에서 분리시키고 낙타와 가축, 당나귀들을 둘로 나누었다. 그리고 각각의 떼로 적절한 거리를 두어 가게 했다. 각각의 떼를 인도하는 종이 에서를 만나면 같은 메시지를 전하게 했다. "이는 주의 종 야곱의 것이요 자기 주 에서에게로 보내는 예물이오며 야곱도 우리 뒤에 있나이다."

야곱은 밤이 되자 또 한 가지 전략을 세운다. 자신이 나눈 두 떼모두를 얍복강 건너 북쪽으로 향하게 하여 다가오는 에서에게서 멀어지게 하는 것이었다. 적어도 강이 장애물 역할을 해 줄 것이다. 자신이 할 수 있는 모든 조치를 마친 야곱은 홀로 뒤에 남는다. 내일 에서가 나타나리라.

야곱이 밤에 홀로 남아 기다리던 중에 누군가가 다가오고 있음을 감지했다. 이 낯선 이는 야곱에게 도전장을 던지더니 갑자기 붙잡고 격투를 벌이기 시작했다. 야곱은 깜짝 놀랐지만 비범한 힘을 가지고 있던 사람이었기에 이내 승기를 잡을 수 있을 것처럼 보였다. 하지만 이 사람은 보통내기가 아니었다. 야곱은 그 사람의 적수가 되지 못했다. 어두운 곳에서 밤새 죽을 것 같은 대결이 계속되면서 야곱은 계속해서 안간힘을 쓰고 숨을 몰아쉬었다. 그러다가 아침이 밝아오자 야곱의 상대는 야곱의 허벅지 관절을 쳤고 이로 인해 야곱은 다리를 절게 되었다. 그는 자신과 싸우던 이 씨름꾼을 붙잡을 수밖에 없었지만 그가 누구인지 점점 더 확신을 가질 수 있었다. 야곱은 상대가 주의 사자인 것을 알았다.

이것이 어떤 의미인지 이해하기 위해서 우리는 야곱 일행이 처음 가나안 땅 경계를 넘어갔을 때 하나님의 사자들을 만났음을 기억해야 한다. 그곳을 "두 무리"라는 뜻을 가진 마하나임이라고 불렀다. 주님은 야곱이 가나안 땅으로 돌아온 것을 당연한 것으로 여기지 않도록 야곱을 상기시키셨다. 이곳은 주님이 자신의 백성을 위하여 주장하신 진정한 "성지"였다. 그러니 그 입구에서 이를 지키는 하나님의 사자들을 만난 것은 이상한 일이 아니었다. 이러한 하나님의 군대의 주인 되시는 주님의 임재 앞에 야곱은 경외심을 느꼈을 것이다. 하지만 지금 야곱이 만난 건 하나님의 군대가 아닌 훨씬 더 경외해야 하는 그분, 바로 주의 사자, 주님 자신의 임재로 나타나신 분이었다. 모세 또한 자기 아들에게 할례를 행하지 않고 하나님의 명령에 따라 애굽으로 들어갔을 때 야곱과 비슷하게 하나님의 사자를 만난 적이 있다(출 4:24, 5:3). 여호수아도 이스라엘 민족이 가나안 땅에 들어서고 여리고 성 앞에 홀로 서 있을 때 칼을 빼어 든 주님의 군대 대장을 만났다(수 5:13-14).

주님은 야곱이 진정 만나기를 두려워해야 할 대상이 에서가 아니라 주의 사자를 통해 나타나신 하나님 그분 자체인 것을 보여주신다. 야곱이 궁극적으로 해야 할 결전은 어머니의 태에서부터 시작된 에서와의 씨름이 아니다. 그가 싸워야 할 대상은 주님 그분이시며 아브라함과 이삭의 하나님이다.

어쩌면 우리가 이 사실을 인정하는 것은 쉬운 일이 아닐 수 있다. 가장 인기 있는 종교의 신은 성경에 등장하는 거룩하신 하나님이 아니다. 사람들의 인기를 얻는 신은 램프를 문지르면 나와서 우리의 소원을 들어주는 지니와 같은 존재다. 우리가 하나님을 경외하지 않으면 소멸하시는 불이신 그분을 알 수 없다(히 12:29). 주님은 두려운 적수로 야곱을 만나셨다.

승리의 불가사의

야곱이 외로이 씨름하며 겪는 모든 고통에도 불구하고 이 이야기의 핵심은 승리의 메시지다. 야곱은 믿음의 승리를 이룬다. 주의 사자는 야곱을 힘으로 압도하지 않다가 야곱의 허벅지를 쳐서 절게 만들었다. 그럼에도 불구하고 야곱은 상대를 놓아주지 않았다. 날이 밝아 주의 사자가 놓아달라 했을 때 야곱은 외쳤다. "당신이 내게 축복하지 아니하면 가게 하지 아니하겠나이다"(26절).

야곱은 믿음으로 매우 절박하게 주님의 사자를 붙들었다. 여기에서 야곱이 일생 동안 간절히 원했던 복의 핵심을 볼 수 있다. 야곱은 주시는 분이자 선물이시며 생명과 소망의 주님을 붙잡았다. 진정한 믿음은 단순히 상황이 더 나아졌다고 이를 무기력하게 수용하는 것을 의미하지 않는다. 진짜 믿음은 이끌리고 추진력을 얻는 것이다. 하나님이 진짜 계시다는 것과 그분이 이곳에 나와 함께 계시다는 것을 가슴이 터질 듯 인정함으로 이끌린다. 또 죄책감으로 인한 공허함과 공포, 그리고 그분의 복에서 분리되는 것에서 비롯되는 두려움에 의해 추진력을 얻는다. 믿음은 주님을 붙들고 영생을 붙잡게 한다. 야곱이 요구하는 것은 하나님의 언약이었기에 그의 요구는 거절당할 수 없다. 하나님이 자기 자신을 그 언약에 묶으셨기 때문이다.

주님이 야곱을 승자로 선언하신다. "야곱"이라는 이름은 발꿈치를 잡은 자로서 사람과 투쟁하여 얻은 이름이다. 하지만 이제 하나님과 씨름하여 승리하였기에 이스라엘이라는 이름으로 불리게 된다(28절).

하지만 만약 야곱이 믿음으로 승자가 되었다면 진정한 승리는 **은혜**의 승리였다. 얼마나 황당한 승자인가! "야곱은 모태에서 그의 형의 발뒤꿈치를 잡았고 또 힘으로는 하나님과 겨루되 천사와 겨루어 이기고 울며 그에게 간구하였으며"(호 12:3-4).

확실히 야곱은 상대를 압도하지 못했다. 야곱이 승리한 것은 씨름꾼으로서의 승리라고 보기 어렵다. 그는 무력한 순간 승리했다. 자신의 힘이 다 빠졌을 때 하나님으로부터 오는 힘을 가질 수 있었고 야곱 자신도 이를 알고 있었다. 아침이 되자 자신이 처한 위험을 밤에 있었을 때보다 더 잘 알 수 있었다. 주님은 "날이 새려 하니 나로 가게 하라"라고 말씀하셨다(창 32:26). 당연히 주님이 새벽이 두려워서 하신 말씀이 아니었다(몇몇 주석가들이 주장하듯 하나님은 밤의 영이 아니시다). 위험에 처한 쪽은 야곱이었다. 날이 밝아오면 하나님의 얼굴을 직접적으로 보게 될 것이기 때문이다. 그래서 야곱은 그 장소를 브니엘, 곧 하나님의 얼굴이라고 불렀다. "내가 하나님과 대면하여 보았으나 내 생명이 보전되었다"(30절). 야곱은 천사에게 이름을 물었지만 이 질문은 적절하지 않았다. 야곱은 주님을 알고 있었고 축복을 받으면서 새벽빛이 주님의 얼굴을 비추는 것을 보았다.

여기서 야곱이 구했던 축복의 깊이를 볼 수 있다. 그것은 바로 주님의 얼굴을 대면하여 보는 것이었다.

> "여호와는 네게 복을 주시고 너를 지키시기를 원하며
> 여호와는 그의 얼굴을 네게 비추사 은혜 베푸시기를 원하며
> 여호와는 그 얼굴을 네게로 향하여 드사 평강 주시기를 원
> 하노라"(민 6:24-26).

야곱은 벧엘에서 "여호와께서 과연 여기 계시거늘 내가 알지 못하였도다… 이것은 다름 아닌 하나님의 집이요 이는 하늘의 문이로다"(창 28:16-17)라고 말했다. 이제 야곱은 하나님의 형상이신 그리스도의 영광을 보았으므로 주님과 더 깊은 교제를 나눌 수 있게 되었다(고후 4:4). 예수님은 "나를 본 자는 아버지를 보았거늘"(요 14:9)라고 말씀하셨다. 브니엘에서 새벽빛에 야곱에게 비치셨던 하나님은 그분의 영광에 관한 지식의 빛을 그리스도의 얼굴을 통해 우리에게 주시려고 우리 마음속에 빛을 비추셨다.

이스라엘이 된 야곱은 하나님을 대면한 후 에서를 직접 만날 준비가 되어 있었다. 하나님의 복을 품었기에 그는 그 누구도 두려워할 필요가 없었다.

야곱은 은혜로 승자가 되었고 주님은 은혜의 승리자가 되셨다. 이 이야기에서 그리스도가 하나의 역할이 아닌 두 가지의 역할을

하실 것으로 예견할 수 있다. 그리스도는 하나님 그분 자신이 현존하시는 신비한 인물인 주의 사자로 나타나셨다. 주님으로서 그분은 씨름에서 짐으로써 승리하신다. 만약 그분이 심판의 손가락으로 야곱의 허벅지 관절을 치셨다면 회복 불능 상태로 패배했을 것이다. 하지만 이는 그분의 목적이 아니었다. 주님은 자신의 힘을 억누르시고 심판을 물리셔서 믿음의 부르짖음을 듣고 언약을 붙드는 손에 자신을 내어 주신다.

또한 그리스도는 야곱을 통해 언약의 씨앗, 그리고 주님의 종으로 예견된다. 이사야 선지자가 예언했듯이 그리스도가 진정한 이스라엘이다. "너는 나의 종이요 내 영광을 네 속에 나타낼 이스라엘이라"(사 49:3). 이사야는 계속해서 우리의 죄악을 위해 고통받고 괴로워하는 종을 묘사한다. 과연 야곱이 씨름하다 치임을 받은 것에서 그리스도를 나타내는 상징을 찾을 수 있다. 구약에서 허벅지는 자손 생산을 위한 신체 부위를 완곡하게 표현한 말이다. 야곱의 허벅지를 언급하는 다른 두 본문을 보면 이 용어는 야곱의 자손을 대표하는 말로 쓰였다(창 46:26; 출 1:5). 야곱은 자신의 자손, 자신의 후손에서 나실 그분, 즉 메시아를 예표하는 절름발이의 고난을 겪는다.

예수 그리스도는 겟세마네 동산에서 극심한 고통과 씨름하신다. 어둠의 갈보리에서 성부께서는 우리가 그의 영광을 볼 수 있게 하기 위해 성자에게서 얼굴을 가리셨다. 예수님은 희생양이기에 승리자가 되신다. 죽으셨지만 사셨다. 넘어뜨려졌지만 모든 이들위로 높임을 받으신다. 예수님은 복을 받을 때까지 절대 놓지 않으신다. 그분은 언젠가 우리가 그의 영광을 보게 해 달라고 하나님 아버지께 기도한다.

당신은 그분의 이름이 무엇인지 물어보는가? 그분의 이름은 임마누엘, 즉 '하나님이 우리와 함께 하신다'이다. 브니엘 아침 희미한 빛 속에서 보는 것이 아니라 우리 마음속을 성령님이 밝히심으로 그분을 본다. 하지만 언젠가 우리가 그분을 보고 그분과 같이 될 날이 올 것이다. 브니엘을 기념하기 위해 이스라엘의 후손들은 엉덩이 힘줄을 먹지 않았다. 우리는 주님이 우리를 위해 돌아가셨음을 기억하며 주님의 만찬에서 먹고 마시는 자리로 부르심을 받았다.

예수님이 우리를 위해 고난받으셨기 때문에 우리는 그분을 붙들 수 있다. 당신의 믿음은 절박한가? 당신이 주님과 그분의 얼굴을 대면하여 보는 복을 얼마나 많이 필요로 하는지 알고 있는가? "당신이 축복하기 전까지 놓지 않겠습니다"라고 부르짖는가? 주님은 여전히 절박한 믿음에 복을 주신다!

Preaching Christ
in All of Scripture

7

하나님이 우리 가운데 거하실 수 있으랴?
(출애굽기 34:1-9)

7. 하나님이 우리 가운데 거하실 수 있으랴?
(출애굽기 34:1-9)

당신은 얼마나 종교적인 사람이 되고 싶은가? 아무리 그래도 이슬람 테러리스트 정도까지는 아닐 것이다. 대다수 미국인은 종교 문제로 인해 선을 넘는 일이 생기지 않도록 잘 관리한다. 그럼에도 전도 활동을 했던 기억으로 당신을 살짝 불편하게 하는 친구도 몇 있을 것이다. 어쩌면 지금 이 순간에도 비슷한 불편함을 느끼고 있는지 모르겠다.

하지만 이런 질문이 절대 통하지 않는 곳이 한 곳 있다. 바로 주님의 임재 앞이다. 이스라엘 민족은 시내산에서 하나님 앞에 섰을 때 두려움이 무엇인지 알았다. 주님은 이스라엘을 시내산에서 만나시려고 그들을 애굽으로부터 구원해 내셨다. 그리고 빽빽한 구름과 불길 속에서 하나님이 시내산으로 내려오셨다. 창조주의 임재 앞에 온 땅이 진동했다. 주님은 산꼭대기에서 언약의 율법을 말씀하셨다. 사람들은 두려움에 뒷걸음질 쳤다. 그들은 멀찌감치 서서 모세에게 말했다 "당신이 우리에게 말씀하소서. 우리가 들으리이다. 하나님이 우리에게 말씀하시지 말게 하소서. 우리가 죽을까 하나이다"(출 20:19).

하나님은 이스라엘 민족의 요청을 들으셨고 모세는 하나님의 말씀을 받으러 시내산을 올랐다. 모세는 그곳에서 한 달 이상 머물면서 제사장직과 예배와 이스라엘 민족의 삶에 대한 하나님의 지침을 받았다. 하나님은 자신이 거할 성막에 대한 계획을 말씀하시며 하나님의 영광의 구름이 거할 주님의 장막을 세우라고 명하셨다. 그리고 12지파가 주님의 장막을 중심에 두고 진을 치게 하셨는데 성소의 앞 동쪽에 레위 지파가 장막을 치게 하셨다. 다른 모든 지파는 주님이 거하시는 성막 주위를 둘러 지파 별 그리고 가족별 규례대로 자리를 잡았다. 주님이 자신의 백성 중에 거하셨다.

위기와 타협: 멀리 떨어져 계신 하나님 (출 33:1-30)

모세가 산에 올라가 있는 동안 이스라엘 민족은 하나님께 반역했다. 그들은 우상을 만들지 말라고 하신 주님의 말씀을 직접 들었지만 이에 대해 정면으로 불순종하며 아론에게 금송아지를 만들게 한다. 귀중한 금을 얻기 위해 자신들의 귀걸이를 빼어 아론에게 주었다. 모세가 주님이 돌판에 새겨 주신 십계명을 들고 산 내려왔을 때 떠들썩한 향연이 벌어지는 소리를 들었다. 모세는 금송아지를 파괴한 후 외쳤다. "누가 여호와의 편에 서겠는가?" 오직 모세가 속한 레위 지파만이 부르심에 응했다. 다른 열한 지파는 주님의 편에 서지 않고 반역했다.

하나님은 반역한 백성들을 진멸하고 모세의 자손으로 큰 나라를 세우시겠다고 말씀하셨다. 모세는 다른 나라들 중에 있는 여호와의 이름을 위해서라도 이스라엘 민족을 살려 달라고 간절히 구한다. 주님은 이스라엘이 고의적으로 죄를 지었다고 하셨다. 그들은 "목이 뻣뻣한" 백성이었다(출 32:9, 33:3, 5). 이 표현은 굴레를 씌워도 통제할 수 없는 말이나 나귀를 묘사할 때 쓰는 말이다. 이런 말이나 나귀는 반항하면서 자기가 가고 싶은 방향으로 돌진한다.

이스라엘이 금송아지를 만들어 하나님께 반역한 후 하나님은 그들 가운데 거하지 않으시겠다고 선포하셨다. 하나님의 임재는 그들에게 너무 위험하게 되어버렸다. 그분의 경외로운 거룩하심이 드러나면 그들은 순식간에 흔적도 없이 사라지게 될 것이었기 때문이다.

하나님은 임재의 사자를 그들보다 앞서 보내어 가나안인들을 몰아내고 이스라엘에게 약속을 땅을 주시겠다고 말씀하셨다. 그러나 이 말은 오해의 소지가 있다. 하나님 자신이 아닌 한 천사로 그분을 대신하여 보내신다는 말로 잘못 이해하는 경우가 있다. 하지만 이 말은 진리가 아니다. 왜냐하면 여기서 주의 사자는 천국을 날아다니는 존재 중 하나를 의미하지 않기 때문이다. 이 사자는 주님 자신의 출현이시기 때문에 주님과 같이 거룩하시며 그래서 똑같이 위험한 존재였다. "너희는 삼가 그의 목소리를 청종하고 그를 노엽게 하지 말라. 그가 너희의 허물을 용서하지 아니하실 것은 내 이름이 그에게 있음이니라"(출 23:21). 사자는 하나님의 이름을 가지고 있는 하나님의 아들이다.

하나님은 이스라엘 진영 가운데 있는 성막에 거하지 않으시고 이스라엘과 함께 가지 않으시겠다고 말씀하셨다. 주님이 모세에게 성막의 설계도를 주시기 전 하나님을 만나는 장소는 진영 바깥에 세워둔 회막이었다. 그 회막 입구에서 하나님이 모세는 만나주셨다. 그곳에서 하나님은 모세에게 "직접" 말씀하셨다.

도시 교외에 사는 많은 사람들에게 이러한 방식이 오히려 딱 알맞다고 느껴질 수 있다. 이들은 하나님이 너무 가까이 계시는 것을 꺼리고 자신의 직장에 오시거나 심지어 집으로 찾아오시는 것은 원하지 않는다. 그렇다고 하나님과 완전히 떨어지는 것도 원하지 않는다. 언제 그분의 도움이 필요할지 모르기 때문이다. 그래서 하나님이 편리한 거리에 있는 교회에 머무시면서 목사를 관리자로 삼으시기를 원한다. 당신은 하나님이 얼마나 가까이 계시기를 원하는가? 지금 그분과 얼마나 가깝게 지내고 있는가?

모세는 하나님이 이스라엘 민족 가운데 거하셔야만 한다고 주장했다. 만일 하나님이 그들과 함께 가시지 않는다면 가나안 땅에 가는 것이 무슨 소용이 있겠는가? 이스라엘 민족은 애굽에서 먹던 식단을 더 선호했다. 애굽에서 잡은 생선, 오이, 멜론, 파, 양파, 마늘 등 음식을 그리워했다. 그들은 심지어 하늘에서 내려오는 만나에 질려 했고 약속의 땅에 흐르는 젖과 꿀을 갈구하지 않았다. 가나안에 가는 목적은 소나 벌 떼의 소산물을 얻기 위한 것이 아니라 이스라엘 가운데 계시는 주님의 임재 때문이었다.

확실히 주님은 그들보다 앞서가서 가나안 민족을 몰아내고 이스라엘 민족에게 그 땅을 주실 것이라고 말씀하셨다. 하지만 그분이 그들과 함께 하지 않으신다면 이스라엘의 하나님이 다른 이방 신들과 다를 것이 무엇이 있겠는가? 여기서 우리는 모하메드의 코란과 모세의 오경 간 큰 차이가 있음을 잊어서는 안 된다. 하나님께서 그들의 죄로 인해 앞서가시긴 하시지만 그들의 장막 중에 거하지 않으시겠다고 말씀하셨을 때 모세와 이스라엘 민족은 애통해했다. 코란에 등장하는 알라는 위대하지만 멀리 떨어져 있는, 혹은 하늘 위에 있는 신이지만 함께 거하시는 주님은 아니다. 모세는 하나님이 그들 중에 거하지 않으시면 그 땅을 향해 갈 이유가 없다고 말한다. 주님이 주시는 최고의 복은 그들 중심에 있는 성막이었다. "내가 그들 중에 거할 성소를 그들이 나를 위하여 짓되"(출 25:8).

주님께 올린 모세의 기도는 **임재하시는** 주님과의 교제를 원하는 마음으로 불타올랐다. 모세는 두 가지 복을 내려 달라고 간절히 부르짖었다. 첫째, 모세는 주님을 알기 원했다. 모세는 하나님께서 그와 함께 보내실 주님의 사자의 이름을 알기 원했다(출 33:12). 그 이름을 알게 되면 주님의 행보를 알 수 있게 될 것이다 "주의 길을 내게 보이사"(출 33:13). 둘째, 모세는 주님의 영광을 보여 달라고 간구했다. 하나님은 두 기도에 모두 응답하셨다. 첫 번째로 모세에게 자신의 이름을 선포하심으로 응답하셨다. "야훼, 야훼 엘, 자비롭고 은혜롭고 노하기를 더디 하고 인자와 진실이 많은 하나님이라"(출 34:6, 하나님을 나타내는 히브리어 사용). 모세가 불타는 떨기나무 속에서 들은 하나님의 이름이 바로 이것이었다. 또한 이 이름은 십계명을 명하실 때 사용하신 이름이다. "나는 너를 애굽 땅, 종 되었던 집에서 인도하여 낸 네 야훼 하나님이라"(출 20:2, 하나님을 나타내는 히브리어 사용). 요한은 출애굽기 23장을 인용하여 "말씀이 육신이 되어 우리 가운데 거하시매 ["성막을 세우시매"] 우리가 그의 영광을 보니 아버지의 독생자의 영광이요 은혜와 진리가 충만하더라"(요 1:14)라고 기록했다.

그리고 모세는 하나님의 영광을 보았다. 주님은 모세를 바위 틈에 두시고 지나가실 때 손으로 그를 덮으셨다. 그리고 손을 거두실 때 모세는 주님의 등을 보았다. 아버지의 영광이신 아들이 변화산에 올라가셨을 때 모세도 나타났다. 이때 모세는 하나님의 등이 아닌 예수님의 얼굴에 비치는 하나님의 영광을 똑바로 볼 수 있었다. 모세는 이 땅 위에서 아버지를 드러낼 수 있는 유일한 분이신 아들 하나님의 얼굴에 비친 영광을 보았다.

하나님은 이런 모세의 기도를 들으시고 그분의 백성 중에 거하시겠다고 말씀하셨다. 모세는 감사 기도를 드리며 하나님께서 하신 말씀을 반복해서 말한다. 하나님은 말씀하셨다. "너희는 목이 곧은 백성인즉 내가 한순간이라도 너희 가운데에 이르면 너희를 진멸하리니"(출 33:5). 이에 모세는 기도한다. "주는 우리와 동행하옵소서. 이는 목이 뻣뻣한 백성이니이다"(출 34:9). 어떤 번역본에는 "목이 뻣뻣한 백성임에도 불구하고"라고 번역되어 있기도 하다. 확실히 "목이 뻣뻣한 백성이기 **때문에**" 하나님께 함께 해 달라고 구할 수는 없지 않은가! 하지만 모세는 하나님이 말씀하신 말씀을 그대로 반복해서 사용한다. 그리고 "우리의 악과 죄를 사하시고 우리를 주의 기업으로 삼으소서"라고 덧붙인다. 바로 이스라엘 민족이 목이 곧은 백성이었기 때문에 주님이 꼭 함께 가셔야 했다. 그들에게 은혜가 풍성하시고 맹세로 매인 사랑에 신실하신 주님의 임재가 꼭 필요했다.

은혜로운 언약의 갱신: 우리 중에 거하시는 하나님

하나님은 이스라엘 민족 안에 성막을 세우심으로 자신의 언약을 갱신하신다. 확실히 자기 백성 중에 그분의 장막을 세우신다. 하나님이 거하실 성막을 세우는 것의 핵심은 휘장으로 성소와 구분된 네모반듯한 지성소에 있다. 하나님의 성소는 죄인들이 거하는 부정한 진영과는 격리되어 있어야 했다. 뜰 전체는 휘장으로 가리워져 있었고 또 다른 천으로 성소와 뜰을 구분 지었다. 그리고 또 다른 천으로 일 년에 한 번 속죄일에 대제사장만이 들어갈 수 있는 지성소를 구별했다.

하지만 성막은 주님께 접근하는 방식을 상징한다고도 할 수 있다. 예배자는 뜰에 들어와서 화제의 제단에 다가가 대속 제물에 손을 얹고 죄를 고백한 후 그 제물을 죽였다. 제사의 형식에 따라 의식 절차는 달랐지만 제사장이 제사를 드리기 위해 커다란 제단을 올라야 하는 것은 같았다. 거기서 제사장은 성막 앞에 물을 담아 놓은 놋대야에서 자신을 정결하게 했다. 제사장들은 하나님의 임재의 떡을 놓고 치우기 위해 성소에 들어갈 수 있었다. 그 상에는 포도주도 놓여 있었다. 입구 왼쪽에는 일곱 가지 등잔대에 불이 붙여 있었고 지성소 앞에는 하나님의 백성이 드리는 기도를 상징하는 분향단이 있었다. 속죄일이 되면 대제사장은 지성소에 들어가 속죄 제물의 피를 언약궤에 뿌렸다. 나무로 만들고 금으로 덮은 언약궤의 뚜껑은 순금으로 만들어졌다. 뚜껑의 양옆에는 금으로 만든 그룹이 날개를 펴서 금으로 만든 뚜껑의 중앙, 곧 속죄소를 덮었다. 그 중앙은 비어 있는 보좌였다. 그 어떤 형상도 그 자리에 놓을 수 없었다. 단순히 묘사할 형상이 없었기 때문이 아니다. 하나님은 인간을 그분의 형상대로 지으셨지만 이스라엘 민족에게 그분을 나타내는 그 어떤 형상도 만들지 말 것과 그것에 절하거나 예배하지 말라고 명령하셨다.

하나님의 아들이신 예수 그리스도는 "하나님의 영광의 광채시요 그 본체의 형상"이시다(히 1:3). 성막에 놓인 하나님의 보좌의 빈자리는 하나님의 형상이신 예수 그리스도를 위해 예비된 자리이다(고후 4:4). 하나님께서 형상에 대해 갖는 강렬한 질투는 자신의 독자를 향한 질투하는 사랑과 같다. 예수님은 하늘에 계신 하나님 아버지와 함께 하시는 분이었기에 이 땅에서 경배 받으실 수 있었다.

히브리서에는 성막에서 드리는 제사가 하늘의 진정한 성막을 예표한다고 가르친다. 이는 예수님을 가리키는 이 땅의 상징을 위한 모본이 된다. 우리는 이제 예배하며 하늘의 성소로 나아간다. 그곳에서 성도와 천사가 예수님이 계신 곳에 모여 축제를 연다. 예수님이 핏값으로 우리의 죄를 대속하셨기에 우리도 그분께 예배로 나아갈 수 있다.

하나님의 은혜와 자비가 성막과 성전을 통해 언약적 상징으로 나타났다. 예수 그리스도가 이 모든 것을 현실로 가져오셨다. 주님은 모세에게 말씀하셨다. "내가 내 모든 선한 것을 네 앞으로 지나가게 하고 여호와의 이름을 네 앞에 선포하리라. 나는 은혜 베풀 자에게 은혜를 베풀고 긍휼히 여길 자에게 긍휼을 베푸느니라"(출 33:19). 주님이 모세에게 선포하신 선함은 예수님을 통해 구현되었다(출 34:6; 요 1:14). 예수님은 "손이 깨끗하고 마음이 청결하며" 여호와의 산에 오를 수 있는 분이시다(시 24편). 그분은 또한 다시 오실 주로서 모든 문들을 여실 것이다. 예수님은 십자가 위에서 구속 사역을 끝내시고 죽음을 정복하시고 하늘로 올라가셨다.

모세는 하나님의 용서하심에 감사 기도를 드리며 약속의 땅에서 이스라엘에게 유산을 달라고 구하지 않았다. 그는 이스라엘을 하나님의 유산, 곧 사랑의 보물로 받아 달라고 기도했다.

새로운 언약의 영광이 예전 언약이 상징하는 것을 성취했다. 예수님이 우리의 진정한 성막이시다. 예수님은 "이 성전을 허물어라.

내가 3일 만에 다시 세우겠다"라고 말씀하셨다. 예수님은 하나님의 진정한 성전, 즉 육신으로 오신 성자 예수님 안에 거하시는 성전에 대해 말씀하신 것이었다. 하나님이 선포하신 이름, 자신의 언약적 이름은 이제 예수님의 이름을 통해 선포되었고 이 이름 앞에 모든 무릎이 꿇어 엎드릴 것이다.

마지막 만찬에서 빌립은 예수님께 "주여, 아버지를 우리에게 보여 주옵소서. 그리하면 족하겠나이다."라고 말했다(요 14:8). 이에 예수님은 빌립을 꾸짖으셨다. "빌립아, 내가 이렇게 오래 너희와 함께 있으되 네가 나를 알지 못하느냐. 나를 본 자는 아버지를 보았거늘 어찌하여 아버지를 보이라 하느냐"(9절).

성령님의 능력으로 우리는 예수님의 얼굴에서 하나님의 영광을 볼 수 있다(고후 3:18-4:6). 그리스도 안에서 우리는 하나님의 유산이 되었고 하나님의 소유로 성령의 인치심을 받았으며 우리도 그분을 소유하게 되었다(엡 1:13-14).

하나님이 우리 가운데 거하실 수 있는가? 그렇다! 그리스도 안에서 우리는 그리스도가 거하시는 성전이 되었고(고전 6:19), 교회 또한 그리스도의 몸으로서 그분이 거하시는 곳이 되었다(고전 6:15; 엡 2:20-21). 우리가 상상도 하지 못할 만큼 하나님은 우리의 마음에 자신의 사랑을 쏟아부어 주실 뿐 아니라 성령을 통해 인격적으로 임하신다. 그리스도와 연합한다는 것은 예수님 안에서 교회를 하나로 묶는 인격적인 교감과 교제를 의미한다. 지금부터 영원까지, 사는 것은 그리스도시기에 죽는 것도 유익하다.

8
군대 대장을 맞이하라
(여호수아 5:13–15)

8. 군대 대장을 맞이하라
(여호수아 5:13-15)

당신의 교회에서는 누가 주도권을 잡고 있는가? 담임 목사가 운영
하는 교회가 있는가 하면 사모가 이끄는 곳도 있다. 하지만 대부분
의 그리스도인들이 알고 있듯 진정한 교회의 머리는 그리스도시며
말씀과 성령으로 인도하신다. 신약 시대 사도들이 세운 교회에서
사도들은 성도들에게 장로라 칭할 만한 사람들을 선출하게 했다.
장로들이 관리하는 신약의 운영체제는 오늘날 위원회로 교회를 운
영하려는 절망적인 노력처럼 보일 수 있다. 세속적 비즈니스 세계
에서는 회사를 이끌어 가기 위해 강한 리더들에게 의존한다. 하지
만 신약 교회의 질서는 미국 정부의 민주적인 관행에 지대한 영향
을 미쳤다.

그러나 교회의 질서는 민주적인 장악이 아닌 교회를 그분의 왕

국으로 삼아 다스리시는 그리스도의 통치의 실체에 의해 세워진다. 그리스도는 만왕의 왕으로 승천하셨고 이제 하늘과 땅을 통치하신다. 구약에서는 그리스도가 자신의 백성을 구원하시고 대적에게 심판을 가져오시는 주의 사자로 나타나신다. 그리고 여호수아의 핵심 본문에서 그리스도가 이스라엘과 모든 열방을 다스리심을 보여주기 위해 여호수아에게 나타나셨다.

여호수아서는 하나님의 백성의 역사에 새로운 시대가 도래했음을 알려준다. 광야에서의 40년이 지나고 새로운 세대가 드디어 하나님이 주신 약속의 땅에 진입했다. 이러한 변화는 그들이 먹는 것에서도 나타났다. 광야에서는 하나님이 하늘에서 내려 주시는 만나로 연명했지만 가나안 땅에서는 주변 땅에서 자라는 곡식을 먹을 수 있었다.

주님은 요단강을 가르는 기적을 일으켜 이스라엘 민족이 마른 땅을 밟고 건너가게 하심으로 새로운 시대를 인증하셨다. 이스라엘 민족을 애굽으로부터 구원하시기 위해 홍해를 가르셨듯 높은 수위로 흐르던 요단강이 멈추는 기적이 일어났다. 제사장들이 언약궤를 매고 물가에 발을 들여놓자 요단강이 흐르기를 멈췄다. 그들은 언약궤를 맨 채로 강 중간에 계속 서 있었다. 여호수아는 제사장들이 서 있던 자리에 12개의 돌을 가져다 놓고 하나님이 출애굽 하여 약속의 땅으로 들어가게 하신 때와 장소를 표시해 두도록 명했다. 홍해는 이스라엘 민족이 나가는 문을 열기 위해 갈라졌다면 요단강은 그들의 유산을 차지하게 하기 위해 멈췄다. 이스라엘 12지파는 요단강가에서 12개의 돌을 취해 가나안 해안에 쌓아서 멈춰 선 요단강의 높은 수벽을 지나 서둘러 건너간 자리를 표시했다.

여리고 성의 무시무시한 가나안 민족을 앞에 두고 이스라엘 민족은 약속의 땅에 들어섰다. 그들은 주님과 새 언약을 세웠다. 남자들은 할례를 행했고 유월절을 지켰다. 사실 이 세대는 광야에서 이 두 가지 언약적 율례를 지키지 않았다. 드디어 그들은 약속의 땅에서 이스라엘의 새로운 첫발을 내디뎠다. 이스라엘은 이제 거룩한 땅에서 하나님의 거룩한 백성이 되어야 했다. 그들의 임무는 가나안 민족에게 하나님의 심판을 행하는 것이었다. 가나안 민족은 자신들이 섬기는 신에게 어린 자식을 바쳤다. 팔레스타인에서 발굴된 가나인 민족의 집 모퉁이돌 아래 이들의 뼈가 발견되었다. 낙태를 묵인하는 현대 사회에서 우리는 이러한 영아 살해 행위가 하나님의 분노를 일으킨다는 점을 기억해야 한다. 하나님의 공의는 가나안의 죄악의 잔이 가득 찼음을 선포했다. 이스라엘의 남자들은 이제 하나님의 복수하는 사자가 되어 가나안 땅에 하나님의 심판을 내려야 했다.

군대 대장은 주님이시다

대적: 빼어 든 칼 … 우리의 적인가!

여호수아는 신중한 거리를 두고 여리고 성에 가까이 이르러 높은 성벽을 바라보았다. 이미 하나님이 여리고 안의 군사들을 두려움에 떨게 하여 그들의 간담이 녹았다. 하지만 여호수아는 그들의 마음을 보지 못한 채 그들을 둘러싸고 있는 벽만 바라볼 뿐이었다. 생각에 잠겨 있던 여호수아가 눈을 들어 보니 한 사람이 칼을 빼어 들고 다가오고 있었다. 여호수아는 전사였기에 즉시 공격 태세를 갖추고 상대에게 외쳤다. "우리 편인가 아니면 적군인가?"

칼을 든 자가 말했다. "아니라. 나는 여호와의 군대 대장으로 지금 왔느니라"(수 5:14). 주님은 야곱이 하란 땅에서 고향으로 돌아오는 길에 그와 씨름하신 적이 있다. 야곱이 가나안 땅에 들어갈 때 두 부대의 천사가 그를 맞이했고 그곳에서 주님은 야곱을 만나 밤새 씨름하셨다. 또 모세가 하나님의 백성을 애굽의 노예생활로부터 구원하기 위해 광야에서 돌아왔을 때 그를 만나셨다. 그리고 하나님의 위협에 모세는 아들 게르솜에게 할례를 행했다. 이와 같은 방식으로 주님은 여호수아가 요단강을 건넜을 때 그를 만나셨다.

여호수아는 하나님의 거룩함으로 인한 위험성을 인식하고 천국 군대의 대장 앞에 바짝 엎드렸다. 여호수아는 천국 군대 대장이 주님의 이름을 믿는 사람들을 이끌어 주기 위해 내려오신 주님 그분 자신이라는 것을 깨달았다.

영광의 주님을 섬기는 것은 바로 이러한 자세에서 시작되어야 한다. 복음은 우리가 낸 결과물이 아니며 교회는 우리가 세운 조직이 아니다. 주님 자신이 오셔서 그분만이 하실 수 있는 일을 하신다. 우리는 종일 뿐이지 기업가가 아니다. 우리 전 세대의 설교가였던 존 클렐랜드는 다음과 같은 경구를 사용했다. "하나님 앞에서는 얼굴을 땅에 대고 사람 앞에서는 두 발로 서라."

여호수아는 이스라엘 군대가 얼마나 큰지 자랑하지 않았다. 그는 만군의 주님, 천국 군대의 군주를 경배했다. "그가 임하시는 날 누가 능히 당하며 그가 나타나는 때에 누가 능히 서리요"(말 3:2).

구원의 군대 대장: 빼어 든 칼 … 우리 편이다!

여호수아가 만난 군대 대장은 여호수아와 그의 군대를 망하게 하려고 칼을 뺀 것이 아니었다. 그분의 거룩함으로 인한 위험성은 있었지만 어둠의 세력, 마귀의 지배에 맞서기 위해 오셨다. 주님이 가나안 민족의 멸망을 명하신 것은 그분의 공의를 상징하는 것이었다. 그들 때문에 심판의 날이 왔고 이는 예수님이 이 땅이 오신 그때를 예표한 것이다. "이제 이 세상에 대한 심판이 이르렀으니 이 세상의 임금이 쫓겨나리라"(요 12:31).

하늘의 군대 대장은 자신이 천국 군대뿐 아니라 이스라엘 군대의 대장도 되심을 선포하러 오셨다. 여호수아도 그분의 명령을 듣고 섬겼다. 주님이 모세와 함께 있었던 것 같이 여호수아와 함께 하실 것이기 때문에 여호수아에게 성공은 보장되었다(수 1:5, 7). 사도 바울은 자신의 선교 사역에서, 그리고 모든 신자의 삶 속에서 성령님이 승리하실 것을 알고 있었다. "만일 하나님이 우리를 위하시면 누가 우리를 대적하리요"(롬 8:31). 여호수아, 그리고 우리가 주님을 경외한다면 사람을 두려워할 필요가 없다. 베드로는 베드로 전서에서 이사야 8장 12-13절을 인용한다. 헬라어로 번역된 구약에서는 "그들이 두려워하거나 무서워하는 것을 두려워하지 말고 주님 그분을 경외하고 그분 한 분만을 두려워 하라"라고 기록한다. 베드로는 이 말씀을 인용하며 "그분 자신"이라는 말을 "그리스도"로 대체해서 썼다. 천국의 군대 대장이 나타나심은 동정녀 마리아에게 나신 하나님의 아들이 나타나신 것이었다.

군대 대장이 책임 지신다

심판을 위한 "헌신": 거룩한 전쟁

천국 군대 대장은 아브라함 때부터 예견된 심판을 실행하려고 오셨다. 아모리 족속의 죄의 잔이 아직 가득 차지 않았으므로 아브라함 대에 심판이 임하지 않았다(창 15:16). 하지만 가나안 족속들은 우상 숭배와 성적 문란의 죄를 계속해서 짓고 있었다(레 18:25-30). 이제 심판의 때가 이르렀다. 가나안 땅은 거주민들을 "토해" 내고 하나님의 분노의 잔이 쏟아질 것이다.

이 때문에 여리고 성에서는 어떤 전리품도 취하는 것이 금지되었다. 도시 전체가 심판의 저주를 받았기 때문이다. 그 도시는 '헤렘', 즉 주님께 온전히 바쳐졌으므로 거룩한 것이었다. 여리고 성 전체가 주님께 속했고 완전히 파괴되고 불타오름으로 구별되었기 때문에 이스라엘 군인 그 누구도 그곳에서 전리품을 챙기지 못했다. 주님을 믿는 믿음으로 이스라엘의 정탐꾼을 숨겨 준 라합의 집만이 목숨을 건졌다. 귀금속 그리고 동철로 만들어진 기구는 주님의 곳간에 들여놓았다.

이 모든 것은 여리고 성이 함락되는 과정에서 드러난다. 이스라엘은 성을 포위했지만 공격하지 않았다. 제사장들을 따라 여리고 성을 행진하며 돌았을 뿐이었다. 7일 동안 매일 한 번씩 돌았다. 그리고 7일째가 됐을 때 일곱 번을 돌고 제사장들이 일제히 나팔을 불었다. 여리고 성을 함락한 것은 군대 대장의 칼이었지 이스라엘 민족의 칼이 아니었다. 이스라엘 군대의 칼이 아닌 제사장들이 불었던 하나님의 심판의 나팔로 승리한 것이었다.

은혜를 위한 헌신: 거룩한 전쟁!

여기에 "성전(聖戰)"의 성경적 패턴이 나타난다. 모하메드는 이 개념을 구약에서 가져왔다. 그는 가나안 족속에 하나님의 심판을 내리기 위해 이스라엘에게 성스러운 임무가 부여되었다고 생각했다. 여리고 성의 함락은 '저주' 아래 주님이 직접적으로 여리고 성을 취하신 것의 증거가 되었다. 이 개념을 코란에 적용하는 것은 이스라엘을 향한 하나님의 직접적인 명령을 인정하지 않는 것이며 더 심각한 것은 예수님이 이 땅에 오신 것과 그분이 지상의 군대가 아닌 영적 전투를 지휘하신다는 사실을 무시한다는 점이다. 때가 되면 언젠가 모든 벽들이 다시 오실 주님 앞에 무너지게 될 것이다. 예수 그리스도가 그분의 십자가 위에서 모든 왕들과 권세를 파하셨다. 전쟁이 벌어졌고 승리했다. 승리자이신 예수님은 당당히 하늘로 올라가서서 지금은 하나님의 우편에서 모든 것들을 통치하신다.

우리가 치르는 전쟁의 무기는 이전 세대 이스라엘이 쓰던 무기가 아니다. 우리는 새 언약의 영적 무기를 사용한다. 새 언약의 영적 무기란 하나님의 말씀, 그리고 자기 백성을 향한 돌봄과 자비에서 드러나는 하나님의 사랑을 말한다. "우리의 싸우는 무기는 육신에 속한 것이 아니요 오직 어떤 견고한 진도 무너뜨리는 하나님의 능력이라 모든 이론을 무너뜨리며 하나님 아는 것을 대적하여 높아진 것을 다 무너뜨리고 모든 생각을 사로잡아 그리스도에게 복종하게 하니"(고후 10:4-5).

바울은 하나님의 나팔로 여리고 성을 무너뜨린 제사장들의 사역을 상기시키는 말로 자신의 사역에 대해 쓰고 있다. 바울은 하나님께서 그에게 은혜를 주셔서 "곧 나로 이방인을 위하여 그리스도 예수의 일꾼이 되어 하나님의 복음의 제사장 직분을 하게 하사 이방인을 제물로 드리는 것이 성령 안에서 거룩하게 되어 받으실 만하게 하려" 하신다고 썼다(롬 15:15-16). 의심할 것 없이 바울은 제단에 제물을 바치는 것에 대해 이야기하고 있지만 그의 말은 여리고 성 함락 사건을 조명하고 있다. 확실히 바울은 그리스도와 십자가에 달리신 그분을 높이 세움으로써 잘못과 하나님에 대한 적대감의 벽을 허물었다. 그가 복음의 나팔을 불면 하나님의 능력이 승리를 갖다 준다. 주님은 그를 정복자가 아닌 구주의 전차에 사랑으로 매인 포로로 사용하여 승리로 이끄신다.

언젠가 왕의 귀환을 알리는 마지막 나팔 소리가 울릴 것이다. 지금은 은혜의 나팔 소리가 복음 안에서 울리고 있다. 입술의 검을 든 예수님이 하늘에서처럼 땅에서도 전쟁이 끝날 날을 준비하신다. 하지만 검은 군대 대장의 손에 쥐어져 있지 않다. 이 검은 평안을 가져오기 위해 폭풍우를 잠재우시는 그분의 말씀이다. 이제 그 손은 검을 잡는 대신 못 자국과 함께 축복 속에 들려졌다. 군대 대장은 전쟁에서 승리하기 위해 옆구리에 창을 맞으셨다. 그분 앞에 우리는 여호수아와 같이 엎드려 도마와 같이 말한다. "나의 주님, 나의 하나님이여!"

9

헌신에 놀라다
(사무엘하 23:13-17)

9. 헌신에 놀라다
(사무엘하 23:13-17)

나는 필라델피아 필리스의 열성 팬으로 평생을 살았다고 자신 있게 말할 수 있다. "팬(fan)"이라는 말이 "광신도(fanatic)"라는 말의 줄임말인 것도 알고 있고 철자로 쓸 수도 있다. "Phillies Phanatic." (메이저리그 야구팀 필라델피아 필리스의 마스코트. 'Fanatic'의 F를 필리스의 Ph로 바꿈) 아무리 미적지근한 팬이라도 다른 지역으로 이사를 가면 문제가 발생한다. 나에게는 버지니아 주 샬롯츠빌, 캘리포니아 주 에스콘디도, 텍사스 주 휴스턴에 살 때 이런 문제에 부딪혔다. 차에 붙이는 범퍼 스티커가 말해 주듯 한번 팬은 영원한 팬이다. 한 컨트리 노래는 다음과 같이 시작한다. "스틸러스(펜실베이아 피츠버그에 연고지를 둔 미국 미식축구 팀) 팬을 한번 건드려 보세요. 그럼 이해할 수 있을 거예요."

스포츠에만 팬이 있는 것은 아니다. 어떤 사람은 팝 음악 아이돌에 빠지고 심지어 정치 지도자를 따르는 팬도 있다. 하지만 진정한 팬은 단순히 충성하기만 하는 사람들이 아니다. 진정한 팬은 충성심을 온전한 헌신으로 끌어올린다. 그레이블 일병이 베트남 정글에서 겪은 이야기는 헌신이 무엇인지를 보여준다. 이 젊은 해병대원은 혼자서 기관총 진지를 공격하여 적에게 노출된 자신의 전우들을 구했다. 그는 기관총 사격을 멈추게 했다. 후에 기관총 주위에는 9명의 적군이 죽어 있었고 그레이블 일병은 몸으로 총을 덮은 모습으로 발견되었다.[1]

성경에는 충성심을 헌신의 정점으로 끌어올린 이야기가 촘촘하게 엮여 있다. 시편 136편은 말한다. "여호와께 감사하라. 그는 선하시며 그 인자하심이 영원함이로다!" 이 후렴구는 136편이 끝날 때까지 계속 반복된다. "인자하심"을 의미하는 히브리어는 '헤세드'이다. 헤세드는 충성심에 사랑의 깊이를 결속시킨다. 헤세드는 언약의 맹세로 연합한 사람들을 함께 묶는다. 다윗은 사울 왕의 질투 어린 분노로부터 도망가야 했을 때 친구 요나단과 언약을 맺었다. "네 종에게 인자하게(헤세드) 행하라. 네가 네 종에게 여호와 앞에서 너와 맹약하게 하였음이니라"(삼상 20:8, 직역).

오늘 우리가 살펴볼 사무엘하 23장 13-17절 말씀에는 헤세드라

---

1 Dan Deaton, "Daniel's Den," in *New Life Lines* (New Life Presbyterian Church in America, Escondido, Calif., June, 1999).

는 단어가 등장하지 않지만 이것이 본문의 핵심이다. 여기에서 다윗의 용사들 중 영웅들을 보고하는 장면이 나온다. 이들은 다윗의 올스타 멤버이자 원탁의 기사들이었다. 그중 세 명은 다윗이 이스라엘과 유다의 왕이 된 후 찾아왔다. 그리고 이제 다윗은 예전에 사울 왕을 피해 도망 다닐 때 자신의 요새로 삼았던 아둘람 굴에 다시 돌아왔다.

팔레스타인이라는 이름의 어원이 된 블레셋 민족이 베들레헴을 장악하고 예루살렘에서 멀지 않은 르바임 골짜기에 진을 친 상황이었다. 블레셋 사람들에게는 침략하여 곡식을 빼앗고 북이스라엘과 유다 사이를 이간질할 수 있는 좋은 기회였다.

본문에 등장하는 세 용사는 추수가 한창일 때 그들의 왕이 된 다윗을 섬기기 위해 다시 한번 진영을 나섰다.

> 또 삼십 두목 중 세 사람이 곡식 벨 때에 아둘람 굴에 내려가 다윗에게 나아갔는데 때에 블레셋 사람의 한 무리가 르바임 골짜기에 진 쳤더라. 그때에 다윗은 산성에 있고 그 때에 블레셋 사람의 요새는 베들레헴에 있는지라. 다윗이 소원하여 이르되 베들레헴 성문 곁 우물 물을 누가 내게 마시게 할까 하매 세 용사가 블레셋 사람의 진영을 돌파하고 지나가서 베들레헴 성문 곁 우물 물을 길어 가지고 다윗에게로 왔으나 다윗이 마시기를 기뻐하지 아니하고 그 물을 여호와께 부어 드리며 이르되 여호와여 내가 나를 위하여 결단코 이런 일을 하지 아니하리이다. 이는 목숨을 걸고 갔던 사람들의 피가 아니니이까 하고 마시기를 즐겨하지 아니하니라.

왕을 위한 깜짝 선물

어느 더운 오후 광야에서 이 세 용사가 다윗에게 보고했다. 잠시 후 그들은 다윗이 "베들레헴 성문 곁 우물 물을 누가 내게 마시게 할까!"라고 하는 말을 들었다.

다윗은 단지 혼잣말을 한 것뿐이었다. 사람이 목마르면 당연히 물을 생각하기 마련이다. 예전에 살았던 시골의 샘물을 떠올릴 수도 있다. 나도 어린 시절 필라델피아에서 마셨던 물이 기억난다. 수영장에 갈 때마다 그 수돗물이 생각난다. 그때 맡았던 염소 냄새가 향수를 자극한다. 다윗은 시원한 베들레헴 성문 곁 우물물을 떠올렸다. 하지만 그가 단순히 소년기를 보낸 마을에 대한 향수에 빠져 있었던 것은 아니다. 그는 이제 하나님이 선택하시고 기름 부으신 이스라엘의 왕이었다. 하지만 지금은 자신의 고향에 들어가서 우물 물조차 마실 수 없는 상황이다. 가죽 부대에 담긴 그 물은 다윗에게 하나님이 약속하신 왕국을 주실 주님의 신실하심을 나타내는 표징이자 맹세가 되었다.

광야의 시간을 함께 한 이 세 용사는 다윗이 한 말을 들었다. 한 사람이 이렇게 말했다. "대장이 한 말 들었어? 베들레헴 성문 곁 우물물이 마시고 싶으시다는군!" 잠시 후 그들은 칼을 차고 가죽 부대에 물을 담고 베들레헴 물을 담을 빈 부대를 들고나갔다. 베들레헴 우물은 성문 가까이에 있었다. 그리고 거기에 베들레헴에 주둔하는 블레셋 군대의 지휘 본부가 있었을 것이다. 물을 긷기 위해서 다윗의 세 용사는 적들과 싸워야 했다. 몇 킬로미터를 지나 그들은 드디어 동네의 언덕에 닿았을 것이고 그곳에서 적들에게 들켜 교전을 했을 것이다. 어쩌면 두 사람이 블레셋 군대와 싸우는 동안 나머지 한 사람은 물을 길었을지도 모른다. 이 셋은 끝까지 싸우면서 성문을 빠져나왔고 광야로 향했다.

아둘람 굴로 돌아가는 길고 목마른 여정 중에 그들은 이 특별한 가죽 부대 안에 출렁이는 물을 생각했을까?

그들은 임무를 완수하고 다윗을 찾아갔다. "대장님, 베들레헴 성문 옆 우물물이 마시고 싶다고 하셨지요. 바로 여기 있습니다!"

다윗은 깜짝 놀라 그들을 바라보았다. 사실 다윗은 그들에게 물을 가져오라는 명령을 내리지 않았다. 베들레헴에서 물을 가져오는 것은 그들의 임무에 속하지 않았다. 이 임무를 내림으로 자신에 대한 충성심을 시험하려고 한 것도 아니었다. 그들의 헌신은 자발적이었다. 다윗의 소망이 곧 그들이 받든 명령이었다. 그들은 다윗을 놀라게 하기로 마음먹고 베들레헴까지 가서 물을 가져다 온 것이었다.

자녀들아, 엄마를 놀라게 해본 적이 있는가? 엄마는 그 순간을 다 기억한다! 청년들아, 그대들은 어떠한가? 어쩌면 아빠가 이미 너무 많은 넥타이를 가지고 있어서 아버지의 날에 아빠를 놀라게 하지 못했을 수 있다. 아내 역시 남편을 놀라게 해주려고 했던 적이 있을 것이다. 당신의 남편은 여전히 당신을 놀라게 할 깜짝 선물을 갖고 오는가?

어떤 이들은 목사, 장로, 그리고 교회 지도자들이 선한 결과를 이끌어내기 위해 가끔은 무리하게 밀고 나가야 할 필요가 있다고 생각한다. 하지만 그렇지 않다. 교회에서 하는 봉사는 상대를 놀라게 하는 자발적인 헌신의 표시로 하는 것이다.

주님이 어떻게 이 세 용사의 헌신을 사용하셨는지 보이는가? 주님은 그들에게 깜짝 승리를 허락하셨다. 그들의 헌신에 하나님의 복이 따른 것이다.

왕이 주는 깜짝 선물

다윗은 조심스럽게 세 용사가 가져온 가죽 부대에 담긴 물을 받아 들었다. 그리고는 뚜껑을 열고 물을 땅에 쏟아부었다. 물웅덩이가 생기는 듯하더니 금세 마른 땅으로 스며들었다. 꽤 많은 성경 주석가들과 주일학교 교사들은 다윗의 이러한 행동을 잘 이해하지 못한다. 다윗은 자신의 용감한 용사들이 많은 대가를 치르고 가져온 물을 쏟아 버린 것이다.

다윗은 확실히 옳은 일을 행했다. 다윗은 주님께 그 물을 부어 드렸다. 다윗에게 베들레헴의 물은 자신의 목숨을 걸고 이 물을 가져온 이들의 피와 같았기에 그 물을 마실 수 없었다. 대신 주님을 경배하기 위해 드려야만 했다.

다윗은 세 용사의 헌신을 가슴속 깊이 간직하고 겸손함으로 그들의 봉사를 받았다. 그는 이러한 헌신을 받을 자격이 없었다. 다윗은 추종자들에게 자신을 경배하라고 강요하는 많은 이단 종교의 리더들과는 완전히 달랐다. 자신의 추종자들을 캘리포니아에서 남아메리카 가이아나로 이주시킨 짐 존스도 있다. 그곳에서 존스가 촬영한 장면을 티비에서 본 사람도 있을 것이다. 그는 나무 강단에 앉아서 자신을 따르는 추종자들을 내려다보았다. 존스가 명령을 내리자 그들은 독극물을 마셨고 대부분이 사망했다. 그리고 추종자들이 신성시했던 데이비드 코레쉬의 불꽃같은 마지막도 잊을 수 없다. 캘리포니아에서는 〈천국의 문〉이라는 이단 단체가 집단 자살한 현장이 발견되었다. 캐나다와 프랑스에서는 〈태양 성전 기사단〉의 룩주레가 자신이 속여 왔던 사람들에게 자살을 강요한 사건도 있었다.

이들과 비교할 때 다윗의 리더십은 얼마나 다른가! 그는 용사들이 보인 헌신을 주님께 올려 드렸다. 그는 이 헌신을 고이 간직해야 할 주님의 선물로 여겼다. 이것이 크리스천 리더십의 핵심이다. 크리스천 리더는 자신의 사람들이 주님을 따르고 있음을 알고 있다. 이러한 리더는 주님을 위해 리더에게 바치는 그들의 헌신을 있는 그대로 감사한 마음으로 받는다. 봉사를 하는 동기는 주님으로부터 시작되고 주님께 바쳐진다. 베들레헴에서 떠온 물을 주님께 드림으로 다윗은 주님이 기뻐하시는 향기로운 제물을 올려 드렸다 (빌 4:18). 예배를 통해 다윗은 세 용사가 보인 헌신을 높이 샀다. 다윗은 그들과 함께 많은 상황을 헤쳐 나갔기에 어쩌면 이들은 다윗만을 위한 헌신으로 행동했을 수 있다. 하지만 다윗은 그들의 헌신을 주님의 것으로 따로 구별하여 드렸다.

베들레헴의 물은 다윗을 향한 하나님의 신실하심을 나타내는 언약이 되었다. 확실히 블레셋 민족은 이스라엘의 왕이 된 다윗에게 큰 위협이었지만 세 용사는 베들레헴에서 우물물을 길어 가져왔다. 베들레헴은 다시 한번 다윗의 도시가 될 것이었다.

왕으로 오신 메시아의 깜짝 선물

우리가 헌신해야 할 왕

사무엘하 23장의 마지막 본문을 살펴보면 다윗을 따랐던 37명의 용맹한 전사들의 리스트가 나오는데 이델 사람 이라와 이델 사람 가렙과 헷 사람 우리아의 이름으로 끝이 난다. 역대상 11장에는 우리아의 이름이 중간에 기록되어 있지만 사무엘하에서 그의 이름은 제일 마지막에 홀로 등장한다. 그의 이름은 다윗 군대의 용사들을 나열한 리스트에 천둥처럼 나타난다.

아마 다음의 충격적인 이야기를 익히 들어 알고 있으리라 생각한다. 예루살렘 왕으로 세워진 다윗은 자신이 정복한 땅을 다스렸다. 때는 왕들이 전투에 나가는 봄날이었다. 다윗의 군대는 암몬 자손들과 싸우고 있었고 랍바의 성을 에워쌌다. 하지만 다윗은 더 이상 군대를 이끌고 나가고 싶지 않았다. 군대 장관이었던 요압은 노련한 장군이었기에 랍바를 정복하기에는 충분했다. 어느 날 저녁 다윗은 왕궁 옥상에서 거닐다가 가까운 정원에서 목욕을 하는 한 여인을 보았다.

다윗은 자신의 용사 중 한 명이었던 우리아의 아내 밧세바를 데려오게 했다. 그리고 그녀는 임신을 했다. 다윗은 이 일을 은폐하기 위해 꾀를 냈다. 우리아를 집으로 불러들여 이 아이의 아버지가 우리아인 것처럼 넘어가길 바랐다. 하지만 이 충성된 용사는 전쟁 중이라는 이유로 아내에게 들어가지 않았다. 우리아는 다윗이 자신을 부른 이유가 있고 자신을 통해 요압에게 새로운 명령을 보낼 것이라 추측했을 것이다. 비밀 명령과 함께 즉각적으로 수행해야 하는 임무를 맡길 만한 충성된 전령들을 통해 전투는 승리하기 때문이다. 다윗은 그런 우리아를 위해 왕궁 만찬을 벌이지만 우리아는 끝내 집에 들어가지 않는다. 그래서 다윗은 비밀 내용이 담긴 편지를 우리아의 손에 들려 요압에게 보냈다. 그것은 우리아의 사형 영장이었다. 요압은 이 음모에 가담하여 우리아와 부하 몇 사람을 죽게 할 계략을 짠다. 요압은 이들에게 성을 공략하라고 명령한다. 요압이 다윗에게 우리아가 죽었음을 알리자 밧세바는 장례를 치르고 곧이어 다윗과 결혼한다. 나단 선지자는 이 죄에 대해 다윗과 대면한다. 시편 32편과 51편에 다윗의 회개가 기록되어 있다.

자신의 용사들의 헌신에 대해 그렇게 세심하게 반응했던 다윗이 어떻게 이럴 수 있는가? 어떻게 자신의 불륜을 숨기기 위해 충성스러운 용사를 죽이라고 명령할 수 있었는가? 베들레헴의 물은 더 이상 다윗의 머릿속에 남아있지 않았다. 그저 욕정과 살인만이 무시무시한 위선과 함께 있을 뿐이었다. 다윗의 죄가 용서받을 수 없는 범죄라고 주장할 수 있다. 확실히 다윗은 우리의 본보기가 될 수 없다. 당연히 우리의 구원자의 표본이라고 볼 수도 없다. 하지만 우리를 향한 자비로, 우리의 상상을 뛰어넘는 헤세드로 주님은 우리의 헌신을 받으실 만한 왕을 보내셨다. 주님 그분 자신이 구원의 왕으로 오신 것이다.

그렇다. 주님은 오셔서 우리의 헌신을 찾으신다. 예수님이 갈릴리와 사마리아 경계를 따라 가시다가 열 명의 나병 환자를 치유하셨을 때 예수님은 그들에게 예루살렘으로 가 제사장에게 보이고 정하다 칭함을 받은 후 사회로 복귀하라고 말씀하셨다. 그들은 여전히 나병 환자였지만 믿음을 가지고 떠났고 가는 동안에 나병이 치유되었다. 사마리아인이었던 한 사람만이 돌아와 예수님 발 아래 엎드려 고마움을 표했다. 예수님은 "열 사람이 다 깨끗함을 받지 아니하였느냐? 그 아홉은 어디 있느냐?"라고 물으셨다. 예수님은 헌신을 찾고 계셨다. 누가복음 17장에 기록된 이 내용은 종의 역할을 묘사하시는 예수님의 말씀에 이어 등장한다. 종은 주인을 위해 밭에서 일하다가 노동을 끝내고 돌아온다. 그다음은? 그의 임무가 끝난 것이 아니다. 종은 주인의 먹을 것을 준비해야 한다. 그리고 결국에는? "너희도 명령받은 것을 다 행한 후에 이르기를 우리는 무익한 종이라. 우리가 하여야 할 일을 한 것뿐이라 할지니라"(눅 17:10).

연결고리가 보이는가? "그 아홉은 어디 있느냐?" 예수님은 나병 환자들에게 나으면 돌아와 감사 인사를 하라고 명하지 않으셨지만 올 것이라 예상하셨다. 예수님은 주님을 위해 일할 때 억지로 하는 순종을 요구하시지 않는다. 억지로 하는 헌신은 있을 수 없다. 예수님이 찾으시는 것은 자발적인 헌신이다. 우리는 베들레헴에서 물을 가져오는 것으로 하나님을 놀라게 해 드려야 한다.

"하나님을 놀라게 한다고요? 목사님 칼뱅주의자 아니신가요? 하나님을 놀라게 할 수는 없어요!" 이렇게 말할지 모르겠다.

하지만 시도는 해볼 수 있지 않은가!

우리 주님이신 예수님은 우리의 베들레헴의 물과 같이 뭔가 더 "특별한" 헌신을 받으시고 하늘에 계신 아버지 앞에 그 헌신을 쏟으신다. 예수님이야말로 우리의 헌신을 받으실 왕이시다.

우리 왕의 헌신

우리는 예수님을 통해 주님의 종으로 오신 분의 헤세드를 볼 수 있다. 그분의 자비는 아버지를 향한 신실한 사랑의 유대감에서 비롯된다. 복음이 주는 가장 큰 깜짝 선물은 예수님이 변치 않는 사랑의 헌신으로 우리를 자신과 연합하게 하신다는 것이다. 그분은 베들레헴에서 물을 떠오기 위해 어둠의 군대를 돌파하는 기름 부은 받은 용사시다. 하지만 예수님이 피 값으로 사신 것은 물이 아니다. 그것은 많은 이들의 죄를 감해 주시기 위해 흘리신 예수님의 피, 곧 갈보리의 피로 채워진 새로운 언약의 잔이다.

헤세드라는 단어가 구약에서 우리가 하나님께 드리는 헌신을 설명하기 위해 쓰이지 않았다는 사실이 놀랍지 않은가? 유대교에서 하시딤(경건한 사람들)은 하나님께 헤세드와 신실한 사랑을 드리는 사람들로 알려져 있다. 하지만 아니다. 이 단어는 우리를 향하신 하나님의 헌신을 의미한다. 하나님의 헤세드는 영원하다!

시편 51편에서 다윗은 부르짖는다. "하나님이여, 주의 인자(헤세드)를 따라 내게 은혜를 베푸시며 주의 많은 긍휼을 따라 내 죄악을 지워 주소서. 나의 죄악을 말갛게 씻으시며 나의 죄를 깨끗이 제하소서"(1-2절). 14절에서 다윗은 좀 더 강력하게 하나님의 헤세드가 가지는 힘을 보여준다. "하나님이여, 나의 구원의 하나님이여. 피 흘린 죄에서 나를 건지소서. 내 혀가 주의 의를 높이 노래하리이다." 여기서 "의"라는 말은 "공의"로 번역하는 것이 맞다. 사람을 죽인 죄에서 나를 구원해 주시면 당신의 공의로움을 노래할 것이다? 어떻게 이런 일이 가능하단 말인가? 이에 대한 답은 우리를 향한 주님의 헌신에서 찾을 수 있다. 주님은 스스로를 우리의 구원자로 보증하셨고 그분의 구원 사역은 언약을 지키시는 그분의 헌신에서 비롯된 공의를 드러낸다! 하나님은 창세 전부터 우리를 사랑하시기로 한 자신의 약속을 지키신다.

C. S. 루이스는 자서전의 제목을 『예기치 못한 기쁨』(*Surprised by Joy*)이라고 붙였다. 다윗은 시편 23편을 헤세드라는 단어를 사용하며 마무리한다. "내 평생에 선하심과 인자하심(헤세드)이 반드시 나를 따르리니 내가 여호와의 집에 영원히 살리로다." 예수님은 베들레헴의 물로 우리를 깜짝 놀라게 하신다. 하나님의 기름 부음을

받은 예수님께 기름을 붓고 새 생명에서 오는 놀라움과 영광스러운 기쁨으로 그분과 함께 만끽하라!

하지만 가장 위대한 깜짝 선물은 우리가 그분께 드리는 헌신의 반응에서 오는 것이 아니다. 그 놀라움은 우리를 향한 하나님의 헌신에서 온다. 우리 마음을 가득 채우는 주님의 자발적인 헌신은 성령님이 우리의 눈을 들어 갈보리를 보게 하실 때 느낄 수 있다. 우리는 그 어떤 찬송도 뛰어넘는 사랑에 반응해야 한다. 우리는 하나님이 먼저, 그리고 영원히 우리를 사랑하시기 때문에 그분을 사랑할 수 있다.

10

구유에 누이신 주님

10. 구유에 누이신 주님

이제 크리스마스 캐롤은 구식이 되어 버렸는가? 찰스 웨슬리가 1739년에 작곡한 "천사 찬송하기를"은 꽤 오랫동안 애창되었지만 20세기 "물병자리의 시대"(the Age of Aquarius: 1960-70년대 히피 문화와 뉴에이지 운동이 성행하던 시대)가 나오기 한참 전의 일이다.

> 달이 일곱 번째 집에 있고
> 목성과 화성이 서로 연합할 때
> 평화가 행성들을 인도하고
> 사랑이 별들을 운행할 것이다
> 물병자리의 시대가 도래했다...[1]

---

1 "Aquarius/Let the Sunshine In," lyrics by James Rado and Gerome Ragni, 1966.

브로드웨이에서 공연한 〈헤어〉(*Hair*)라는 작품에 등장하는 이 "록 풍의 찬송가"는 크게 히트한 정도가 아니었다. 물병자리의 시대에서 "정신의 진정한 자유"를 추구하는 이들에게 "신비로운 수정구의 계시"를 나타내는 신성한 노래가 되었다. 사실 점성술적으로 엉터리인 이 노래는 마약과 비트 이 두 가지의 힘을 빌려야 했겠지만 록, 마약, 섹스는 물병자리 세대가 추구하는 자유의 일부였다. 크리스마스 캐롤처럼 "물병자리"는 조화와 평화의 영원한 왕국을 선포하는 구원의 찬송이었다. 별의 운명을 따르는 세대가 찾는 구원은 동양의 신비주의에서 추구하는 오래된 소망이며 인간 의식의 변화이다.

어떤 근거로 이런 황홀감을 통해 정치적 왕국이 도래할 것이라고 기대하는지는 명확하지 않다. 많은 젊은이들이 탈선하는 것을 막기 위해 관리국이 세상을 멈추게 해야 하는가? 탈선하고 "반항하는" 것은 상상해 보건대 평화의 시기 보다는 무정부 상태의 시대를 낳을 것이다. 1969년 우드스탁 페스티벌(Woodstock festival: 평화와 반전을 외치는 젊은 히피들을 중심으로 미국 뉴욕 우드스탁 인근에서 개최된 축제로서 저항문화의 상징이 되었다)를 본 한 목격자는 약에 취한 군중들의 느린 소 떼처럼 행동하는 것에 충격을 받았다고 전했다. 들판에 서서 음악에 한껏 취해 있는 모습을 보면서 축제 주최 측이 와서 음악 소리를 줄이고 관중들이 마약에 취하는 자유만을 만끽하게 하는 또 다른 사단이 일어나지는 않을지 우려했다.

1960년대 등장한 신좌파는 마약에 의한 환각 체험을 사회 변혁에 이용하는 공식을 고안해냈다. 이러한 새로운 신조는 프로이트와 마르크스주의를 화염병에 끼얹어 모든 심리적, 그리고 사회적 억압을 향해 던졌다. 혁명적 행동이 인간의 성격 구조와 사회 구조 모두를 깨부수는 격이 되었다.

얼마 가지 않아 물병자리의 시대가 좋지 않은 환각 체험임이 드러나기 시작했다. 하지만 막다른 길에 서서 희망을 버리지 않는 사람들은 이에 절박한 심정으로 매료되었다. 오래 전 베들레헴의 큰 별이 점성술사들을 황도대에서 벗어나 아기 구세주를 경배하는 자리로 이끌었다. 60년대 그리고 오늘날에도 여전히 우주 공간의 조화를 추구하기 위해 동양 철학에 의존하는 사람들은 베들레헴의 표적을 놓치고 있다.

"너희가 가서 강보에 싸여 구유에 뉘어 있는 아기를 보리니 이것이 너희에게 표적이니라"(눅 2:12).

우리도 천사가 베들레헴 들판에 있던 목자들에게 전하는 말을 듣는다. 크리스마스 시즌이 되면 쇼핑몰 가득 캐롤이 울린다. "그 지역에 목자들이 밤에 밖에서 자기 양 떼를 지키더니…" 우리 모두 들었지만 누가 귀 기울여 들었는가?

"오늘 다윗의 동네에 너희를 위하여 구주가 나셨으니 곧 그리스도 주시니라." 주님이 구유에 누이셨다! 목자들이 받았을 충격을 상상해 보라. 추운 어느 날 밤 번쩍이는 번개가 한 번의 섬광이 아닌 눈이 멀 듯한 영광으로 목자들을 완전히 에워쌌다. 돌들만 있는 들판에서 목자들은 다른 세상에서 온 사자가 전하는 소식을 들었다.

심장이 죄는 듯한 두려움을 느꼈던 목자들은 곧 참을 수 없는 기쁨을 느끼게 되었다. "모든 이들에게 크나큰 기쁨의 복음이 있으니 구세주 곧 주님이신 그리스도라." 목자들은 양 떼를 지키고 있었지만 이제 그들은 선지자들과 현자들이 몇 세기 동안 기다려 왔던 광경을 목격하게 되었다. 메시아가 탄생하셨다!

어둠에서 빛으로, 충격에서 축복으로, 두려움에서 기쁨으로 바뀌었다. 주님의 군대가 외친다. "지극히 높은 곳에서는 하나님께 영광이요!" 이들의 찬송은 억압의 모든 장벽을 무너뜨리고 교만과 폭력의 모든 어두운 탑들을 파괴할 것이다. 하나님 구속의 새로운 시대가 드디어 도래한 것이다.

하지만 훨씬 더 놀라운 사실이 사자의 말에 담겨 있다. 천국의 표적이 전혀 천국 같지 않다. 천사들의 표적 즉 주님의 탄생의 표적은 다음과 같다. "너희가 가서 강보에 싸여 구유에 뉘어 있는 아기를 보리니"(눅 2:12).

천사들의 주님이 가축의 먹이통인 구유에 계신다고? 이 표적은 그야말로 충격적인 사건이다. 만약 이것이 메시지라면 왜 천사들이 이 소식을 전해야 했는가? 천사들의 군대가 예루살렘이나 로마로 진군했어야 하는 것이 아닌가? 이것이 어떻게 신성한 구원이라고 할 수 있겠는가?

누가는 그리스도가 어떻게 베들레헴에서 탄생하시게 되었는지 공을 들여 기록한다. 가이사가 천하로 다 호적하라는 명을 내렸다. 가이사의 명령으로 다윗 왕족의 혈통은 호적하여 세금을 내야 했다.

다윗의 왕좌를 영원히 세우시겠다던 하나님의 약속은 어찌 된 것인가? 유다의 사자의 탄생이 가이사의 명에 의해 좌지우지될 일인가? 다윗도 하나님의 거룩한 백성의 인구 조사를 하려다가 혹독하게 심판받지 않았던가(삼하 24장)? 가이사가 주의 기름 부으신 자를 호적할 수 있는가? 로마 황제의 리스트에 이렇게 적혀 있어야 한다. "예수 … 다윗의 자손 … 하나님의 아들!"

천사들의 찬송은 하나님의 통치가 비범한 방식으로 실행된다는 것을 천국의 관점으로 보여준다. 오래전 엘리야도 이러한 교훈을 얻은 적이 있다. 하나님을 배신한 이스라엘의 바알 선지자들과 그가 홀로 맞섰을 때 하늘로부터 내려온 불로써 자신의 정당성이 입증되었다(왕상 18장). 하지만 이 승리에 **바로 뒤이어** 절망이 따라왔다. 요망한 이세벨은 여전히 왕비의 자리에 있었고 사람들은 계속 바알을 숭배했다. 엘리야는 광야로 도망쳤고 곧 하나님의 산으로 인도된다. 그곳에서 그는 하나님이 자신의 신성한 임재를 드러내시기 위해 위대한 표징, 즉 불, 바람, 지진으로 나타나지 않으심을 알게 되었다. 대신 하나님은 세미한 소리로 그분의 뜻을 선포하셨다. 천국의 불이 아닌 역사를 주관하심으로 하나님은 바알 숭배를 무너뜨리실 것이다. 엘리사가 엘리야를 이어 선지자가 될 것이며 예후가 왕위를 이을 것이고 시리아 왕 하사엘이 하나님의 심판의 검과 계획의 도구로 세워질 것을 말씀하셨다.

그렇다. 가이사가 호적할 것을 명했지만 그 명령은 하나님의 목적을 이루는 것에 사용되었다. 가이사를 통해 하나님의 섭리에 따라 마리아와 요셉을 다윗의 왕도로 인도하셔서 주님의 말씀이 성취되게 하셨다. "베들레헴 에브라다야… 이스라엘을 다스릴 자가 네게서 내게로 나올 것이라. 그의 근본은 상고에, 영원에 있느니라"(미 5:2).

가이사의 통치 아래 베들레헴에서 그리스도가 나신 충격적인 사건에는 천사들이 찬송한 목적이 숨겨져 있다. 하나님이 심판을 잠시 거두시고 구원 사역을 계속해서 이어 나가실 수 있게 된 것이다. 하나님의 복수의 천사들이 복음의 신비를 전할 수 있다.

주님의 탄생에 얽힌 사건에는 그 이상의 무언가가 존재한다. 주님이 구유에 누이신 것이다. 다윗의 성에서 그분을 받아들일 방이 한 군데도 없었다니 놀랍지 않은가? 하필 모든 곳 중에 왕실의 혈통을 가진 분이 태어나신 곳이 베들레헴이라니! 그리고 하필이면 모든 때 중에 가이사의 칙령에 따라 자신의 혈통을 찾을 수 있는 사람들이 모인 이때라니!

하지만 아니다. 요셉의 절박한 노력과 마리아의 해산을 위해 베들레헴에서 찾을 수 있는 것은 오직 마구간 한구석과 구유뿐이었다. 매우 아이러니하게도 이사야의 예언은 상상을 초월한 방식으로 성취되었다. "소는 그 임자를 알고 나귀는 그 주인의 구유를 알건마는 이스라엘은 알지 못하고 나의 백성은 깨닫지 못하는도다"(사 1:3). 그 주인의 구유! 누가가 사용한 "구유"라는 말이 이사야서의 고대 헬라어 번역판에 쓰였는데 여기서 "주인의"라는 말은 말 그대로 "주님의"라고 번역되었다. "주님의 구유"를 나귀는 아는데 "그분의 백성"은 알지 못하다니! "자기 땅에 오매 자기 백성이 영접하지 아니하였으나"(요 1:11).

구유의 표적은 **목자들**에게 나타났다. 이 사건은 교만한 자들에게는 너무나 충격적이다. 크리스마스 카드에는 오직 목자들만이 천사들과 함께 속해 있다. 예루살렘에서 잠들어 있던 부유한 지도자들 혹은 베들레헴 여관에서 자고 있던 사람들은 목자들을 경멸의 시선으로 바라보았을 것이다. 하나님은 유명 인사가 아닌 이 아무것도 아닌 자들을 선택하셨다. 권능의 천사들이 세상 귀족들을 다 지나치고 들판에 누워있는 이들에게 하늘의 복을 전했다. 구유의 표적만큼이나 하늘의 명령을 받아 주님의 구유로 나아온 자들이 "목자들"이었다는 사실도 놀라운 일이다.

하지만 그들은 **확실하게** 부르심을 받았다. 반쯤 눈이 먼 채로 베들레헴을 향해 고꾸라지듯 달려왔다. 구유에 누이신 사건은 그들의 믿음을 실족하게 할 방해물이 되지 않았다. 그들은 그곳에서 외면당했지만 완전히 버려진 것은 아닌 아기가 강보에 싸여 구유에 누워있음을 발견한다. 마리아는 시중드는 다른 손길 없이 자신의 갓난 아들을 사랑스럽게 닦고 강보로 감쌌다. 이런 마리아의 헌신으로 이 강보도 표적이 되었다. 목자들은 하나님이 선물로 주시고 온 인류가 받은 주님을 구유에서 발견했다.

그 어두운 마구간에서 구유 속에 누이신 주님의 영광을 보았다. 돌로 만든 구유를 비추는 하늘의 빛은 없이 오직 작은 등잔에 마리아의 미소를 비추어 볼 수 있었다.

하지만 목자들은 표적을 가지고 있었고 그리스도를 보았다. 어린 다윗이 비파를 뜯으며 하나님을 찬양했던 들판에서부터 목자들은 다윗이 그의 주님이라고 불렀던 성자 예수님 앞으로 나아와 절했다.

"주 하나님께서 그 조상 다윗의 왕위를 그에게 주시리니 영원히 야곱의 집을 왕으로 다스리실 것이며 그 나라가 무궁하리라"(눅 1:32-33). 목자들이 천사가 자신들에게 전한 소식을 이야기할 때 가브리엘 천사가 전한 말씀이 마리아의 기억 속에 생생하게 떠올랐을 것이다. 마리아는 잊히지도 버림받지도 않았다. 하나님의 약속으로 탄생하신 메시아 … 메시아가 오셨다! 구유 속 지푸라기가 가난하고 낮은 자들을 위해 오신 그분의 영광을 가릴 수 없었다. 다시 한 번 마리아는 교만한 자를 흩으시고 권세 있는 자를 그 위에서 내리치셨으며 비천한 자를 높이시는 구주 되신 하나님 안에서 기뻐할 수 있었다(눅 1:46-55). 예수님은 "어둠과 죽음의 그늘에 앉은 자들에게" 빛을 비추시기 위해 오신 구원의 왕자이시기에 마구간에서 태어나셨다(79절).

그렇다. 구유 안에서 **주님**의 영광이 나타났다. 구유는 다윗의 혈통으로 태어난 것보다 훨씬 더 놀라운 표적이다. 그분은 주의 그리스도이셨다(눅 2:26). 하지만 사실은 그 이상이었다. 주의 사자는 그분을 "그리스도 **주**"라고 불렀다(눅 2:11). 처녀가 잉태하고 아들을 낳으면, "그가 큰 자가 되고 지극히 높으신 이의 이들이라 일컬어질 것"이었다(눅 1:32). 하나님이 보이신 오래된 표적, 깊은 데서 든지 높은 데서 든지 구하라 하신 표적(사 7:11, 14)이 드디어 성취되었다. 구름 속 무지개부터 죽음의 심연에서 요나에게 보이신 표적까지 하나님이 주신 모든 언약의 약속이 구유의 표징을 기다려야 했다. 하나님이 약속하신 구원은 너무 위대하기 때문에 그분 자신이 이를 이루기 위해 오셔야 했다. 다윗은 하나님의 백성을 구하기 위해 블레셋을 쳤지만 그보다 더 위대하신 다윗의 자손이 모든 어둠의 권세를 파하고 죄로부터 그 백성을 구원하셔야 한다. 하나님이 승리하여 "그 머리를 드실 때" 그분의 왕좌로 오르시고 모든 원수, 심지어 죽음까지도 발아래 두시게 될 것이다(시 110편; 고전 15:25-26; 엡 1:19-23).

주님은 천사들보다 훨씬 더 높임을 받으신다. "그가 천사보다 훨씬 뛰어"나다고 말씀은 가르친다(히 1:4). 또한 "아들에 관하여는 하나님이여 주의 보좌는 영영하며"(히 1:8)라고 쓰여 있다.

구유에 누인 아기가 태어난 지 일주일 뒤 성전으로 올라갔을 때 나이 많은 경건한 시므온이 아기를 안고 하나님을 찬송했다. "내 눈이 주의 구원을 보았사오니 … 이방을 비추는 빛이요 주의 백성 이스라엘의 영광이니이다"(눅 2:30, 32).

지성소의 두 그룹 사이에 거하시는 오직 주님만이 그분의 백성 이스라엘의 영광이 되신다. 말씀이 육신을 입고 우리 가운데 장막을 치셨을 때 "우리가 그의 영광을 보니 아버지의 독생자의 영광이요 은혜와 진리가 충만"하였다(요 1:14). 시므온은 과거 성막에 거하던 영광이 드디어 다시 성전에 들어가고 있음을 알았다. 영광의 주님이 오셨기에 영광이 임했다. 세례 요한은 그분의 영광을 선포하기 위해 앞서왔지만 그는 빛이 아니라 이 세상에 오시는 진정한 빛의 증인이 되기 위해 왔다.

구유의 어두움 속에서 진정한 빛이 빛났다. "소를 풀어 놓으며 양이 밟는 곳"(사 7:25)에 주님의 영광의 표적이 있다. 이 표적은 그분이 주님이시기 때문에 그분의 표적이라고 할 수 있다. 그 어떤 천사도 그분을 대신하여 구유에 누울 수 없었다. 그분의 임무는 천군 천사의 능력을 뛰어넘는 일이었다. 순수한 영들이며 창조되었지만 태어나지 않은 그 천사들은 이 패역한 땅에 하늘의 분노를 쏟아지게 하는 것에는 일조할 수 있지만 어두움에 묻힌 베들레헴에 구원을 가져다줄 수는 없었다.

위로부터 오는 영광을 통해서만 모든 천사들이 구유를 구원의 표적으로 나타낼 수 있다. 구유의 표적은 하나님의 사랑의 표적이다. "하나님의 사랑이 우리에게 이렇게 나타난 바 되었으니 하나님이 자기의 독생자를 세상에 보내심은 그로 말미암아 우리를 살리려 하심이라"(요일 4:9).

그리고 구유의 영광은 하나님의 사랑의 영광이다. 맹목적이고 불타오르는 은혜다. 주님 그분 자신이 사랑의 아들이자 태양, 주시는 분이자 선물로 내려오셨다. 만약 천사들에 둘러싸여 베들레헴 들판으로 내려오셨다면 목자, 서기관, 황제 할 것 없이 아무도 그분의 얼굴에 비취는 영광을 견딜 수 없었을 것이다. 거룩한 천사들과 함께 오실 때 산 자와 죽은 자를 심판대에 세우게 될 것이다. 하지만 의로 심판하시기 위해 그렇게 베들레헴으로 오셨다면 그 어떤 죄인도 그분 앞에 설 수 없을 것이다. 천사들의 기쁨은 반역한 세상을 이긴 천국의 엄숙한 승리만을 위한 것이 되었을 것이다. 모든 사람이 죄인이고 하나님의 영광에 이르지 못하기 때문이다.

원통한 사람들은 자신의 죄에 눈이 멀어 예수님이 천사들과 함께 오시지 않았다고 그분을 조롱했다. "하늘의 표적을 보이라"라고 그들은 말했다. "십자가에서 내려와라. 그러면 우리가 믿겠다!" 이런 사람들은 여전히 조롱하며 하나님이 이루실 수 없는 공의를 자신들이 더 잘 구현해 낼 것이라고 자랑한다.

하지만 천사들의 표적은 구유와 십자가의 영광을 가리킨다. 하늘의 높은 영광이 천군 천사와 함께 언덕으로 내려오셨다. 그러나 천사는 목자들에게 훨씬 더 큰 영광으로 나아갈 것을 지시한다. 천사들의 주님이 죄인들을 대신하여 자신을 내주기 위해 오신 것이다. 능력의 하나님이 구유에서 예수님의 이름을 높이셨고 또다시 십자가에서 그분을 영화롭게 하셨다. 하나님 자신, 가장 높으신 분의 아들이 피 흘리심으로 높임을 받으셨다. 그리고 은혜의 영광이 하늘로 들려 올라갔다.

우리 세대는 우주선이 하늘로 솟구쳐 올라가는 것을 목격했다. 그렇게 인류가 하늘로 올라갔지만 아무도 만나지 못했다. 그래서 바깥의 빈 공간에서 내면에 있는 빈 공간으로 눈을 돌려 연금술사와 같은 마음으로 우주와 소통하는 방식을 모색한다.

이러한 탐색은 무의미하다. 어떤 사람이 마약으로 인한 환각이

나 더 위험한 환상에 빠지지 않고 빛나는 천사들에 둘러싸여 있음을 보게 된다고 가정해 보자. 바로 이런 일이 목자들에게 일어났다. 그들은 언덕에서 놀라운 우주적 능력을 경험해서가 아니라 주님이 누워 계신 어두운 구유를 보고 기쁨을 느꼈다.

모든 천사보다 높임을 받으신 그분은 깊고 깊은 곳으로 내려오신 바로 예수님이다. "기쁘다 구주 오셨네!" 우리가 찾으려고 하는 모든 노력은 우리의 손아귀를 빠져나간다. 우리가 그분을 찾기 위해 높은 곳으로 올라간 것이 아니라 그분이 우리를 찾기 위해서 심연을 뚫고 내려오셨다. 실존하시며 살아계신 하나님이 오신 것이다. 천사가 전하는 복음이 당신에게 그분을 만나려면 구유로 나아오라고 부른다. 지금은 어둡지만 새로운 시대의 빛이며 살아있는 인격적인 빛, 바로 예수 그리스도의 빛이 비치게 될 것이다. 당신의 환상에 젖어 이상한 불빛을 켜지 말라. 반항과 환상에서 사랑으로 돌이켜라. "하나님이 세상을 이처럼 사랑하사 독생자를 주셨으니 이는 그를 믿는 자마다 멸망하지 않고 영생을 얻게 하려 하심이라"(요 3:16).

11
예수님이 자유를 설교하시다
(누가복음 4:16-22)

11. 예수님이 자유를 설교하시다
(누가복음 4:16-22)

필라델피아에 있는 인디펜던스 몰(미국 독립 기념관)은 쇼핑몰이 아니다. 이곳은 미국 독립의 역사를 안고 있는 역사적 건물들이 세워져 있는 공원이다. 그 중심에는 리버티 벨(자유의 종) 기념관이 있다. 지금은 더 철저하게 보호되고 있지만 내 어린 시절에는 종 테두리에 새겨져 있는 글귀를 손가락으로 짚어가며 읽을 수 있었다. "그 땅에 있는 모든 주민을 위하여 자유를 공포하라." 이 문장은 레위기 25장 10절 말씀을 인용한 것이다.

최근에 있었던 독립기념일에 우리의 발달을 관장하는 암호의 대략적인 지도, 즉 인간 게놈 프로젝트를 완성했음을 축하했던 일이 떠올랐다. 사설 기자들이 이에 대해 논평하기 시작하면서 이 사건은 매우 큰 이슈가 되었다. 한 편으로 우리의 게놈을 구성하는 수

십억 개의 조합에서 당뇨, 알츠하이머, 혹은 여러 종류의 암의 치료제를 찾을 수 있을 것이라며 열광한다. 반면에 오래전 C. S. 루이스는 화학을 통한 사회 공학이 끼치게 될 위협에 대해 상기시킨 바 있다. 우생학을 통해 우리의 아이들을 설계하고 인류를 재창조해야 하는가? 수십 년 후의 이야기를 담은 『1984』라는 소설에서 엘리트 그룹을 섬기기 위해 체력은 증진되고 뇌는 작아지게 사육된 노예 계층이 등장할 것이라 예측한 바 있다. 이런 일은 아직 현실화되지 않았지만 소설에 나오는 "스피크라이트"(Speakwrite - 말하면 바로 타이핑 해주는 기기)는 음성 인식 장치로 현재 판매되고 있다.

확실히 자유와 결정론에 대한 이슈는 논쟁의 핵심으로 떠올랐다. 예수님은 고향 나사렛 회당에서 자유에 대해 설교하셨다. 예수님의 말씀은 리버티 벨에 새겨져 있는 문구와 연결되어 있다. 당시 예수님이 일어나 말씀을 낭독하실 때 회당은 매우 붐볐을 것이다. 모든 이들이 예수님의 충격적인 가르침을 들었고 그분이 행하신 놀라운 기적들도 목격했다. 그들은 예수님을 단순히 목수이자 같은 목수 직업을 가진 요셉의 아들로 알고 있었다. 예수님의 형제자매가 누구인지도 알았다. 그 좁은 마을에 목수가 많지 않았을 것이다. 어쩌면 예수님이 그들의 의자를 고치거나 주문한 새 탁자를 만들어 줬을지 모른다.

하지만 이제 예수님은 유대 지방에 머물렀던 선생, 즉 랍비로 나타났고 갈릴리 지역에서 가르치고 계셨다. 예수님이 자리에서 일어나 앞으로 가서 이사야서가 적힌 두루마리를 받을 때 많은 사람들이 그분을 쳐다보았다.

예수님은 두루마리를 펼치시고 이사야 61장이 기록된 부분을 낭독하셨다. "주의 성령이 내게 임하셨으니 이는 가난한 자에게 복음을 전하게 하시려고 내게 기름을 부으시고 나를 보내사 포로 된 자에게 자유를, 눈먼 자에게 다시 보게 함을 전파하며 눌린 자를 자유롭게 하고 주의 은혜의 해를 전파하게 하려 하심이라"(눅 4:18-19; 사 61:1-2 참고).

동네 사람들은 예수님을 주목하며 두루마리를 다시 말아 맡은 자에게 건네주고 자리에 앉으실 때까지 기다렸다. 모든 시선이 예수님께 몰렸다. 지금 그들이 무슨 말을 들은 것인가?

"이 글이 오늘 너희 귀에 응하였느니라" 예수님이 말씀하셨다.

예수님은 단순히 가르치시기만 한 것이 아니라 성명을 발표하신 것이다. 예수님은 희년을 선포하셨다. 이사야의 예언은 하나님이 구약 시대의 율법에서 요구하신 자유의 때를 말하고 있다. 이스라엘의 신성한 달력은 일곱째 날을 안식일로 지정하고 있고, 일곱 번째 해를 안식년으로 지정하여 땅이 휴지기를 갖게 한다. 그리고 일곱 번의 안식년이 지나면 희년이 되는 것이다.

50번째 해인 희년의 시작을 알리는 표시로 나팔을 불었다. 빚쟁이의 감옥에 갇혀 있던 가난한 사람에게 이 나팔 소리는 세상에서 가장 달콤한 음악 소리로 들렸을 것이다. 이 나팔 소리는 자유를 의미했다. 그의 감옥 생활이 끝이 났고 이제 빚으로 몰수당했던 고향 땅 이스라엘로 돌아갈 수 있게 되었다. 또한 희년은 노동을 아예 하지 않고 땅에서 저절로 난 소산물을 먹어야 하는 해였다. 이 구속과 회복의 시간은 이스라엘이 가지고 있던 억압의 고리를 끊기 위함이 었다. 모든 빚이 면제되었고 가난한 자들이 자신의 유업을 되찾았 으며 가족들이 다시 상봉했다. 이 율법은 이스라엘에서 빚 운영을 통제하기 위한 장치였다. 희년은 새롭게 시작될 질서를 나타내기 때문이었다(레 25장; 신 15:1-11).

희년은 이 땅이 주님께 속해 있음을 보여준다. 사람들은 주님의 선물을 지키는 청지기로서 그 땅을 소유한다. 이스라엘이 안식년 은 고사하고 안식일마저 지키지 않았을 때 주님은 포로로 끌려가게 하심으로 그들을 심판하셨다. 이제 그 땅은 70년 동안 안식을 취할 수 있게 되었다(대하 36:21).

만약 그 땅이 이스라엘에 맡겨진 유업이었다면 이스라엘은 하 나님의 유업이었다. 희년의 법령은 하나님의 말씀으로 끝맺는다. "이스라엘 자손은 나의 종들이 됨이라. 그들은 내가 애굽 땅에서 인 도하여 낸 내 종이요, 나는 너희의 하나님 여호와이니라"(레 25:55). 하나님은 백성들 중 가난한 자, 갇히고 억압받는 자들을 보살피신 다(신 15:9).

이사야는 하나님의 은혜의 해를 이야기할 때 하나님의 율법에 약속이 담겨 있음을 보이기 위해 희년을 암시하고 있다. 하나님은 해방의 날을 요구하실 뿐 아니라 그날을 맞이하게 해 주실 것을 약 속하신다. 대적들 앞에서 그분의 백성을 능히 지켜주고 인도하며 구속해 줄 이가 없었기 때문에 하나님은 자신이 직접 오셔서 그들을 구원하실 것이라 말씀하신다. 하나님은 구원의 투구를 쓰시고 의의 호심경을 입고 그들을 구원하러 오실 것이다(사 59:15b-17). 하나님을 향한 백성들의 마음이 너무 절박했기에 그분만이 그들을 구원하실 수 있다. 바벨론 포로기에 에스겔 선지자는 골짜기에 널려져 있는 사람들을 보았다. 그들의 상황은 이보다 더 절망적일 수 없었다. 일단 그들은 모두 죽어 있었다. 시체는 부패되고 뼈는 말라 흩어져 있었다. "인자야, 이 뼈들이 다시 살 수 있겠느냐?" 주님이 에스겔에게 물으셨다. "주께서 아시나이다" 선지자는 이렇게 놀라운 답변을 드렸다.

더 나아가, 하나님이 주신 약속은 너무나 위대해서 오직 그분만이 그들을 살리실 수 있었다. 하나님은 회복뿐 아니라 부활을 약속하신다. 에스겔이 예언하자 마른 뼈들이 서로 붙고 살이 입혀졌다. 하나님의 능력은 죽은 자들이 살아나게 하고 성령의 새 삶으로 가득 채울 수 있다. 가장 위대한 약속이 그들에게 주어졌다. 그분이 그들의 하나님이 되실 것이다(레 25:38).

하지만 예수님은 희년의 의미를 율법과 약속의 차원으로 가르치시지 않았다. 예수님의 메시지는 나팔 소리와 같았다. "이 글이 오늘 너희 귀에 응하였느니라." 누가는 예수님의 메시지를 더 풀어 설명할 필요가 없었다. 하나님은 희년을 기념하는 축제의 전조를 요구하셨다. 하나님은 구원과 회복을 가지고 오실 마지막 성대한 희년이 올 것이라 약속하셨다. 그리고 예수님은 자신이 오심으로 그때가 임했다고 말씀하신다. 예수님의 말씀은 나팔 소리처럼 울린다. 하나님의 은혜, 구원하시는 축복, 그분의 왕국의 해가 시온산이 아닌 예수님이 태어나신 나사렛에서 선포된다. 호기심에 찬 나사렛인들은 기적을 보기 원했지만 그들이 들은 말씀이 기적인 것을 알지 못했다. 주님은 그들 중에 함께 하시며 그분의 새로운 질서가 시작되었음을 말씀하셨다.

예수님은 은혜의 말을 전하기 위해 성령으로 충만한 기름 부음 받은 설교자이자 희년의 메신저였다(눅 4:22). 예수님은 권위를 가지고 선포하셨다. 성령으로 잉태되어 처녀의 몸에서 태어나신 예수님은 비둘기의 모습으로 오셔서 머리 위에 거하신 성령으로 기름 부음을 받았다. 성령의 능력을 힘입어 예수님은 구원의 투구를 쓰고 의의 호심경을 장착하여 광야에서 사탄과 맞붙으셨다. 예수님은 다윗 혈통의 그루터기에 난 순이시다. 주님의 성령이 그분과 거하신다. 예수님이 바로 그 기묘자, 모사, 전능하신 하나님, 영존하시는 아버지, 그리고 평강의 왕이시다.

예수님의 이러한 거창한 이름들이 당신의 경험과는 동떨어진 것이라고 느껴지는가? 아니면 헨델의 〈메시아〉를 처음 들었을 때 느꼈던 감동이 삶 속에서 사라져 버렸는가?

그렇다면 나사렛 사람들은 귀담아듣지 않았던 주님의 말씀을 집중해서 들어보라. 예수님은 희년을 선포하실 뿐 아니라 성취하셨다. 예수님이 이사야서가 쓰인 두루마리에서 읽으신 자유는 그분이 당신을 위해서 얻으신 자유다. 예수님은 열정적인 하나님의 종으로서, 또 능력 있는 하나님의 아들로서 이 일을 행하셨다. 예수님은 지혜롭게 이사야서 본문을 다 읽지 않으셨다. "여호와의 은혜의 해와 우리 하나님의 보복의 날을 선포하여 모든 슬픈 자를 위로하되"(사 61:2). 예수님은 심판의 날이 시작될 것임을 말씀하시지 않았다. 세례 요한은 왜 이 부분을 언급하지 않으셨는지 이해할 수 없었다. 후에 세례 요한이 헤롯의 감옥에 갇혔을 때 제자들을 예수님께 보내어 묻는다. "오실 그이가 당신이오니이까, 우리가 다른 이를 기다리오리니까?"(마 11:3). 이 충격적인 질문을 통해 봤을 때 세례 요한은 왜 예수님께서 심판에 대해 밝히지 않으시는지 이해하지 못했던 것이다. 예수님은 귀신을 내쫓고 죽은 자를 살리실 수도 있었는데 왜 헤롯의 악함을 심판하시지 않는 것인가? 세례 요한은 헤롯의 악함을 지적해서 감옥에 갇히게 되었다. 그는 악의 모든 뿌리에 심판의 도끼가 놓여 있다고 전파했다. 그런데 왜 예수님은 그 도끼를 들어 헤롯을 심판하시지 않으시는가? 예수님은 요한의 제자에게 자신이 오실 그분인 것을 나타내시기 위해 기적을 징표로 삼아 보이셨고 요한에게는 실족하지 말라고 말씀하셨다.

나사렛 사람들은 이런 예수님을 불쾌하게 여겼다. 도대체 자신이 누구라고 생각하는가? 우리가 예수님의 온 가족들을 다 알고 있지 않은가? 그가 대체 누구이길래 희년의 도래와 그것을 성취했다고 선언하는가? 희한하게 당신도 그분에 대해 다 안다고 생각하며 그분이 하신 주장을 회피하고 있지는 않은가?

예수님을 당연하게 여기지 말라. 그분은 아직 오지 않으셨지만 반드시 오실 것이다. "죽은 자들 가운데서 다시 살리신 그의 아들이 하늘로부터 강림하실 것 - 이는 장래의 노하심에서 우리를 건지시는 예수시니라"(살전 1:10). 오늘 예수님의 자비가 당신을 기다리고 있다. 그분의 부르심을 무시하지 말라.

예수님의 자비는 기다려 주지만 그분의 구원은 완성되었다. 희생제물의 피가 하나님의 보좌를 나타내는 언약궤의 순금 뚜껑 위 속죄소에 뿌려지는 속죄의 날에 희년의 나팔소리가 울려 퍼졌다.

예수님은 이사야서 61장을 낭독하셨다. 그 예언은 이사야서에 묘사된 고난받는 종이 이룬 역사의 결과를 선포하고 있다(사 53:5-6). "그가 찔림은 우리의 허물 때문이요, 그가 상함은 우리의 죄악 때문이라. 그가 징계를 받으므로 우리는 평화를 누리고 그가 채찍에 맞으므로 우리는 나음을 받았도다. 우리는 다 양 같아서 그릇 행하여 각기 제 길로 갔거늘 여호와께서는 우리 모두의 죄악을 그에게 담당시키셨도다."

예수님은 심판을 하기 위해 오신 것이 아니라 그 심판을 감당하시기 위해 오셨다. 예수님은 우리의 죄를 십자가에 달린 자신의 몸으로 감당하셨다. 우리를 대신하여 겪으신 고통으로 우리는 자유가 되었다. 공의는 이루어졌으며 그분이 권능이 우리를 자유케 한다. 예수님은 나사렛에서 가버나움으로 가실 때 귀신 들린 자를 고쳐 주심으로 이를 나타내셨다. 또한 그곳에서 베드로의 장모의 병을 치유하셨고 그녀는 예수님과 제자들의 저녁 식사를 준비할 수 있게 되었다. 예수님은 사람을 구원하시고 회복시키셨다. 눈먼 자는 보게 하시고 억압받는 자에게는 자유를 선사하셨다. 예수님은 우리도 가난하고 고통받는 자들을 돕는 행위로 자신을 향한 우리의 사랑을 보일 것을 명하신다.

예수님은 구원하시고 회복시키신다. 이 사실이 당신의 삶에서 어떤 의미를 가지고 있는지 조금이라도 이해할 수 있겠는가? 이 모든 것의 비밀은 예수님이 당신 한 사람을 받으셨다는 것이다. 그분은 당신을 위해 세례를 받으셨다. 사실 그분은 죄가 없으셨기 때문에 죄를 씻어냄을 상징하는 세례를 받으실 필요가 없었다. 세례 요한은 예수님에게 세례를 베풀 수 없다고 항변했지만 예수님은 의를 성취하기 위해 세례를 받으셨다. 세례를 받으심으로 예수님은 당신과 하나가 되기로 작정하신 것이다. 이것이 당신에게 어떤 의미를 가지는지 보이는가? 하나님 아버지는 "이는 내 사랑하는 아들이요, 선택받은 자"라고 말씀하셨다. 예수님이 당신과 연합하셨기 때문에 당신은 믿음으로 그분과 하나 될 수 있다. 하나님 아버지는 예수님께 말씀하시듯 당신에게도 똑같이 말씀하신다. 그분은 당신을 "사랑하는 자여"라고 부르신다. 당신은 창세 전에 그리스도 안에서 택하심을 입었다(엡 1:4). 믿는 자는 하나님의 아들과 연합했기 때문에 하나님의 자녀가 된다. 성령 하나님이 당신에게 거하시면서 성부와 성자 하나님의 임재를 인 쳐 주신다.

그러므로 당신은 이제 모든 정죄로부터 자유하다. 주의 성령이 있는 곳에 자유가 있다. 하나님의 교회 공동체에 속하게 되었으며 이 세상에 그분의 증인으로 세워졌다. 이로써 당신을 어둠에서 놀라운 빛으로 이끌어내신 하나님을 찬양하고 높여야 한다.

확실히 당신의 유전자에는 잠재되어 있는 기질이 있다. 하지만 이는 창조주를 모르는 사람에게나 제약으로 작용할 뿐이다. 예수님께 진리인 것이 당신에게도 진리가 된다.

"여호와께서 태에서부터 나를 부르셨고 내 어머니의 복중에서부터 내 이름을 기억하셨으며 … 내게 이르시되 너는 나의 종이요, 내 영광을 네 속에 나타낼 이스라엘이라 하셨느니라"(사 49:1, 3). 그렇다. 이 말씀의 주인공은 예수님이다. 우리의 주님은 하나님의 종이시다. 예수님은 하나님의 영광이 드러나는 진정한 이스라엘이시다. 그리고 당신은 영광을 위해 창조되었고 또 재창조되었다. 그리스도와 연합하면 자신의 부르심 안에서 자유롭게 그분의 영광을 나타낼 수 있다. 이는 완전한 자유를 위한 헌신이다.

기다릴 필요 없다. 아니, 감히 기다리고 있을 수만은 없다. 희년은 도래했고 예수님은 이미 하늘로 올라가신 우리의 주님이시다. 오늘 그분께 부르짖으라. 지금 당장 할 수 있다면 그렇게 하라. 이 땅에서 천국으로부터 오신 예수님의 성령을 음미해 보라.

12

하나님께 버림받은 구주의 외침
(시편 22:1)

12. 하나님께 버림받은 구주의 외침
(시편 22:1)

예수님은 언덕 위 십자가에 못 박혀 외치셨다. "나의 하나님, 나의 하나님, 어찌 나를 버리셨나이까?" 인간의 야만성이 표출되는 감옥 혹은 고문실에서 희생자들은 여전히 소리를 지른다 하지만 십자가에 달리신 예수님은 희생자가 아니었다. 예수님이 십자가에 높이 달리신 것은 온 인류를 그분께로 불러 모으기 위한 목적을 이루기 위함이었다. 예수님이 부르짖으신 것은 못에 박히는 고통 때문도 아니고 가슴을 조여오는 압박 때문도 아닌 영혼의 고통 때문이었다.

하늘에 계신 아버지가 십자가에 못 박힌 예수님을 버리셨다. 하나님은 때때로 죄인들이 반항하고 정욕에 따라 교만하게 행하도록 그냥 내버려 두신다. 그렇게 그들을 버리시는 일도 있다. 환각에 젖은 그들은 어리석게도 자신들이 기쁨을 잃었고 지옥을 얻었다는 사실을 깨닫지 못한다. 하지만 예수님의 외침은 우리를 위해 저주를 담당하신 고통에 의한 것이었다.

심연에서의 외침

고통의 외침

십자가에서의 외침은 심해와 같이 깊은 곳으로부터 비롯된 외침이었다. 시편 22편은 한 사람의 애가를 담은 시편이다. 다윗은 이런 종류의 시편을 많이 썼다. 다윗이 질투에 미친 사울 왕을 피해 광야에 거할 때 그는 주님께 자신을 구해달라고 부르짖었다. 후에 적국에 에워싸였을 때도 다윗은 계속해서 그의 피난처, 방패, 힘 되시는 주님의 임재를 구했다. 그는 주님께서 떠나지도, 버리지도 않으실 것이라고 하신 약속을 붙잡았다. 시편 22편에서 다윗은 자신이 겪고 있는 고난을 토로하는 것으로 시작하여 여호와를 향한 신뢰를 고백하는 것으로 마무리를 짓는다.

다윗이 쓴 목마름, 손발에 못 박힘, 벌거벗음으로 인한 수치, 옷을 제비 뽑는 병사들에 대한 생생한 묘사는 십자가 고난을 예언하는 것임을 알 수 있다. 그의 목마름은 바로 죽음의 실체 그 자체였다.

버림받음으로 인한 외침

왕의 고통을 조롱하던 사람들은 그분의 주장을 비웃었다. 만약 그가 진짜로 하나님이 선택하시고 기뻐하는 사람이라면 하나님이 구원하게 하라고 소리쳤다(시 22:6-8, 마 27:39-44). 그들은 고통받는 예수님을 마치 사나운 황소, 들소, 개 또는 사자 떼처럼 에워쌌다. 십자가에 달린 예수님을 조롱하는 모습에서 우리는 사탄의 악의적 속내를 알아챌 수 있다. 하지만 "그가 남은 구원하였으되 자기는 구원할 수 없도다"라는 비웃음은 복음적 진리이다(마 27:42). 예수님은 다른 이들을 구하러 오셨기 때문에 자기 자신은 구원하실 수 없었다. 예수님이 겟세마네에서 고백하셨듯 다른 길은 없었다.

박해하는 자들이 공격하는 가운데 예수님을 돕는 이가 아무도 없었다. "내가 사랑하는 자와 내 친구들이 내 상처를 멀리하고 내 친척들도 멀리 섰나이다"(시 38:11; 88:8). "예수를 아는 자들과 갈릴리로부터 따라온 여자들도 다 멀리 서서 이 일을 보니라"(눅 23:49). 하지만 예수님의 외침은 친구들의 부재가 아닌 아버지의 부재를 애통해 하는 애가였다. 하늘에서 그를 돕는 분이 사라졌다! 하나님은 자기 백성을 절대 버리지 않으시겠다고 약속하셨다. "너는 내게 부르짖으라 내가 네게 응답하겠고"(렘 33:3). 구원의 권능이 있는 하나님의 오른손은 한 번도 손이 짧아 구원하지 못한 적이 없다(사 59:1). 하지만 이제 그분의 아들은 허망하게 그분을 바라보고 있다.

하나님의 임재로 인한 평안은 사라졌다. 다윗은 "내가 사망의 음침한 골짜기로 다닐지라도 해를 두려워하지 않을 것은 주께서 나와 함께 하심이라. 주의 지팡이와 막대기가 나를 안위하시나이다"

(시 23:4)라고 고백했다. 이제 십자가 위에 하나님께 버림받은 자가 외친다. "왜 나를 버리고 구원하지 않으시나이까?" 예수님은 해가 지고 땅이 진동하는 가운데 구원을 위해 부르짖으셨다.

죄를 지신 분의 외침

십자가에 달리신 예수님의 **고통**은 시편 22편에 잘 묘사되어 있다. 예수님의 죽음의 의미가 이사야서 종의 노래를 통해 예언되었다. 그 종은 "형통하리니 받들어 높이 들려서 지극히 존귀하게" 될 것이다 (사 52:13). 하지만 그다음 구절은 카운터펀치를 날린다. "전에는 그의 모양이 타인보다 상하였고 그의 모습이 사람들보다 상하였으므로…" 영광으로 이 땅의 왕들에게 놀라움과 경이로움을 선사할 존귀한 만왕의 종이 행색이 많이 상하여 인간처럼 보이지 않고 죄를 담당하는 자로 철저히 부서지고 깨어진 모습을 갖고 있다니. 사람들은 그의 상한 모습에 떨며 고개를 돌린다. 하지만 그분의 고통은 육체적인 것에 국한되지 않는다. "그는 실로 우리의 질고를 지고 우리의 슬픔을 당하였거늘 … 그가 찔림은 우리의 허물 때문이요, 그가 상함은 우리의 죄악 때문이라. 그가 징계를 받으므로 우리는 평화를 누리고 그가 채찍에 맞으므로 우리는 나음을 받았도다… 여호와께서는 우리 모두의 죄악을 그에게 담당시키셨도다"(사 53:4-6).

사도 베드로는 자신의 첫 서신에서 이 본문을 다음과 같이 요약한다. "친히 나무에 달려 그 몸으로 우리 죄를 담당하셨으니 이는 우리로 죄에 대하여 죽고 의에 대하여 살게 하려 하심이라. 그가 채찍에 맞음으로 너희는 나음을 얻었나니"(벧전 2:24). 그리스도는 십자가 위에서 우리가 받을 저주를 감당하셨다. 하나님 아버지가 예수님을 버리신 것은 사실 우리의 죄로 인해 우리가 감당해야 하는 아버지와 분리되는 고난을 대신 견딜 아들을 우리에게 선물로 주신 것이다. 십자가 위에서 예수님은 혼자였고 어두운 세력의 입술로 하는 조롱, 사탄의 증오를 표출하는 사악한 입술의 말을 들어야 했다. 하지만 사탄의 승리는 결국 그의 파멸이었다. 갈보리 언덕에서 지불한 대가는 하나님 아들이 치르신 무한한 대가였다. 예수님은 죽어가는 강도에게 "오늘 네가 나와 함께 낙원에 있으리라"라고 말씀하실 수 있었다. 아버지가 아들에게 준 이 엄청난 대가로 예수님이 기도하신 모든 이들이 그분의 죽음으로 구원을 받았다. 예수님의 죽음은 모든 이들을 살리기에 충분했지만 아버지가 허락하신 사람들을 위해 천국 문은 봉인되었다. 예수님은 성경말씀을 성취하시기 위해 유다를 제외한 그 누구도 놓치지 않으셨다.

높은 곳에서의 외침: 신뢰의 외침

절망을 넘어선 질문: 왜?

예수님은 십자가 위에서 우리를 대신하여 견디신 저주의 깊은 곳에서 외치셨다. 그러나 예수님의 외침은 신뢰의 외침이었다. 예수님이 던지신 "**왜**"라는 질문은 자신의 고난과 악의 미스터리를 반영했다. 예수님이 나사로의 무덤에 다가가실 때 나사로의 여동생 마리아가 슬퍼하는 것에 대해 함께 슬퍼하시지 않고 분노하셨다.

이방인들이 예수님을 찾으러 왔을 때 예수님은 자신이 희생되어야 할 때가 가까워 왔음을 알고 계셨다. 십자가의 그림자 안에서 예수님은 자신의 영혼이 고통받고 있다고 부르짖으셨다(요 12:20-27). 하지만 바로 이 순간을 위해 오셨기에 이 시간이 오지 않기를 기도할 수 없었다. 하나님은 자신을 신뢰하는 자들을 버리지 않겠다고 약속하셨다. 하지만 이스라엘은 하나님을 떠났고 언약을 깨뜨렸다. 하나님 역시 그들을 버릴 것이라 말씀하셨다(신 31:16-17). 하지만 십자가에서 하나님은 자신을 절대 버리지 않았던 예수님을 버리셨다. 하나님 아버지의 신비한 뜻으로 지옥이 거룩하신 이의 운명이 되었다. 예수님은 십자가에서 "나의 아버지"라고 외치지 않으시고 "나의 하나님"이라고 부르짖으셨다.

그리스도의 "왜"라는 질문을 기준으로 봤을 때 우리의 "왜"는 얼마나 그에 미치지 못하는가? 우리는 반항하며 "왜?"라고 묻는다. "하나님은 공평하지 않아. 나에게 이런 일이 일어날 수는 없어!" 이렇게 우리는 자존심 상해한다. 하나님이 우리에게 정산하라고 부르실 때 우리는 오히려 하나님께 정산을 요구한다. 이렇게 우리가 갖는 "**왜**"라는 질문은 하나님의 섭리에 대항한다. 우리는 이해하지 못한다. 우리는 이렇게 순수한 마음으로 주님을 섬겼는데 이런 일이 생기다니! 주님은 왜 이러한 고통을 지금 우리에게 허락하신다는 말인가?

당신이 갖고 있는 모든 깜깜한 의심, 고통을 안기는 상상, 억눌린 두려움들을 갈보리로 가지고 오라! "왜"라는 질문을 예수님께 드리고 십자가에게 하시는 말씀에 귀 기울여라!

희망을 넘어선 응답

예수님이 하신 질문 그 자체가 희망을 넘어선 하나님의 응답을 내포하고 있다. "엘로이, 엘로이" 예수님은 외치셨다. 단순한 "하나님"이 아닌 "**나의** 하나님"이었다. 예수님의 십자가 위에서 하나님의 이름에 영광을 돌리셨다. 십자가를 떠올리며 "아버지여, 아버지의 이름을 영광스럽게 하옵소서" 기도하실 때 하나님 아버지가 하늘에서 응답하셨다. "내가 이미 영광스럽게 하였고 또다시 영광스럽게 하리라"(요 12:28).

하나님의 공의가 이루어졌기에 하나님의 이름이 영광 받으셨다. 그리스도의 죽음은 그분이 구원하러 오신 죄인들을 위한 "죽음의 죽음 그리고 지옥의 파멸"[1] 이었다. 죄인인 그들을 대신하여 죽으셨다. 예수님은 죄를 감당하신 분이었다. 하나님의 사랑이 사악함, 교만함, 인간이 짓는 모든 죄를 파하시고 승리하셨다. 하나

---

1 "인도하소서, 오 위대하신 여호와여", William Willams, "Guide Me, O Thou Great Jehovah)," 1745.

님 아버지의 사랑은 어둠 속에서 인간의 성정을 가진 자신의 영원한 아들을 주심으로 대가를 지불하셨다. 이렇게 쉽게 말할 수 있지만 이를 이해하기 위해서는 인간이나 천사의 생각을 뛰어넘어야 한다. 하나님 자신이 하신 맹세를 골고다 언덕에서 지키신 것이다. 아브라함은 제단에서 이삭을 살렸지만 하나님 아버지는 자신의 독자를 살리지 않으셨다. 바위를 쳐서 생명의 샘이 솟아났다. 하나님은 우리를 향한 그분의 사랑을 보이셨고 우리가 아직 죄인일 때 그리스도는 우리를 위해 죽으셨다.

시편 22편의 마지막 구절이 첫 번째 구절에 화답한다. "주께서 이를 행하셨다!(31절)" 하나님이 너무 사랑하셔서 우리에게 주셨다! 이것이 측량할 수 없는 하나님의 마음이다!

13
우리가 부를 만국의 애국가
(시편 96:3)

13. 우리가 부를 만국의 애국가 [1]
(시편 96:3)

"신사 숙녀 여러분, 애국가 제창이 있겠습니다."

새벽녘 대낮같이 환한 경기장의 조명을 받으며 조용히 노래를 부르기 시작하는 한 유명 가수를 카메라가 클로즈업한다. 또 다른 카메라가 약간 당황한 선수들이 차렷 자세를 하며 서 있는 모습을 포착한다. 레드 머신(the Red Machine: 미국 야구 메이저리그 신시내티 레즈)의 야구계 거물들은 씹는 담배 뭉치인지 풍선껌인지를 질겅질

---

1 이 장은 원래 Edmund Clowney가 쓴 "열방 가운데 하나님의 영광을 선 포하라"(Declare His Glory Among the Nations)로 발표되었다. David M. Howard가 편집한 『열방 가운데 하나님의 영광을 선포하라』에서 발췌 했다. ⓒ1977 InterVarsity Christian Fellowship/USA. InterVarsity Press 의 허가 아래 사용됨, P. O. Box 1400. Downers Grove, IL 60515. www. ivpress.com. 본 내용은 1976년 InterVarsity Urbana Conference에서 했 던 설교이다.

경 씹는다. 피트 로즈 (Pete Rose: 미국의 전직 야구 선수 및 감독)가 애국가를 부르는 모습이 잡히고 온 경기장이 환호한다. 애국심에 불타오르기 때문인가? 아니다. 경기가 곧 시작될 것이기 때문이다.

여기서 나는 우리가 부를 만국의 애국가를 소개할 수 있어 영광이라고 생각한다. 아무도 나에게 이 노래를 불러 달라고 하지 않았고, 사실 어떤 이유에서인지 그 어떤 노래도 불러 달라고 요청한 적 없지만 어쨌든 이 국가를 소개해달라는 요청을 받았다. 이는 단순 세계 공산주의의 "인터내셔널가(歌)"(프랑스에서 작곡된 국제 사회주의자 노래로 1944년까지 소련 연방의 국가로 불림)를 말하는 것이 아니다. 새로운 인류의 찬가이다. 언젠가 모든 족속과 방언, 백성, 그리고 나라가 불의 바다 건너편에서 모세와 어린양이 부른 노래를 부르게 될 것이다(계 15:2-3). 하지만 하나님은 우리에게 오늘 이 노래를 부르라고 명하신다. "그의 영광을 백성들 가운데에, 그의 기이한 행적을 만민 가운데서 선포할지어다"(시 96:3).

선교의 애국가는 시대를 초월한 노래 탑10에 드는 것보다 더 의미가 있다. 이것은 하늘에 울리는 영원의 차트 1위 "할렐루야 합창곡"이다. 아마 당신은 "내 모습 그대로"를 부르며 하나님께 왔을 수 있지만 이제 "주 하나님 지으신 모든 세계"를 부르면서 만국으로 나아가라는 보내심을 받았다.

하나님의 영광을 선포한다는 말이 **정확히 무슨 뜻인가?** 시편에서 다루는 두 위대한 주제로부터 우리는 만국 애국가의 1절과 2절을 찾을 수 있다. 하나님이 행하신 일을 찬양하고, 하나님이 누구신지 그분의 존재를 찬양하는 것이다. 만민 가운데 하나님의 영광을 선포한다는 것은 그분의 기이한 행적을 세고(시 96:3) 그분의 이름을 송축하는 것이다(2절).

1절: 하나님의 위대한 행적을 찬양하라!

주님은 왕이시다! 심벌즈가 울리고 온 백성이 하나님의 거룩한 이름을 외친다. 시편 96편은 환호의 시편이다. 고대 바벨론 사람들은 새해 축제의 관례로 자신들의 신 마르둑을 보좌에 앉혔다. 하지만 이스라엘 민족은 영원히 세워질 왕좌에 앉으신 하나님의 이름을 외쳤다. 오직 한 분 살아계신 하나님이 창조의 하나님이시기에 열방의 왕이 되신다. "만국의 모든 신들은 우상들이지만 여호와께서는 하늘을 지으셨음이로다"(5절). 이스라엘은 민족들을 향해 우상 신들에 대한 더 나은 예배를 드리지 말고, 더 나은 신, 실로 유일한 신이신 하나님만 예배할 것을 종용하고 있다.

　　고대 이도교들의 찬가에는 신들이 얼마나 위대한지를 묘사하는 내용으로 가득했다.[2] 많은 신들을 섬기는 인간은 그중 하나를 섬길 때 그럴듯한 설득력을 가지고 그 신에게 집중해야 한다. 이는 마치 많은 아내를 둔 남자가 그가 지금 당장 함께 하고 있는 여인에게

2　Claus Westermann, *The Praise of God in the Psalms* (Richmond, Va.: John Knox, 1965), 38-42.

철석같이 믿을 말한 태도를 가지고 대해야 하는 것과 같다. 하지만 이스라엘의 시편은 서술형의 찬양으로 가득하고 창조의 역사부터 하나님이 **행하신** 모든 일에 영광을 돌린다.

사도 바울은 도시국가인 아테네에서 약간 아래에 위치한 아에로바고의 바위투성이 언덕에 섰다. 바울은 세계에서 가장 아름다운 신전에 드리운 그림자에 서서 "우주와 그 가운데 있는 만물을 지으신 하나님께서는 천지의 주재시니 손으로 지은 전에 계시지 아니하시고…"라고 선포했다(행 17:24). 제우스도 아테나도 아닌 그리스인들의 지혜로는 알 수 없는 하나님만이 세상의 창조주시며 심판주이시다.

"하늘의 하늘도 그를 찬양하며 하늘 위에 있는 물들도 그를 찬양할지어다. 그것들이 여호와의 이름을 찬양함은 그가 명령하시므로 지음을 받았음이로다… 불과 우박과 눈과 안개와 그의 말씀을 따르는 광풍이며 산들과 모든 작은 산과 과수와 모든 백향목이며"(시 148:4-5, 8-9). 자크 쿠스토(Jacques Cousteau: 프랑스의 해군 장교 출신의 해양 탐험가, 다큐멘터리 감독, 환경보호 운동가. 스쿠버 다이빙 장비의 창시자로 유명하다)와 심해로 내려가 하나님의 경이로움을 만끽하고 우주비행사와 함께 하늘로 올라가 우주에서 창세기를 읽어 보라. "여호와 우리 주여 주의 이름이 온 땅에 어찌 그리 아름다운지요. 주의 영광이 하늘을 덮었나이다"(시 8:1).

하나님이 오리온자리, 하마의 허벅지뼈와 악어의 비늘을 생각해 보라고 도전하셨을 때 욥의 불평은 하나님에 대한 경외심으로 변했다(욥 40-41). 하지만 우리는 하나님이 지으신 경이로움을 찾기 위해 망원경이나 현미경을 들여다보거나, 혹은 동물원을 방문할 필요가 없다. 하나님의 형상을 따라 남성 여성으로 지어진 당신을 보면 된다. 모든 은하계의 거대함 앞에서 시편 기자는 "사람이 무엇이기에 주께서 그를 생각하시며"(시 8:4)라고 부르짖었다. 하지만 당신은 이 땅을 정복하라는 부르심을 받았고 더 나아가 당신을 지으신 하나님과 이 땅에서 동행하라는 명을 받았다. 성경이 얼마나 아름답게 인간의 창조를 묘사하고 있는가? 하나님은 그 입술의 생기와 함께 서둘러 그분의 손가락으로 일하셨다. 하나님을 찬양하기 위해 들이마시는 숨은 그분 자신을 위해 당신을 만드신 하나님의 선물이다.

화성의 상륙정이 생명체를 찾아 돌들을 뒤집어 볼 때 우리는 하나님이 주신 숨을 참으며 긴장하지 않아도 된다. 우리는 이 우주에 우리가 혼자가 아님을 알고 있고 화성의 돌 아래 기어다니고 있을지 모르는 그 어떤 것보다 더 나은 동행자와 함께 하고 있다. "여호와가 우리 하나님이신 줄 너희는 알지어다. 그는 우리를 지으신 이요 우리는 그의 것이니"(시 100:3). "오라 우리가 굽혀 경배하며 우리를 지으신 여호와 앞에 무릎을 꿇자"(시 95:6).

찬양은 우리의 의무 그 이상의 의미를 가지고 있다. 찬양은 우리의 **인간됨**을 드러낸다. 에베레스트산을 등정한 사람들은 산이 **거기에** 있었기 때문에 올랐다고 말한다. 그렇다면 우리는 더더욱 하나님, 곧 자신의 형상으로 지으신 인간에게 영광을 드러내시는 하나님이 **거기** 계시기 때문에 그분의 거룩한 산을 올라가야 하지 않겠는가?

시편에 등장하는 하나님은 창조주이자 **통치자**이시다. 시편 기자는 이 세상이 굳게 서고 흔들리지 않으리라고 말하면서 자연과 역사를 주관하시는 하나님의 행적을 찬양하고 있다. 뭇 나라가 떠들어대지만 하나님이 소리를 내시매 땅이 녹았다(시 46:6).

모든 교만한 제국은 하나님의 심판 아래 선다. 제2차 세계 대전이 끝나고 오랜 시간이 지난 후에도 서독의 한 공원에 제1차 세계 대전 기념관이 있었다. 그곳에는 전쟁터에서 부상당한 동지를 들고 있는 두 명의 독일 군인의 모습을 보여주는 동상이 세워져 있었다. 2차 대전 중 치열했던 베를린 전투에서 동상의 밑 부분이 총알 자국투성이가 되었다. 그런데 전투 중에 일어난 더욱 기괴한 사건으로 안 그래도 기괴한 동상이 더 우스꽝스럽게 되었다. 폭탄이 동상의 부상당한 군인의 머리를 날려 버린 것이다. 동상의 두 영웅은 이제 머리도 없는 시체를 끌고 가는 꼴이 되어버렸다. 이 얼마나 히틀러의 악마적 천재성이 독일에 가져다준 파멸을 보여주는 섬뜩한 기념물인가! 모든 세상 제국들이 그러하듯 히틀러의 천년 제국은 전능하신 하나님의 심판 아래 섰다.

하나님은 화살을 꺾으시고(시 76:3), 전차를 불로 태우시며 세상의 왕들을 두려움에 떨게 하신다(시 76:12). 하나님이 공의로 다스리실 때는 무시무시한 존재가 되신다. 그분은 이 땅의 모든 구석구석에서 가난하고 억압받는 자들의 외침을 들으시고 이들을 착취하는 그 어떤 행위도 지나치지 않으신다. "원수 갚는 것이 내게 있으니 내가 갚으리라고 주께서 말씀하시니라"(롬 12:19; 신 32:35). 하나님의 공의가 지연된다고 아예 없어지는 것이 아니다. 하나님은 심판하러 이 땅에 오실 것이다. 최후의 심판은 특권층을 보호하기 위한 군사 재판도 아니고 혁명적 복수를 위한 인민재판도 아니다. 이 마지막 심판은 열방의 의로운 왕이 소집하는 것이다.

장차 다가올 심판자의 영광을 선포하라. 악한 것들에 대한 하나님의 분노의 폭풍 구름으로부터 열방을 위한 하나님의 노래가 우레와 같이 울려 퍼진다. 사도 바울은 아테네의 우상 숭배자들에게 심판의 날을 설파했다. 오늘날 선교의 메신저들은 하나님의 의로우심을 예언하고 모든 나라에 회개를 촉구해야 한다.

하지만 선교의 애국가가 열방을 하나님의 심판으로 모으는 하나님의 강한 나팔 소리에 의해서만 연주되는 것인가? 그렇지 않다. 시편 기자들은 하나님을 열방의 왕일 뿐 아니라 구주로 그 이름을 높인다. "여호와께 노래하여 그의 이름을 송축하며 그의 구원을 날마다 전파할지어다"(시 96:2). 만약 하나님이 분노로만 오셨다면 그 누가 그분의 거룩함 앞에 설 수 있겠는가? 다른 이들의 죄에 대해서는 하늘에서 불이 떨어지게 해달라고 구하지만 정작 나 자신의 죄가 심판받을 때 어떻게 피할 수 있을 것인가?

하나님을 찬양하라. 영광의 구름이 자비로 빛난다. 광야에서 불타지 않는 떨기나무 속 가득한 불의 영광이, 또 그 불에서부터 모세를 불러 채찍 아래 신음하는 그의 민족을 구원하시겠다 약속하신

"스스로 있는" 하나님의 구원 역사의 영광을 선포하라.

그분의 영광을 선포하라. 시편 기자들은 애굽에서 보이신 하나님의 능력을 찬양하며 홍해 가에서 모세가 부른 노래로 소리 높여 불렀다. "내가 여호와를 찬송하리니 그는 높고 영화로우심이요 말과 그 탄 자를 바다에 던지셨음이로다. 여호와는 나의 힘이요 노래시며 나의 구원이시로다"(출 15:1-2).

이스라엘이 부를 수 있는 얼마나 큰 영광이었는가! 홍해를 등지고 바로의 공격부대 전차가 몰려올 때 이스라엘은 하나님의 영광의 구름이 어둠과 불의 장벽이 되어 적들을 지체시키고 구름 기둥이 갈라진 홍해를 통해 그들을 인도하시는 것을 목격했다(시 77-78; 105-106). 또한 시편에는 하나님이 광야에서 목자처럼 양 떼를 인도하시고 하늘의 떡을 먹이시고 바위 틈에서 나오는 물로 그들의 목마름을 채우신 기이한 행적에 대한 찬양도 담겨 있다(시 78; 105-106; 느 9:17). 창조주가 구원의 주님 되신다.

하나님의 영광의 구름이 이스라엘 민족을 노예 신분으로부터 해방시켜 주신 것만이 아니다. 하나님은 그들이 다시 그분 품 안으로 돌아올 수 있도록 그들을 인도해 내셨다. 시내산에서 하나님은 말씀하셨다. "내가 어떻게 독수리 날개로 너희를 업어 내게로 인도하였음을 너희가 보았느니라"(출 19:4).

"내게로 인도하였다!" 하나님은 영광 중에 시내산으로 내려오셔서 구원받은 이스라엘 민족과의 언약을 확립하고 율법에 관한 말씀을 주셨다. 모세의 중재로 하나님은 이스라엘에게 율법과 성소를 주셨다. 모세의 얼굴에 비춘 영광에 백성들의 눈이 부셨고 그 영광이 성소를 가득 매웠다. 하나님이 그분의 백성 중에 거하러 내려오셨기 때문이다.

하나님의 출애굽 구원은 승리의 진입으로 이어졌다. 하나님의 영광이 이스라엘 민족을 약속의 땅으로, 또 거룩한 산언덕으로 이끌었다. 그곳 시온에서 하나님의 영광이 지성소에 가득했다. 이것이 시편 96편에서 그리는 그림이다. 역대기 작가는 언약궤가 예루살렘으로 돌아왔을 때 다윗 왕이 정립한 찬양의 섬김을 기록한 시편을 인용한다(대상 16:23-33).

"하나님께서 즐거운 함성 중에 올라가심이여. 여호와께서 나팔 소리 중에 올라가시도다"(시 47:5). "문들아 너희 머리를 들지어다. 영원한 문들아 들릴지어다. 영광의 왕이 들어가시리로다" (시 24:9).

구원의 하나님은 시온의 왕이시다. 거룩한 산에서 그분을 경배하라고 열방을 불러 모으는 나팔 소리가 울린다. 이스라엘의 찬양의 함성은 바다의 섬들에게까지 메아리친다.

하나님의 영광은 잠시 동안 시온에 머물렀다. 솔로몬의 성전이 영광으로 가득 찼다. 모든 왕과 스바의 여왕이 예루살렘으로 찾아와 하나님의 기름부음 받은 자의 지혜를 듣고 하나님이 선택한 백성에게 부어 주신 복을 목도했다(왕상 4:34; 10:6-9).

그러나 솔로몬은 지혜로운 자에서 어리석은 자로 변했고 왕국은 곧 분열되었으며 하나님의 축복은 심판으로 바뀌었다. 영광의 구름이 머물렀던 하나님의 전에 이방인들이 침입하여 성전의 백향

목에 불을 붙여 나는 연기로 가득했다.

그렇다면 시편 96편은 처참하게 무너진 성전의 불타고 남은 잔해에서 발견된 고대 찬송가의 일부일 뿐인가? 그렇지 않다. 시편 96편은 하나님의 말씀이며 그분은 아브라함과 열방과 맺은 약속을 기억하시는 구원의 하나님이시다. 시편 96편은 **새로운** 노래이다. 과거에 하나님이 행하셨던 위대한 행적이 미래에 있을 그분의 위대한 구원으로 성취될 것이다.

이사야는 모세의 노래를 빌어 두 번째 출애굽을 찬양한다. "주 여호와는 나의 힘이시며 나의 노래시며 나의 구원이심이라"(사 12:2; 출 15:2). 하지만 예루살렘이 폐허가 되고 하나님의 백성이 온 나라들로 흩어진다면 무슨 영광의 희망이 남아있을 수 있는가? 에스겔은 하나님의 영광이 성전에서 떠나는 것을 보았고 하나님의 백성이 죽어 부패하여 마른 뼈가 흩어져 있는 골짜기를 본다. "인자야, 이 뼈들이 능히 살 수 있겠느냐?"(겔 37:3).

오직 한 분만이 죽음에서 생명으로 불러내고 폐허에서 영광으로 되돌릴 수 있다. 하나님이 직접 성령의 능력과 놀라운 임재로 오셔야 한다. 인간의 역경은 다른 어떤 구원자도 어찌할 수 없이 너무나 절망적이지만 하나님 자신이 주신 약속만이 구원해 내시기에 차고 넘치는 능력을 가지고 있다.

이 새 노래는 대림절을 기리는 찬송이다. "너희는 광야에서 여호와의 길을 예비하라. 사막에서 우리 하나님의 대로를 평탄하게 하라… 여호와의 영광이 나타나고 모든 육체가 그것을 보리라"(사

40:3, 5).

　신비 중의 신비로 하나님은 포획자에게 사로잡힌 백성을 구하려 오실 뿐 아니라 죄로부터 그들을 구하러 오실 것이다. 하나님은 영광의 왕으로 뿐 아니라 우리의 의 되시는 주님으로 오실 것이다(렘 33:16). 그분은 우리의 대적을 밟으실 뿐 아니라 "우리의 죄악을 발로 밟으시고 우리의 모든 죄를 깊은 바다에 던지시리이다"(미 7:19).

　주님이, 그 종이 오실 것이다. 그분은 공의로운 가지이고(렘 33:15), 다윗의 자손이며 하나님의 오른쪽에 앉아 계신 분이고(시 110:1) 이새의 뿌리시다. "열방이 그에게로 돌아오리니"(사 11:10). 하나님의 심판으로 이스라엘의 자랑거리 백향목이 잘려 나갈 때에도 그의 백성을 완전히 멸망시키지 않으신다. 그렇다. 남은 자들이 있다. 쓰러진 나무 그루터기에 작은 새 순이 올라온다. 이것이 예언의 크리스마스 나무다. 하나님의 순, 하나님의 가지는 산 위에 거대한 깃대로 자라나 열방이 그곳으로 모이게 될 것이다.

　다윗의 뿌리에서 난 이 순은 주님이 보내신 메시아다. 그분을 통해 그리고 그분께 열방이 모인다. 하지만 하나님의 구원이 가진 신비는 메시아의 행적에 드러난다. 그분의 백성을 구원하시기 위해 하나님은 빽빽한 구름 같은 그들의 죄악을 걷어 내셔야 한다(사 44:22). 세상의 왕들은 하나님의 종의 얼굴을 보고 깜짝 놀란다. 찢기고 상처투성이인 그분은 고통으로 인한 괴로움에 더 이상 인간의 형상이 아니었다(사 52:14). 그분은 마른 땅에서 돋아난 순처럼 경멸 받았다. 하지만 "그는 실로 우리의 질고를 지고 우리의 슬픔을 당하였거늘… 그가 찔림은 우리의 허물 때문이요, 그가 상함은 우리의 죄악 때문이라… 그의 영혼을 속건 제물로 드리기에 이르면… 그가 자기 영혼을 버려 사망에 이르게 하며 범죄자 중 하나로 헤아림을 받았음이니라. 그러나 그가 많은 사람의 죄를 담당하며 범죄자들을 위하여 기도하였느니라"(사 53:4-5, 10, 12).

이제 우리는 열방 위로 높이 들린 깃발처럼 들어 올려진 그분을 볼 수 있다. 그분은 십자가에 못 박혀 높이 들렸다. 예수님이 말씀하셨다. "내가 땅에서 들리면 모든 사람을 내게로 이끌겠노라"(요 12:32). 사도 요한은 이에 대해 "이렇게 말씀하심은 자기가 어떠한 죽음으로 죽을 것을 보이심이러라"라고 설명한다(33절).

"그의 영광을 열방 가운데 선포하라." 열방이 듣게 될 기이한 행적은 무엇인가? 그것은 바로 영광의 하나님, 열방의 왕이 우리를 구원하기 위해 오셨다는 것이다. 주님은 종으로 오셨다. 천국의 영광이 베들레헴 들판에 드리운 어둠을 몰아냈다. 한 천사가 알리길, "오늘 다윗의 동네에 너희를 위하여 구주가 나셨으니 곧 그리스도 주시니라"(눅 2:11). 하지만 열방이 아닌 목자들이 그 영광을 보았고 그들이 받은 표적은 말구유에 누워 있는 한 아기였다!

하나님이 예수 그리스도로 오신 신비 이상으로 우리의 말문을 막히게 할 수 있는 기이함이 있겠는가! 그렇다. 예수님이 오셨기에 영광이 임했다. "일어나라, 빛을 발하라. 이는 네 빛이 이르렀고 여호와의 영광이 네 위에 임하였음이니라… 나라들은 네 빛으로, 왕들은 비치는 네 광명으로 나아오리라"(사 60:1-3). 동방 박사들이 별을 따라 동쪽에서 찾아와 예수님께 경배 드렸고 늙은 시므온은 아기 예수님을 안고 구원을 주신 하나님을 송축했다. "이는 만민 앞에 예비하신 것이요. 이방을 비추는 빛이요, 주의 백성 이스라엘의 영광이니이다"(눅 2:31-32).

확실히 세례 요한과 예수님은 하나님 나라에 대해 전하러 왔다. 왕의 시편과 이사야가 선포한 복음을 인용한 오실 왕 하나님에 대한 메시지였다. 시편에서 찬양한 왕이신 하나님의 위대한 행적은 백성 가운에 계신 영광의 주님이 행하신 일이다. 주린 자들을 먹이시고 앉은뱅이로 걷게 하시고 눈먼 자를 보게 하시며 귀먹은 자들을 듣게 하셨다. 예수님은 바다의 물결을 잠재우시고(시 65:7), 죽은 자를 말씀으로 살리시며, 진정한 목자로 남은 무리를 모으신다(겔 34:11).

하지만 예수님은 하나님의 공의의 심판만을 가져오시는 것이 아니었다. 그래서 세례 요한은 감옥 안에서 번민하며 예수님께 제자들을 보내어 질문했다. "오실 그이가 당신이오니이까?"(눅 7:19) 과연 이분이 상급이 그에게 있고 보응이 그의 앞에 있는 주님이신가?(사 40:10)

세례 요한이 예수님으로 말미암아 실족하지 않는다면 그에게 복이다(눅 7:23). 그리스도는 심판하러 오신 것이 아니라 오히려 심판을 감당하러 오셨다. 시편에 실린 찬양의 노래는 대부분의 경우 고통받는 자가 심연에서 자신을 구해 주신 하나님께 감사하는 내용을 담고 있다. 예수 그리스도는 왕족의 혈통에서 난 고통 받는 자로 분노의 잔을 마시면서 버림받았음에 외쳤지만 아버지의 우편으로 올라가시며 부활 승리를 노래했다. 고통받는 구주는 십자가에 달려 자신의 뼈를 다 셀 수 있을 정도로 괴로웠지만 승리하신 후 아버지의 모든 복을 셀 수 있게 될 것이다. 고통의 시편인 22편은 다윗은 감사의 맹세를 말한다. "회중 가운데에서 주를 찬송하리이다" (시 22:22; 히 2:12에서 인용).

"지극히 높은 곳에서는 하나님께 영광이요"라고 천사들은 그리스도의 탄생을 찬양했지만 마구간에서 왔다가 돌아간 이들은 목자들이었다. "자기들에게 이르던 바와 같이 듣고 본 그 모든 것으로 인하여 하나님께 영광을 돌리고 찬송하며 돌아가니라"(눅 2:20).

새 노래, 하나님의 선교의 애국가는 우리의 노래이다. 거룩한 천사가 아닌 구원 받은 죄인들이 이 땅에서 부르는 노래이며 예수님과 함께 부르는 노래이다. 그렇다. 이제 그리스도는 이방인들 가운데 선교의 승리를 노래하신다. "내가 말하노니 그리스도께서 하나님의 진실하심을 위하여 할례의 추종자가 되셨으니 이는 조상들에게 주신 약속들을 견고하게 하시고, 이방인들도 그 긍휼하심으로 말미암아 하나님께 영광을 올리게 하려 하심이라. 기록된 바 그러므로 내가 열방 중에서 주께 감사하고 주의 이름을 찬송하리로다 함과 같으니라"(롬 15:8-9).

우리가 열방 중에서 하나님의 영광을 찬양할 때 예수님과 함께 노래하는 것이다. 이방인들이 한마음과 한 입으로 하나님 곧 주 예수 그리스도의 아버지께 영광을 돌린다는 소식을 듣고 사도 바울은

얼마나 짜릿했겠는가!(롬 15:6)

하나님의 제단에서 이방인들을 분리하고 가로막고 있던 휘장이 찢겨 갈라졌다. 멀리 있던 이방인들은 이제 가까이 나아올 수 있게 되고 자신의 몸을 하나님이 기뻐하시는 영적 제사로 드리게 되었다(롬 12:1-2). 모세가 부른 노래는 어린 양의 노래가 되었고 더이상 외인도 나그네도 아닌 성도들과 동일한 신자가 되어 이스라엘 연방과 하나님의 권속이 된 모든 구원받은 자들이 부르는 만국의 애국가가 되었다(엡 2:11-22). 다만 이제 우리가 찬양의 축제를 벌여야 할 곳은 불과 연기가 가득한 시내산도 아니고 솔로몬의 성전이 있었던 시온산도 아니다. 이제 우리는 성도들과 천사들이 모여 있고 하늘의 속죄소에 자신의 피를 뿌리신 예수님이 계신 하늘의 시온에서 찬양해야 한다.

우리 세대는 지구에 대한 새로운 관점을 가지게 되었다. 달에서 찍은 지구의 아름다움, 구름으로 뒤덮인 영롱한 지구를 보았다. 그리스도의 교회도 열방에 대한 새로운 관점을 가져야 한다. 하지만 이는 달에서의 관점이 아닌 예수님의 인도 하에 구원의 노래를 부르는 성도들이 있는 하늘에서의 관점이어야 한다.

2절: 하나님의 영광스러운 이름을 찬양하라!

우리는 하나님의 기이한 행적을 세며(시 96:3) 그분의 이름을 송축함으로 열방 가운데 그분의 영광을 선포한다. "여호와께 노래하여 그의 이름을 송축하며 그의 구원을 날마다 전파할지어다"(2절). 하나님의 기이한 구원 행적을 찬양하는 것은 언제나 구원자로서의 그분의 이름을 찬양하는 것을 의미한다. "예수"라는 이름 자체도 구원자 되신 하나님을 송축한다. 예수님은 "기묘자라, 모사라, 전능하신 하나님이라, 영존하시는 아버지라, 평강의 왕"이시다(사 9:6). 예수님은 우리에게 "이름이 거룩히 여김을 받으시오며"라고 기도할 것을 가르치셨다. 그분은 이 기도가 우리의 노래가 될 수 있도록 생명의 피를 쏟으셨다. 우리는 예수님 안에서 우리의 이름이 된 거룩한 이름의 영광을 선포한다. 당신이 당신의 이름이 아닌 하나님의 이름, 즉 성부, 성자, 성령의 이름으로 세례를 받았다는 점을 잊지 말라.

하나님의 이름만으로 당신 마음이 기쁘고 입술에 찬양이 흘러나오는가? 예루살렘에서 예수님이 제사장들에게 정결해졌음을 보이라고 보내신 10명의 나병 환자들을 기억하는가? 여전히 나병이 낫지 않았지만 그들은 순종했고 긴 여정을 떠났다. 만약 나병이 낫지 않은 상태로 성전에 가까이 나아갔다면 어떤 일이 벌어졌겠는가? 하지만 성전으로 걸어가던 중 그들은 나음을 입었다. 그리고 그중의 한 명이었던 사마리아인은 길에서 돌아서 하나님께 영광을 돌리며 돌투성이 길을 따라 예수님께 달려갔다. 그는 예수님의 발 앞에 엎드려 구주이신 예수님께 감사를 드렸다. 예수님이 말씀하셨다. "열 사람이 다 깨끗함을 받지 아니하였느냐? 그 아홉은 어디 있느냐?"(눅 17:17).

"그 아홉이 어디 있냐고 말씀하셨습니까? 아니, 예수님, 그들은 예루살렘으로 가고 있습니다. 당신께서 가라고 하신 곳, 제사장에게 정결하다 칭함을 받으러 가고 있습니다. 다시 돌아오라는 말씀은 하지 않으셨지 않습니까? 그들은 주어진 임무를 수행 중입니다!"

임무? 그렇다. 하지만 구원의 기쁨과 하나님의 이름을 찬양하는 것이 빠진 순종이 있을 수 있을까? 바리새인의 저녁 식사에 초대받지 않은 한 죄 많은 여인이 들어와 예수님의 발을 눈물로 닦았다 (마 26:6-13). 베다니의 마리아는 매우 비싼 순전한 나드 한 근을 예수님의 발에 부어 자신의 헌신을 나타냈다(요 12:1-8).

하나님께 영광을 돌리자! 한때 심문관 사울이었던 사도 바울은 분노에 차 그리스도인을 핍박하러 가던 중에 주님의 영광에 의해 멈춰 섰다. 바울은 구주의 입에서 예수의 이름을 들었다. 그 후 바울은 하나님의 놀라운 은혜로 인해 기쁨을 누렸다. 구원하시는 하나님의 주권적 의지가 가지고 있는 심오한 깊이를 묵상하며 그는 이렇게 외쳤다. "이는 만물이 주에게서 나오고 주로 말미암고 주에게로 돌아감이라. 그에게 영광이 세세에 있을지어다. 아멘"(롬 11:36).

그의 이름을 찬양하라. 우리는 찬양의 전도를 하기 위해 부름받았다. 구원은 주님의 손에 있다! 이 찬양이 죽으면 열방을 향해 부를 노래가 없어진다. 열방은 옛날 선교사들의 식민주의 사상에 기반하여 가르치는 노래를 원하지 않으며 혁명 폭력을 외치는 노래를 배우는 데 우리의 도움을 필요로 하지 않는다. 하지만 하나님의 백성이 그분을 향한 찬양을 부를 때 열방이 귀 기울일 것이다.

그분의 이름을 찬양하라. 우리의 하나님은 그 지혜로 영광스러운 분이시다. 세상의 왕들이 솔로몬에게 지혜를 배우러 왔지만 그보다 더 위대하신 이가 여기 계시다. 바로 예수 그리스도시다! 변화산 위 영광의 구름 속에서 제자들은 성부 하나님의 말씀을 들었다. "이는 나의 아들 곧 택함을 받은 자니 너희는 그의 말을 들으라"(눅 9:35). 예수님은 말씀하셨다. "나의 멍에를 메고 내게 배우라"(마 11:29). "너희가 나를 사랑하면 나의 계명을 지키리라"(요 14:15). 예수님이 하신 말씀은 그 말씀을 들은 자들에 의해 다시 확증되었다(히 2:3). 우리는 "거룩한 선지자들이 예언한 말씀과 주되신 구주께서 너희의 사도들로 말미암아 명하신 것"을 기억해야 한다(벧후 3:2).

그분의 이름을 선포하기 위해서 우리는 그분의 말씀을 배워야 한다. 열방은 진짜 예수님, 곧 성경에 나타난 예수님에 대해 들어야 한다. 하나님은 그 아들을 통해 우리에게 말씀하시고 들으라 명하신다. 우리는 하나님의 이름과 하나님의 말씀 **위에** 설 수 없다. 참으로 그분의 이름은 그 말씀 안에 있다. 하나님은 자신을 우리에게 계시하시기 위해 말씀하시기 때문이다. 하나님의 이름이 가진 신비는 말씀 안에 투영되어 있다. 이것이 얼마나 우리의 한계를 넘어서는 일인가! 하지만 그제야 비로소 파도처럼 쌓이는 신성한 지혜 위에서 드리는 찬양과 함께 높이 들려지는 것이 어떤 의미인지를 바울처럼 알게 될 수 있을 것이다.

우리는 모든 것을 의미하는 것 같지만 사실은 아무 의미도 없는 주문을 외우듯 열방에 선포하면 안 된다. 우리는 하나님의 진리의 보화, 모든 하나님의 뜻, 지혜와 지식의 모든 보화가 감추어져 있는 예수님의 영광을 선포해야 한다(골 2:3).

그분의 이름을 찬양하라! 우리는 하나님의 능력의 영광을 찬양한다. 하나님의 이름은 우리의 왕 되신 예수 그리스도의 장엄함 속에 거룩히 여김을 받으신다.

영광의 왕은 누구인가? 그분은 호산나의 외침 속에서 종려나무 가지를 밟고 예루살렘으로 들어가셔서 결국 죽기 위해 갈보리 언덕을 오르셨다. 하지만 예수님은 또 다른 언덕을 오르셨다. "문들아 너희 머리를 들지어다. 영원한 문들아 들릴지어다. 영광의 왕이 들어가시리로다"(시 24:9). 전쟁에 능하신 주님이 어둠의 세력들을 이기시고 아버지의 보좌로 올라가신다. 성부의 영광의 밝은 빛이신 성자는 "하늘과 땅의 모든 권세를 내게 주셨으니 그러므로 너희는 가서 모든 민족을 제자로 삼아"라고 말씀하신다(마 28:18-19).

그리스도의 하늘 영광은 단순히 능력의 저장고, 혹은 열방을 제자 삼기 위해 사용할 수 있는 에너지원으로 끝나지 않는다. 결코 그렇지 않다. 그리스도의 영광은 그들이 그리스도의 주권을 인정하는 것이다. 만약 우리가 그분의 이름을 찬양하지 않는다면 우리는 복음을 가르친다고 할 수 없다. 우리는 성부, 성자 성령의 이름으로 예수 그리스도를 주라 시인하는 자들에게 세례를 베푼다. 그리스도는 이제 역사를 다스리고 교회의 심판주로서 하늘의 등잔 사이를 거니신다. 우리가 전해야 할 복음은 "그리스도의 영광의 광채가 비치지 못하게 함이니 그리스도는 하나님의 형상"이라는 복음이다 (고후 4:4).

이상하게 들릴 수도 있지만 우리는 정복하는 영웅들의 모습이 아닌 섬기는 노예들의 모습으로 그분의 영광스러운 이름을 선포해야 한다. 가끔은 야고보와 요한처럼 그리스도의 오른 편에 앉아 있는 왕자가 되는 상상을 하기도 한다. 그만큼은 아니더라도 그리스도의 왕국에서 로즈 볼(Rose Bowl: 미국 최고 전통의 대학 미식축구 대회) 퍼레이드의 진행 요원으로 행진하는 모습을 떠올릴 수도 있다. 만약 당신이 이런 생각을 하고 있다면 퍼레이드를 하는 것은 맞지만 잘못된 장소에서 하는 꼴이다. 예수 그리스도의 노예를 자처했던 바울은 그리스도의 승리의 전차를 타고 있는 것이 아닌 승리한 왕이 탄 전차에 묶인 포로의 대장인 것처럼 자신의 사역에 임했다 (고후 2:14). 우리는 그리스도의 영광스러운 이름이라는 보물을 질그릇에 담는다. 사방으로 우겨쌈을 당하고, 답답한 일을 당하고, 박해를 받아도, 거꾸러뜨림을 받아도 바울은 항상 죽어가는 예수님의 몸을 짊어졌다. 자신도 예수님과 함께 다시 살 것을 알았기 때문이다(4:8-14). 그는 세상 사람들의 구경거리가 되었고 쓰레기로 여겨졌다. 하지만 당신의 **자리**는 어디인가? 바울은 이렇게 썼다. "그러므로 내가 너희에게 권하노니 너희는 나를 본받는 자가 되라"(고전 4:16).

그렇다. 예수의 이름, 영광의 왕이 십자가에 못 박혔다. 그분의 이름은 지혜와 권능으로 영광스러우며 사랑으로 영화롭게 된다.

하나님의 지혜는 인간에게 어리석음이고 하나님의 능력은 인간에게 약함이며 하나님의 사랑은 인간에게 모욕이다. 하지만 우리는 열방 앞에 하나님의 사랑의 이름을 담당한다.

십자가의 그림자에서 그리스도의 영혼은 고통받았다. "무슨 말을 하리요. 아버지여 나를 구원하여 이때를 면하게 하여 주옵소서"(요 12:27a). 이것이 바로 괴로워하던 시편 기자의 기도였고 구원을 위해 주님께 기름부음 받은 자의 외침이었다. "그러나 내가 이를 위하여 이때에 왔나이다"(27절b). 예수님은 많은 이들의 생명의 값을 치르기 위해 자신의 생명을 내어 주신 제사장이자 희생 제물이셨다. 더 이상 무슨 말이 필요한가? "아버지의 이름을 영광스럽게 하옵소서"(28절) 이렇게 기도할 수밖에 없으셨다. 제자들에게 "주의 이름이 거룩히 여김을 받으시오며"라고 기도할 것을 가르치신 예수님은 십자가 위에서 아버지의 이름이 거룩히 여김을 받으시기를 기도하신다. 하늘의 아버지는 "내가 이미 영광스럽게 하였고 또다시 영광스럽게 하리라"라고 응답하셨다(28절). 이제 아버지는 어떻게 자신의 이름을 영광스럽게 하실 것인가?

천사 군단의 영광으로 그리하실 것인가? 아니면 산 위의 빽빽한 구름으로? 아니다. 성부는 성자를 골고다에서 나무에 달아 높임으로 자신의 이름을 영광스럽게 하셨다.

이는 어떤 영광인가? 벌거벗음으로 인한 수치심, 고문당할 때의 괴로움, 조롱의 쓴 포도주, 버림받았음에서 느끼는 파멸. 택함 받은 아들이 "나의 하나님, 나의 하나님. 어찌하여 나를 버리시나이까?"

부르짖을 때 아버지의 이름을 영화롭게 하는가?

그렇다. 이보다 더 하나님의 이름이 영광 받으신 적은 없었다. 스랍의 영원의 노래가 이보다 더 높이 들릴 수 없다. 아들의 헌신은 성취되었다. 아버지를 향한 사랑으로 아들은 잔을 들었고 그분에게 속한 이들을 향한 사랑으로 죄를 위해 자신의 영혼을 바쳤다. 그리고 아버지 하나님의 무한한 사랑의 마음이 어둠 속에서 불타올랐다. "우리가 아직 죄인 되었을 때에 그리스도께서 우리를 위하여 죽으심으로 하나님께서 우리에 대한 자기의 사랑을 확증하셨느니라"(롬 5:8). "하나님이 세상을 이처럼 사랑하사 독생자를 주셨으니"(요 3:16). 모리아 산에서 이삭을 살림으로 아브라함이 치르지 않아도 되었던 대가를 성부 하나님이 자신의 독자를 아끼지 않으시고 우리 모두를 위해 주심으로 치르셨다.

열방에 갈보리 하나님의 이름, 십자가에서 구원을 이루신 하나님의 사랑의 영광을 선포하라. 당신이 고난의 감옥에 있을 때 영광의 시편을 노래하라고 부르실 수 있다. 바로 바울이 빌립보에서 그랬다. 채찍에 맞아 피가 흐르는 등은 여전히 쓰리고 발은 무감각해 편히 잠을 청할 수도 없는 상황에서 바울은 찬양을 통해 회복했다. "주님이 통치하신다… 주님은 위대하시다… 그분은 거룩하시다!" 십자가를 영광스러워하는 이들이 그 십자가를 지고 그리스도를 따르도록 부르심을 받는다는 사실이 놀랍지 않은가?

당신은 무엇을 찾고 있는가? 주님의 영광인가? 입술로 드리는 찬미의 제사와 삶 속에서 드리는 감사의 제사로 주님의 위대한 이름을 높이라. 당신의 몸을 하나님이 기뻐하시는 거룩한 산 제물로 드리라(롬 12:1).

당신에게 주어진 첫 번째 질문은 열방의 어디에서 주님이 당신을 부르시는가에 있지 않다. 심지어 어떻게 열방 중에 당신의 입술과 삶으로 그분의 영광을 선포할 수 있는지에 대한 것도 아니다. 첫 번째 질문은 "주님의 영광을 본 적이 있는가? 갈보리에서 부르시는 하나님의 아들의 음성을 들었는가?"이다.

그렇다. 전쟁 중에 있는 열방에 심판하러 오시는 영광의 왕이신 그리스도에 대해 알고 있을 수 있다. 아니면 죄 가운데 있는 열방에 진리인 말씀을 선포하는 영광의 선지자이신 그리스도에 대해 알 수도 있다. 혹은 반역하는 열방들에게 유일한 구원을 주시기 위해 희생제물 되신 영광의 대제사장으로서의 그리스도에 대해 배웠을 수도 있다. 하지만 열방 중에 그분의 이름을 선포하기 위해서는 먼저 당신의 마음속에서 그분의 이름을 송축해야 한다.

회개함으로 그분께 부르짖으라. 믿음 안에서 그분의 이름을 부르고 당신의 구주 되신 예수 그리스도의 영광을 찬양하라. 오래전 여호사밧의 군대처럼 교회는 주님을 찬양하면서 영적 전쟁에 임한다. 예수님은 다락방에서 제자들과 함께 찬양을 올렸다. 이제 그분은 자신의 백성들의 찬양을 인도하신다. 예수님과 함께 만국의 애국가, 곧 어린 양의 노래를 부르자! 할렐루야!

14
예수 그리스도와 인간의 상실

14. 예수 그리스도와 인간의 상실 [1]

오래전 인기 있던 노래는 이렇게 흘러간다.

> 내면에 있는 불을 포기하지 말고
> 당신의 마음이 가는 대로 따라가봐요
> 당신의 날이 올 때까지
> 오늘을 휴일로 하고 내일도 가져 봐요

---

1 Edmund P. Clowney가 쓴 "예수 그리스도와 인간의 상실"(*Jesus Christ and the Lostness of Man*)은 David M. Howard가 편집한 『예수 그리스도: 우주의 주, 세상의 희망』(Jesus Christ: Lord of the Universe, Hope of the World)을 각색한 작품이다. ©1974 InterVarsity Christian Fellowship/USA. InterVarsity Press의 허가 아래 사용됨, P.O. Box 1400, Downers Grove, IL 60515. www.ivpress.com. 본 내용은 1973년 InterVarsity Urbana Conference에서 한 설교이다.

날들을 가져갈 수는 없어요, 잭
당신이 가버리면 돌아올 수 없어요
단지 뚫고 지나갈 뿐이에요

이것은 당신의 세대 훨씬 전에 나온 오래된 노래다. 이 노래는 사실 기원전 1,300년 이집트에서 유행했던 노래다. 내 버전은 이해가 쉽도록 약간 의역한 것이다. 이를 좀 더 직역해 놓은 가사가 제임스 프리차드가 쓴 『고대 근동 문서』(*Ancient Near Eastern Texts*)에 "하프 연주자의 노래"라는 제목으로 기록되어 있다.[2] 인간은 3천 년이 넘는 시간 동안 한 번 사는 인생 최대한 한탕 즐기며 살자는 것을 모토로 살아왔다. 하지만 이러한 허세 속에는 죽음에 대한 두려움이 도사리고 있다. 진탕 놀고 난 다음 날 아침도 괴로운데 죽음의 밤 다음은 어떨까? 인생은 결코 죽음의 그림자를 피할 수 없다.

"하프 연주자의 노래"가 불렸던 시대에 또 다른 하프 연주자의 노래가 등장한다. 이 노래는 사소하고 허황된 것에 대한 내용이 아닌 엄숙한 위엄으로 가득하다. 바로 하나님의 사람 모세가 부른 시편 90편이다. 여기에서도 인생의 덧없음을 노래한다. "그들은 잠깐 자는 것 같으며 아침에 돋는 풀 같으니이다. 풀은 아침에 꽃이 피어 자라다가 저녁에는 시들어 마르나이다"(시 90:5-6).

---

2 "A Song of the Harper" John A. Wilson 번역, James B. Pritchard, 편집, *Ancient Near Eastern Texts Relating to the Old Testament* (Princeton, N. J: Princeton University Press, 1950), 467.

모세는 인간의 인생이 가진 덧없음을 하나님의 영원하심과 극명한 대조를 이뤄 보여준다. "영원부터 영원까지 주는 하나님이시니이다… 주의 목전에는 천년이 지나간 어제 같으며 밤의 한순간 같을 뿐임이니이다"(2, 4절).

우리의 삶은 천천히 죽어가는 과정이라고 하지만 하나님의 영원하심에 대고 보면 삶이 워낙 빠르게 지나가기에 천천히 죽는 것이라고 할 수도 없다. 죽음의 그림자는 우리 위에 드리우고 내일의 어둠으로 오늘의 햇살을 가린다. 인생은 찰나의 한숨이다. 노벨 수상자인 극작가 사무엘 베켓은 모세의 주제를 가장 간결하고 기이하게 그러면서도 강력하게 자신의 작품에 담았다. 그가 쓴『숨』(Breath)이라는 희극은 주인공도 없고 배우들도 없으며 대사도 없다. 무대에는 여러 가지 잡동사니들이 쌓여 있다. 조명이 비치면 갓 태어난 아기의 울음소리가 들리고 길게 들이쉬는 숨소리가 들리다가 헐떡대는 소리가 들리고 끝에는 죽어가는 사람의 숨소리로 종결된다. 베켓이 제시하는 씁쓸한 희망은 무대의 조명이 꺼지며 들리는 또 다른 탄생의 울음소리로 나타난다. "우리의 평생이 순식간에 다하였나이다"(9절). 우리 인생은 이렇게 한숨으로 끝난다.

인간은 죽음과 합의를 보려 한다. 소크라테스는 불멸이 존재한다는 것을 믿고 논쟁했기에 평안하게 독약을 마셨다. 이보다 더 독한 복수심에 불타 근대 테러리스트는 그것을 거두기 위해 죽음의 씨를 뿌린다. 한 인기 있는 프로이트파 철학자는 죽음에 대한 두려움은 억압의 병적인 결과라고 경고한다. 그는 우리의 몸을 모든 억압으로부터 자유롭게 하면 마치 모든 삶을 살아 본 듯이 죽음을 맞이할 준비가 된다고 주장한다.[3] 이에 대한 반대 의견도 못지않게 오래 전부터(혹은 근대에) 제시되었다. 즉, 육신을 영혼을 가두는 감옥으로 여기고 이를 억제하면 우주적 의식으로 더 빠르게 흡수될 수 있다는 주장이다. 하지만 죽음의 머리는 우리가 만들어 내는 많은 가면 뒤에 도사리고 있다. 죽음학을 전공한 박사라도 결국 죽는다.

하지만 죽음이 마지막 대적이라도 그리 낯설게 느껴지지 않는다. 우리가 알지 못하는 죽음의 공포는 우리가 알고 있는 삶의 고통으로 우리에게 다가온다.

> 나는 물같이 쏟아졌으며
> 내 모든 뼈는 어그러졌고
> 내 마음은 밀랍 같아서
> 내 속에서 녹았으며
> 내 힘이 말라 질그릇 조각 같고
> 내 혀가 입천장에 붙었나이다
> 주께서 또 나를 죽음의 진토 속에 두셨나이다
> (시 22:14-15).

이 시편에서 고난받고 있는 기자의 괴로움은 짜증 섞인 한숨에서 고통의 울부짖음으로 심화된다. 인간의 고통은 작게는 조용한 절

---

3 Norman O. Brown, *Life Against Death* (New York: Vintage, 1959), 308.

망으로, 최악의 경우 깊은 곳에서부터 울리는 비명으로 나타난다.

반역한 인간

그러나 죽음의 전조가 되는 모든 삶의 고통 그 자체가 인간이 가진 괴로움의 잔을 채우지 않는다. 삶의 잔에 든 독은 우리의 책임이다. 모세는 신음했다. "주께서 우리의 죄악을 주의 앞에 놓으시며 우리의 은밀한 죄를 주의 얼굴빛 가운데에 두셨사오니"(시 90:8).

빈 하늘 아래 서서 보면 인간은 죽음의 희생자가 되는 비극의 주인공인 것처럼 보일 수 있다. 심지어 불합리성을 극복한 영웅인 체하며 의지적 행위로 삶의 덧없음에 의미를 부여할 수도 있다. 알베르 카뮈는 타르타로스에 갇힌 시시포스를 영웅적인 인간으로 묘사하는데 바로 그의 노동이 아무런 의미가 없기 때문이다. 시시포스는 열심히 바위를 언덕 위로 밀어 올리지만 결국 영원히 다시 아래로 굴러떨어질 것을 알고 있다. 카뮈는 말한다. "모멸감으로 극복되지 못할 운명은 없다." 하지만 인간이 모멸감에 빈 하늘을 향해 주먹을 흔든다는 것은 하늘이 비어 있지 않음을 반증한다. 인간이 느끼는 비극은 그를 배신한다. 인간은 희생자가 아닌 반역자다. 인간은 하나님 앞에 서고 그곳에서 죄인의 실체가 드러난다. 하나님의 거룩하심은 우리가 형제에게 행한 죄의 엄중함을 드러낸다. 반역한 인간은 민족 혹은 국가의 치우친 애국심을 가지고 자신의 증오를 허가할 뿐 아니라 이를 정당화한다. 이에 따라 여인들을 학대하고 아이들을 버릴 수 있다. 기원전 1세기 두루 돌아다니며 사업을 하던 힐라리오는 이집트에 있는 아내에게 이렇게 편지를 썼다. "만약 아이를 낳고 사내아이면 그냥 두고 여자아이면 버리시오."[4]

살아 계신 하나님 앞에서 간통은 비도덕적이고 영아 살해는 살인이다. 인간을 "인간답게" 만드는 존엄성은 인간과 하나님의 유사성을 투영한 것이다. 즉, 인간은 하나님의 형상대로 만들어진 창조물이라는 것이다. 그 형상에 따라 하나님은 모든 인간에 대한 권리를 주장하신다. 인간은 창조주를 거스르지 않고서는 다른 누군가의 소유물이나 담보물이 될 수 없다.

유대인이 가이사에게 세금을 내는 것이 옳은가에 대한 질문을 던졌을 때 예수님은 로마 은화 한 데나리온을 보이라고 말씀하셨다. 질문을 던진 사람이 두둑한 지갑에서 은화 한 잎을 꺼냈다. "이 형상과 이 글이 누구의 것이냐?" 예수님이 물으셨다. 대답하되 "가이사의 것이니이다." 이 말에 예수님은 양날의 검과 같이 응수하셨다. "가이사의 것은 가이사에게, 하나님의 것은 하나님께 바치라" (마 22:15-22).

우리는 로마 세금법에 권한을 부여한 이 메시아가 가르치는 천국에 대해 깊이 생각해 봐야 한다. 하지만 더 나아가 우리는 그리스도가 또 다른 측면으로 말씀하시는 천국 권위에 대해 숙고할 필요가

---

4 C. K. Barrett 편집, *New Testament Background: Selected Documents* (New York: Macmillan, 1957), 38에서 인용.

있다. 누가 하나님의 형상으로 지음 받았는가? 바로 우리다. 우리가 하나님께 갚아야 할 것이 무엇인가? 우리 자신이다. 우리는 하나님의 형상이며 하나님께 속해 있으므로 서로를 착취할 수 없다.

하지만 이 말은 뭔가 더 깊은 의미가 있다. 다시 말해, 우리 자신을 내어 드리지 않는 것이 하나님의 것을 도둑질하는 것이 된다는 것을 의미한다. 사도 바울이 인간의 불의에 대해 설명할 때 하나님을 부인하는 것에서부터 시작했다. 그들에게는 변명의 여지가 없었다. 왜냐하면 "하나님을 알되 하나님을 영화롭게도 아니하며 감사하지도 아니하고 오히려 그 생각이 허망하여지며 미련한 마음이 어두워졌"기 때문이다(롬 1:21).

하나님은 희한한 방식으로 인간의 분노마저도 하나님을 찬양하는 이유가 되게 하신다(시 76:10). 인간의 비극적 자각이 하나님의 창조를 증거하듯 인간의 분노는 하나님의 의로우심을 증거한다. 몹시 흥분한 한 시위자를 그가 믿고 있는 신념의 논리를 가지고 조롱해 보라. "그래요, 하나님은 없어요. 인간은 그저 무작위로 만들어진 우주에 생겨난 화학적 우연으로 창조되었죠. 대략 수천의 생명이 무엇이겠어요. 만약 갑자기 한 폭탄이 잠시 작은 소녀의 형태로 분자를 재조직한다면 어떻게 되겠습니까? 그렇다 한들 어쩌겠습니까? 그 어떤 힘도 들지 않았죠."라고 말해 보라.

무신론자가 당신을 바보 혹은 괴물이라고 부를 때, 공의에 대한 그의 분노는 사실 그가 부인하는 하나님을 증거하는 것이다. 우리는 절대적인 기준을 가지고 옳고 그름을 판단한다. 우리는 "옳음"을 매우 중요하게 여기는 것이 우리 자신의 욕망 혹은 다른 모든 인간의 욕망 너머를 가리키고 있음을 보지 못한다. 오직 살아 계신 하나님 앞에 서서야 도덕성은 의미를 갖게 된다. 결국 모든 죄악은 하나님께 맞서는 것이다. 하나님을 거역하는 것이 가장 극악무도한 죄이며 다른 모든 죄의 뿌리라고 할 수 있다. 육신의 생각은 하나님과 원수가 되기 때문에(롬 8:7) 우리는 우리의 죄를 있는 그대로 볼 수가 없다. 사도 바울은 우리의 총명이 어두워지고 우리 가운데 있는 무지함에 마음이 굳어져 있다고 말한다(엡 4:18). 폭력, 음탕함, 탐욕, 질투, 살인, 인간 사회를 오염시키는 이 모든 악독한 행위는 우리가 숨기고 부인하는 더 깊은 증오로부터 솟아난다. 우리는 하나님이 거룩하고 공의로우시며 선하신 분이기 때문에 그분을 증오한다.

우리 마음이 얼마나 굳어져 있는지에 따라 하나님을 증오하는 것이 작은 죄에 불과할 수 있고 심지어 선한 것이라 여길 수도 있다. 마치 전능한 독재자에 대항하는 프로메테우스(개인적이고 독창적이며 권위에 복종하지 않는 태도를 나타냄) 같은 용기처럼 보일 수 있다는 말이다. 구약에서 하나님이 자신에게 반역하는 백성들을 대하실 때 반역이라는 죄가 얼마나 가증스러운 범죄인지 나타내시기 위해 깨어진 믿음의 이미지를 사용하셨다. 이스라엘은 좋은 포도를 맺기 위해 그 어떤 수고도 마다하지 않은 포도원 주인 되신 하나님께 들포도를 맺어 드린 포도나무였다(사 5장). 하나님의 백성은 그 품에 안으시고 걸음을 가르치신 아버지에게 등을 돌린 반항아였다(호 11장). 또한 이스라엘 민족은 수치심도 없이 매춘을 행하며 남편의 신실한 사랑을 저버린 간음한 아내였다 (호 4장).

우리는 신문에 보도되는 이기적이고 냉혈한 범죄를 보고 분노하지만 우리가 살아 계신 하나님께 거칠게 반역하는 죄의 가증스러움은 이해하지 못한다. 하지만 우리의 심판은 우리가 저지른 죄에 비례한다. 모세는 인간이 겪는 고통에 대한 시편에서 마지막 한 단계를 더 내려온다. 삶의 비극은 단순히 우리 인생이 헛되고 마음속에 죄악이 가득하기 때문만은 아니다. 우리 마음의 죄악이 하나님의 눈앞에 밝히 드러나기 때문이다. "주께서 우리의 죄악을 주의 앞에 놓으시며 우리의 은밀한 죄를 주의 얼굴빛 가운데에 두셨사오니"(시 90:8). 그러므로 "우리는 주의 노에 소멸되며 주의 분내심에 놀라나이다"(7절). "우리의 모든 날이 주의 분노 중에 지나가며"(9절). "누가 주의 노여움의 능력을 알며 누가 주의 진노의 두려움을 알리이까?"(11절).

모세의 시편은 이스라엘 민족의 한 세대가 반역하여 떠돌다가 결국 죽음을 맞이한 광야를 배경으로 하고 있다. 이들은 하나님이 약속의 땅을 주시겠다고 하신 약속을 믿지 않아 다시 광야로 돌아가게 되는 하나님의 심판의 말씀을 듣게 되었다. 그 말씀이 시편 90편 안에 메아리친다. "주께서 사람을 티끌로 돌아가게 하시고 말씀하시기를 너의 인생들은 돌아가라 하셨사오니"(3절).

인간은 죄인일 뿐 아니라 하나님의 공의로운 심판을 받는 "진노의 자녀"다. 죽음은 저주로 내려졌다. "죄의 삯은 사망이요"(롬

6:23). "한번 죽는 것은 사람에게 정해진 것이요, 그 후에는 심판이 있으리니"(히 9:27).

사도 바울은 로마서 5장에서 이 세상 죄의 과정을 그 근원에서부터 추적하여 매우 치밀하게 기록한다. 죽음이 오는 순간 죄는 심판을 받는다. 죽음을 알리는 종소리가 창세기 계보 전체에 울려 퍼진다. "그는 죽었고… 그는 죽었고… 그는 죽었다." 이렇게 죽은 모든 이가 죄인으로 심판을 받았다. 모세에게 율법이 전해지기 전에, 그에 따른 행동 수칙을 잣대로 죄를 물을 수 있기 전에 인간은 모두 유죄였으며 죽어 마땅했다.

그렇다면 어느 시점에서 죄로 말미암아 죽음이 세상에 들어오게 되었는가? 명백히 첫 번째 인간 아담이 저지른 첫 번째 죄악에서부터다. 한 사람의 죄로 말미암아 죽음이 모든 사람에게 이르렀다 (롬 5:12). 바울은 당연히 구속사에 존재하는 평행성에 대해 강하게 피력한다. 한 사람의 죄악이 모든 사람들을 죄인으로 만들었고 죄에 대해 고소를 당하게 되었다면 (12, 18절), 한 의로운 행위가 그리스도 안에 있는 새로운 인류에게 의롭다 하심과 생명을 가져다줄 수 있는 것이다.

우리는 사도 바울의 논리를 역으로 검토해 볼 필요가 있다. 그리스도인인 우리는 그리스도가 새로운 인류의 수장으로서 우리를 대신하여 서신 대리자임을 인정한다. 하지만 이와 함께 두 번째 역할을 하신 그리스도와 연결해서 첫 번째 아담의 역할 또한 인정해야 한다. 아담의 죄악으로 들어온 죄와 심판은 하나님의 창조의 약속에 의해 인류의 수장인 아담과 연합한 모든 이들에게 이르렀다. 모든 사람이 아담으로 인해 죄인 되었기에 모든 사람이 아담으로 인해 죽음에 이른다. 온 인류의 죄악은 정글에서 벌어지는 생존 게임이 아니라 아담의 타락의 결과물이었다. 인간의 죽음은 첫 번째 반역에서 비롯된 것이며 죄가 배가 되면서 자란다.

하나님의 거룩하심 앞에서 우리의 파멸은 자명한 일이다. 우리는 허물과 죄로 죽을 목숨이다(엡 2:1). 우리는 본질상 진노의 자녀다(3절). "만물보다 거짓되고 심히 부패한 것이 마음이라"(렘 17:9). 아니, 하나님께서 인간의 부패로 인한 지옥불을 억누르고 계시기에 인간은 끝까지 악할 수 없다. 하지만 그 어떤 부분도 죄의 어두운 그림자를 피할 수 없다. "육신의 생각은 하나님과 원수가 되나니 이는 하나님의 법에 굴복하지 아니할 뿐 아니라 할 수도 없음이라. 육신에 있는 자들은 하나님을 기쁘시게 할 수 없느니라"(롬 8:7-8).

그리고 더 나아가 죄인인 인간은 악에 묶여 있을 뿐 아니라 악한 자, 곧 사탄에게 결박되어 있다. 인간은 마귀의 올무에 걸려 포로가 되고(딤후 2:26) 공중의 권세 잡은 자를 따라 곧 불순종의 아들들 가운데서 역사하는 영을 따라 행한다(엡 2:2). 처음에 하나님의 자녀로 만들어진 인간은 이제 마귀의 자녀가 되어 아비의 사악한 행위를 따르며 함께 심판받을 운명에 처했다(엡 2:2; 마 25:41, 46; 요 8:44).

인간이 악에 결박된 것은 불의 지하 강물처럼 인류 역사 가운데 흐르고 있다. 인간은 제 마음대로 무지함을 선택했고 자신의 망상을 날조하고 우상을 숭배하는 욕정으로 자신 스스로와 세계를 파괴한다(엡 4:18; 롬 1:28; 6:21, 23). 그 어떤 사람도 인간의 죄악을 간과할 수 없다. 우리가 하나님이 저주받아 마땅하다고 드러내시는 죄의 심각성을 인정하지 않으면 우리는 죄를 그저 어쩔 수 없는 것으로 용납하는 죄악을 더할 뿐이다.

하나님의 진노

그러나 하나님은 조롱당하지 않으신다. 인간은 뿌린 대로 거두는 법이다. 하나님의 진노에 대한 성경적 가르침은 동양 종교에서 논하는 기계적인 운명의 수레바퀴와는 완전히 다르다. 하나님은 행위가 불가피한 결과를 생성하는 인과관계의 영적 세계에서 무심하게 관찰하시는 분이 아니다. 또한 단순히 그 과정에 붙이는 이름도 아니다. 살아계신 하나님은 인격적이시다. 그분은 노하기를 더디하시고 인자와 진실이 풍성한 하나님으로 그분의 백성에게 자신을 드러내신다(출 34:6). 하나님의 진노는 쉽게 불붙지 않는다. 하나님은 우리가 흔히 생각하는 말로 "보복을 하려는" 분이 아니다. 하지만 하나님의 진노는 모든 죄에 맞서는 자신의 거룩함에서 비롯되는 열의라고 볼 수 있다. 히브리서 저자는 경고한다. "우리 하나님은 소멸하는 불이심이라" (히 12:29). 운명론적인 것도, **윤회**의 환생 과정도 아닌, 살아계신 하나님의 엄중한 지식이 죄인을 심판하신다.

  그렇지만 하나님은 우리의 행위의 열매를 가지고 우리를 심판하시기도 한다. 다시 말해, 하나님은 우리가 짓는 죄 자체가 벌이 되게 하실 때가 많다. 로마서 1장에서 바울은 다른 이방 민족들이 부패의 나락으로 떨어지는 것을 설명하면서 인간이 죄 가운데 빠지는 것과 하나님이 심판하지 않으시기로 결정한 것을 연결 지어 하나님의 공의를 보여준다. 바울이 쓴 헬라어가 우리가 번역해서 쓰는 말보다 훨씬 더 생동감 있게 느껴진다. 인간은 썩어지지 아니하는 하나님의 영광을 우상으로 바꾸었다(롬 1:23). 그래서 하나님은 그들을 마음의 정욕대로 더러움에 내버려 두셨다(24절). 또한 인간은 하나님의 진리를 거짓 것으로 바꾸었다(25절). 그래서 하나님은 그들을 부끄러운 욕심대로 내버려 두셨다(26절). 인간은 또 지식에 하나님 두기를 싫어했고(28절) 그리하여 하나님은 그 상실한 마음대로 내버려 두셨다(28절). 인간이 순리적인 성적 관계를 버린 것조차 그릇된 행위의 사슬에 그들을 내버려 두심으로 심판하신다 (26-27절). 인간은 자신의 욕망을 위해 하나님을 거부할 때 길을 잃는다. 이러한 인간의 상실은 하나님이 그 욕망을 내버려 두심으로 파멸에 이른다. 언젠가 C. S. 루이스는 다음과 같이 말했다. 천국은 인간이 하나님께 "당신의 뜻이 이루어지이다"라고 고백하는 곳이라면 지옥은 하나님이 인간에게 "너의 뜻이 이루어질지어다"라고 말씀하시는 곳이다.[5] 이 말이 완전한 진리는 아니지만 내버려 두심

---

5 C. S. Lewis, 『천국과 지옥의 이혼』(*The Great Divorce*) (New York: Macmillan, 1946), 72.

으로 심판하신다는 의미는 파악할 수 있다.

결국에 모든 죄인들이 하나님의 심판의 공의를 고백해야 한다. 사르트르가 쓴 희곡 『닫힌 방』(*No Exit*)에는 널리 인용되는 구절이 하나 있다. "타인은 지옥이다."[6] 세 명의 낯선 사람, 한 명의 남자와 두 명의 여자가 지옥의 거실로 안내되어 들어온다. 그들은 눈꺼풀이 없고 그 어떤 것도 바꾸거나 잊을 수 없다. 그리고 그들은 이미 죽었기 때문에 살인이나 자살도 불가능하다. 이러한 배경에서 "지옥은 바로 타인들이야"라는 대사가 얼마나 쉽게 이해가 되는가! 하지만 연극은 더 전에 등장하는 대사에서 절정을 맞는다. 격렬한 대화를 나누며 서로의 가식을 벗겨낸 후 "주인공" 가르생은 전쟁 중에 전우를 버리고 탈영한 겁쟁이로 밝혀진다. 가르생의 거짓말을 무자비하게 폭로한 이네즈는 "당신의 삶이 바로 당신이니까. 그게 다예요."[7]

"당신의 삶이 바로 당신이니까. 그게 다예요." **아니야!** 당신은 울부짖는다. 나는 과거의 내가 아니야. 나는 앞으로의 나야. 나는 내가 되어야 할 나야. 그러나 심판의 날에 벌거벗은 채로 서야 하는 곳은 다른 죄인들의 눈꺼풀 없는 눈앞이 아니라 전능하신 하나님의 불타오르는 눈앞이다. 그곳에는 불의가 없고 오직 진리만이 존

---

6   Jean-Paul Sartre, 『닫힌 방 • 악마와 선한 신』(*No Exit and Three Other Plays*) (New York: Vintage, 1949), 47.

7   Ibid, 45.

재한다. 당신은 당신 모습 그대로 까발려질 뿐이다. "그러하다, 주 하나님 곧 전능하신 이시여, 심판하시는 것이 참되시고 의로우시도 다"(계 16:7).

심판의 날 모든 이가 하나님 앞에 무릎 꿇을 때 모든 반역은 끝이 난다. 그 어떤 죄인도 하나님의 형벌에 반박하지 못할 것이다. 성경은 영원한 형벌을 받게 될 이들이 이를 갈게 될 것이라고 묘사하는데 이들은 더 이상 증오와 반항이 아닌 고통과 후회로 이를 갈게 될 것이다.[8] 이 세상 삶의 가능성을 여전히 탐닉하는 우리는 과거 행했던 반역이 변치 않는 하나님의 진노를 인증하는 소망 없는 존재가 되는 것의 의미를 상상할 수 없다. 미켈란젤로는 시스티나 성당 벽화에 이러한 상실의 무시무시함을 나타내고자 저주받은 영혼이 제단 뒤로 가라앉는 모습을 표현했다. 하지만 그림에 나타난 심판자 되시는 그리스도도, 몇 세기 동안 쌓인 촛불 그을음 사이로 힐끗 보이는 심판 받아 죽은 인물들도 그다지 설득력 있어 보이지 않는다. 히에로니무스 보쉬가 그려낸 그로테스크한 그림들은 더 심각하다. 심판의 의미는 외부가 아닌 내부에서 접근해야 한다. 성경이 마지막 심판에 대해 가르치는 것을 부정하는 인간은 주제넘게 하나님께 해명을 요구하는 대신에 하나님 앞에 서야 한다. 하나님 앞에 서서 "내 죄의 대가가 무엇입니까?" 묻게 해보라. 지옥 그 자체

---

8   Henry Blocher, "La doctrine du châtiment eternal," *Ichthus* 32 (April 1973): 8.

만큼 깊은 고통은 죄인이 요구했고 또 받아 마땅한 대가가 하나님과 영원히 분리되는 것임을 깨닫는 것이다.

바울이 로마서에 피력한 엄숙한 논쟁의 결론은 모든 인간이 형벌을 받을 만하기에 하나님의 진노 아래에 있다는 것이다. 다른 이방 민족들도 그들이 알고 있던 하나님을 버렸기에 핑계가 없기는 마찬가지다. 하나님은 세상에 그리고 인간의 마음속에 증인 한 명 없이 스스로를 맡기지 않으셨다. 인간의 무지는 바로 그들 자신이 만들어 낸 것이었고 그들의 거짓 예배는 자신들이 고안한 것이었으며 그들의 혐오스러운 죄악은 그들의 지속적인 기쁨이었다. 하지만 이방 민족들이 율법을 아는 자기 의에 충천한 사람들에게 비난받을 때 바울은 더 강한 비난을 쏟아낸다. 율법을 듣는 자들이 아닌 행하는 자만이 정당함을 받을 수 있다. 율법을 알면서도 순종하지 않은 사람은 율법을 아예 모르는 자보다 훨씬 더 죄질이 나쁘다. 바울의 결론은 시편 기자의 판결과 같다. "의인은 없나니 하나도 없으며 깨닫는 자도 없고 하나님을 찾는 자도 없고…이는 모든 일을 막고 온 세상으로 하나님의 심판 아래에 있게 하려 함이라" (롬 3:10-11, 19b).

오늘날에도 여기저기 떠들어 대는 입이 있다. 이런저런 핑계를 대며 하나님께 책임을 뒤집어 씌우려는 인간의 입, 하나님의 판결을 뒤집기 위해 다른 사람의 핑계를 대주는 입이 있다. 이런 말을 하고 다니는 인간을 위한 유일한 치유책은 하나님 앞에 서는 것이다. 주님을 바라보면 욥과 같이 외칠 것이다. "내가 주께 대하여 귀

로 듣기만 하였사오나 이제는 눈으로 주를 뵈옵나이다. 그러므로
내가 스스로 거두어들이고 티끌과 재 가운데에서 회개하나이다"(
욥 42:5-6).

복음

지금까지 인간의 상실에 대해 성경이 가르치는 내용을 설명하면서
나는 이러한 진리를 배울 수 있는 맥락을 제시하지 않았다. 상실,
죽음, 파멸 그 자체만 가지고 고려할 때 우리는 결국 성경 구절을
반으로 갈라놓게 된다. "죄의 삯은 사망이요" 맞는 말이다. 죄악이
폭발하는 우리 시대 속에서 우리는 이를 알아야 한다. 하지만 어떻
게 "사망"에서 멈출 수 있는가? "하나님의 선물은 그리스도 예수 우
리 주 안에 있는 영생이니라"(롬 6:23).

성경은 복음을 선포함으로 하나님의 진노를 드러낸다. "모든 사
람이 죄를 범하였으매 하나님의 영광에 이르지 못하더니"(3:23). 로
마서에서 바울은 왜 이렇게 강하게 주장했던 것일까? "하나님이 모
든 사람을 순종하지 아니하는 가운데 가두어 두심은 모든 사람에게
긍휼을 베풀려 하심"임을 우리가 알기 원했기 때문이다(11:32). 복
음 안에서 하나님의 의가 나타나는 것과(1:17) 하나님의 진노가 나
타나는 것(18절) 사이의 연관성을 주목하여 보라. 하나님의 진노는
단순히 보복성 공의의 변하지 않는 원칙이 아니다. 하나님의 심판
은 하나님의 의도와 일하심을 알리는 소식의 한 부분으로 선포된

다. 우리는 이것을 바울이 사도행전에서 가르치는 내용을 통해 알 수 있다. 심판의 메시지는 모든 민족으로 자기들의 행하는 길에서 돌이키게 한다(행 14:16). 하나님이 "이제는 어디든지 사람에게 다 명하사 회개하라 하셨으니 이는 정하신 사람으로 하여금 천하를 공의로 심판할 날을 작정하시고 이에 그를 죽은 자 가운데서 다시 살리신 것으로 모든 믿을 만한 증거를 주셨음이니라"(17:30-31).

심지어 심판의 날을 정하는 것도 하나님의 자비하심을 보여준다. 모든 열방이 회개할 시간을 주시는 것이기 때문이다. 심판의 날은 억압하는 자로부터 구원받는 날이기에 희망을 의미한다. 심판을 통해서만 새로운 질서와 의의 새로운 세상이 있을 수 있다. 하지만 자기 의에 충천한 사람들이 자신들에게는 여호와의 날이 핑크빛일 것이라 기대해도 그들 역시 옳은 일을 행하시는 온 땅의 심판자를 마주하게 될 것이라 경고한다(암 5:18-20).

그렇다면 과연 어떻게 심판에 대한 가르침이 죄인들에게 소망을 가져다줄 수 있겠는가? 만약 그들이 모든 유산을 박탈당했다면 왜 탄식으로부터 구원받은 새로운 창조에 대해 들어야 하는가? 이에 대해 복음은 상상을 초월하는 답을 제시한다. 하나님의 절대적 의가 진노를 쏟아냄으로 구원을 이룬다는 것이다. 하나님의 복음은 한 번도 아니고 두 번이나 이 땅에 오시는 예수 그리스도시다. 마지막 날에 그리스도는 온 땅의 심판주로 진노를 가지고 오실 것이다. 완성된 능력으로 도래할 하나님의 나라는 다음과 같다. "주 예수께서 자기의 능력으로 천사들과 함께 하늘로부터 불꽃 가운데에 나타나실 때에 하나님을 모르는 자들과 우리 주 예수의 복음에 복종하지 않는 자들에게 형벌을 내리시리니 이런 자들은 주의 얼굴과 그의 힘의 영광을 떠나 영원한 멸망의 형벌을 받으리로다"(살후 1:7-9).

그러나 만약 그리스도가 오신 것이 그때뿐이라면 그 어떤 죄인도 살아남을 수 없다. "그가 임하시는 날을 누가 능히 당하며 그가 나타나는 때에 누가 능히 서리요. 그는 금을 연단하는 자의 불과 표백하는 자의 잿물과 같을 것이라"(말 3:2).

예수님의 길을 예비하기 위해 온 세례 요한도 이 대목에서 어리둥절했다. 그는 심판으로 오실 메시아, 불로 세례를 베풀고 모든 악한 나무를 베시는 메시아에 대해 선포했다. 예수님이 진노의 표징이 아닌 치유의 기적들을 베푸실 때, 어둠을 몰고 오는 대신에 소경이 눈을 뜨게 하셨을 때, 악한 자를 죽이는 대신에 죽은 자를 다시 살리셨을 때, 요한은 메시아가 친히 꺼내 주시지 않은 옥에서 제자들을 보냈다. "오실 그이가 당신이오니이까, 우리가 다른 이를 기다리오리이까?"(눅 7:19). 예수님은 요한의 두 제자들을 데리고 더 많은 소망의 기적들을 행하셨다. 예수님은 그들에게 일렀다. "너희가 가서 보고 들은 것을 요한에게 알리되 맹인이 보며 못 걷는 사람이 걸으며 나병환자가 깨끗함을 받으며 귀먹은 사람이 들으며 죽은 자가 살아나며 가난한 자에게 복음이 전파된다 하라"(22절).

예수님의 답변은 구원하시는 하나님의 나라에서 회복의 축복을 약속하신 이사야 35장 5-10절의 예언을 떠올리게 한다. 하지만 어떻게 심판 없이 축복이 올 수 있는가? 착취하고 억압하는 자들이 심판받지 않고서 어떻게 가난한 자들에게 복음이 있을 수 있겠는가?

예수님은 세례 요한에게 말씀하셨다. "누구든지 나로 말미암아 실족하지 아니하는 자는 복이 있도다"(눅 7:23). 요한이 믿음을 가지고 기다렸던 대답은 복음을 통해 우리에게 주어졌다. 예수님은 심판의 도끼를 휘두르려고 오신 것이 아니고 죽음의 일격을 감당하러 오셨다. 하나님의 진노의 포도주 틀을 밟아야 하는 심판주로 오신 그리스도는 그 자신이 진노를 지시고 아버지 손에 들린 잔을 들이키신다. 그리스도의 보혈로 말미암아 우리는 그분을 믿는 믿음을 통해 진노하심에서 구원받는다(롬 5:9). 그리스도는 우리를 대신하여 죄가 되시고 저주를 받으셨다. 그래서 우리는 그리스도 안에서 하나님께 의롭다 칭함을 받을 수 있게 되었다. 그렇게 해야만 비로소 하나님의 의가 드러나고 예수 믿는 자를 의롭다 칭하실 수 있다(3:26).

바울은 드러난 하나님의 의로우심을 가르쳤다. 즉, 죄에 대한 하나님의 진노가 가진 의로움, 은혜로 주신 하나님의 선물이 가진 의로움, 그리스도의 첫 번째 그리고 두 번째 강림하심이 갖는 의로움을 가르쳤다. 하나님의 진노가 갈보리 언덕에서 자신의 아들을 치셨기 때문에 예수님과 연합한 모든 이들이 영원히 그 진노를 피할 수 있게 되었다. 복음은 사랑이 진노를 삼키고 은혜와 공의가 만나는 십자가로 우리를 부른다.

하나님의 진노가 너무 가혹한가?

하나님의 진노가 너무 가혹한가? 그분의 거룩은 너무 강렬하고 그분의 심판은 너무 무거운가? 하나님의 사랑의 크기는 하나님의 진노의 실제와 이어져 있다. 자신의 사랑하는 아들에게 진노를 쏟아야 했던 아버지께 당신의 진노가 너무 심하다는 말은 하지 말라!

　하나님 아버지는 아들을 얼마나 사랑하시는가? 그 아들은 세상이 창조되기 전부터 아버지의 품 안에 안겨 있었다. 그 아들은 첫 장자이자 "나는 그에게 아버지가 되고 그는 내게 아들이 되리라"라고 말씀하신 아들이다. 아들은 겟세마네 동산에서 "아버지여, 당신의 이름이 영광을 받으소서"라고 기도했다. 갈보리 언덕에서 쓴 잔을 마시고 죽기까지 순종한 아들을 아버지가 얼마나 사랑하시겠는가?(히 1:5).

　대부분의 예수님의 제자들은 그 자리에서 도망쳤다. 그러나 그들이 떠났기 때문에 예수님이 부르짖으셨던 것이 아니었다. 예수님은 큰 목소리로 외치셨다. "나의 하나님, 나의 하나님, 어찌하여 나를 버리시나이까?" 이것이 예수님이 마셔야 할 하나님의 진노의 잔이었다. 하나님의 심판이 이보다 가혹할 수는 없었다. 이 잔은 반역, 신성모독, 배반, 살인 하나님을 향한 인간의 모든 핏빛 증오에 대한 벌로 받은 저주의 잔이었다. 인간에 의해 부정하게 유죄 판결을 받은 예수님은 하나님의 심판을 짊어지셨다. 아무 죄도 없으신 예수님은 사실상 형벌을 받아 마땅한 이들을 대신하여 죗값을 치르셨다. 지옥의 진노, 곧 하나님의 진노의 혹독함이 십자가 위에서 고 난 받는 하나님의 아들을 어둠으로 에워쌌다. 아버지가 아들을 버 렸다. 아들을 놓아 버렸다. 태양이 낮을 가리고 온 땅이 진동했다. 십자가 밑에 서 있던 백부장은 말했다. "이 사람은 정녕 하나님의 아들이다!"

하나님 아버지는 자신의 아들보다 죄인으로 가득 찬 세상을 더 사랑하셨는가? 갈보리 언덕의 신비는 하나님이 세상을 너무 사랑 하셔서 그 사랑하는 아들을 주셨다는 것이다. 인간의 제한적 언어 로 표현하자면 아버지는 아들을 십자가에 매달았을 때 그를 완전히 사랑하셨다. 아버지의 주심은 베들레헴에서 나타났고 골고다 언덕 에서 완전히 이루셨다. 하나님이 우리 편에 계시면 그 누가 우리에 게 맞설 수 있겠는가? 하나님이 자신의 아들을 우리를 위해 주셨다 면 누구인들 주시지 않겠는가? 분명히 창세 전부터 하나님의 마음 속에 이 선물을 품고 계셨다. 요한복음 3장 16절은 하나님이 그 아 들을 사랑하셔서 이 세상을 주셨다고 말하지 않는다. 그것도 사실 이긴 하지만 훨씬 더 놀라운 진리는 하나님이 세상을 이처럼 사랑 하사 독생자를 주셨다는 것이다. 하나님의 사랑이 어느 정도였는 가 하면 하나님의 대적이 되어버린 잃어버린 죄인들의 세상을 위해 아들을 주셨고, 그 아들을 통해 자기 자신을 내어 주기까지 하신 것 이다.

당신 마음속에 의심이 들고 두려움이 있을 것이다. 가끔은 혼란 스럽기도 하다. 하지만 당신이 가지고 있는 의심 가장 깊은 곳을 들여다보고 그 의심들을 한곳으로 모아보라. 해결되지 않은 문제들, 마음의 고난에서 비롯된 모든 **질문들**, 비극적인 사건들에서 자라나는 의문들, 이해가 되지 않을 때 드는 **질문들**을 그저 하나님께 모두 가지고 나아오라.

하지만 그냥 두고 가지 말고 그곳에 머물러라. 와서 예수 그리스도를 바라보라. 그곳에서 인간으로 오신 인자가 "왜?"라고 외치는 소리를 들어보라. 그러고 나서 죄에 대한 하나님의 진노가 너무 가혹하다고 감히 말하지 말라.

"누가 주의 노여움의 능력을 알리이까" 모세는 시편 90편에 이렇게 물었다(11절). 우리는 답을 알고 있다. 하나님 아버지의 능력을 통해 예수 그리스도도 알고 계셨다. 그분이 그 진노를 감당하셨기 때문이다. 하나님은 공의로우시고 우리는 악한 죄인이기 때문에 하나님의 진노가 실재하는 것임을 선포해야 한다. 그러면서도 우리는 복음의 메시지에 담긴 하나님의 심판을 선포해야 한다. 하나님을 찬양하라. 우리는 예수의 이름으로 이를 선포한다.

갈보리를 하찮게 여기지 말라. 바울은 간곡히 말한다.

> 혹 네가 하나님의 인자하심이 너를 인도하여 회개하게 하심을 알지 못하여 그의 인자하심과 용납하심과 길이 참으심이 풍성함을 멸시하느냐? 다만 네 고집과 회개하지 아니한 마음을 따라 진노의 날 곧 하나님의 의로우신 심판이 나타나는 그날에 임할 진노를 네게 쌓는도다 ... 곧 나의 복음에 이른 바와 같이 하나님이 예수 그리스도로 말미암아 사

람들의 은밀한 것을 심판하시는 그날이라"(롬 2:4-5, 16).

아니다. 오히려 갈보리에서 나타난 하나님의 거룩한 진노가 갖는 엄숙함으로 그분의 신비한 사랑을 볼 수 있는 눈을 뜰 수 있게 되기를 구하라.

> 사랑을 모르는 사람은 그 즙을 시음하여
> 맛보게 할지니, 그 즙은 십자가에서 창 끝이
> 마개를 따내 흐른 것이다.
> 그와 같은 것을 이전에도 맛보았는지 말하게 하라.
> 사랑은 감미롭고 가장 신성한 술이니
> 하나님은 그것을 피로 여기시나 나는 포도주로 여기네[9]

9 George Herbert, "The Agonie," *The Works of George Herbert*, F. E. Hutchinson 편집 (Oxford, Clarendon, 1941), 37.

15

듣는 것이 믿는 것이다: 말씀의 주님

15. 듣는 것이 믿는 것이다: 말씀의 주님

"보는 것이 믿는 것이다"라는 말이 있다. 이 오래된 격언은 가상현실의 시대에 와서 새로운 의미를 갖게 되었다. 디지털 기술을 통해 이제 게이머들은 또 다른 현실을 만나게 되고 "메타버스", 그리고 "사람들의 아바타가 거대한 가상 도시에서 상호작용하는 3차원의 높은 대역폭 월드와이드웹 시대가 도래했다."[1] 이 디지털 메타버스는 이미 구축 중에 있고 게임 중독자들에게는 대체 현실 이상의 것이 될 것이다.

---

1 Jason Fry는 Neil Stephenson의 1992년작 소설 "새로운 발상"(Novel Ideas)에서 "스노우 크래시"(*Snow Crash*)의 세계를 묘사한다. "Novel Ideas," *Wall Street Journal*, November 16, 1998, R10. Stephenson은 새로운 소설 『크립토노미콘』(*Cryptonomicon*) (New York, Avon, 1999)으로 개정판을 냈다.

콜로라도 리틀튼에 위치한 콜롬바인 고등학교에서 자신의 학우들을 학살하고 결국 자살한 에릭 해리스와 딜런 클레볼드가 빠져 있던 둠이나 포스털 같은 게임이 이 둘에게 얼마나 많은 영향을 미쳤을까? 당시 클린턴 대통령은 이러한 게임이 끼치는 영향력에 대해 제대로 경고한 바 있다.

이미지가 우리 문화를 형성하고 추진한다. 그리고 우리는 하나님이 우리의 생각 속에 계시지 않을 때 나타나는 차이를 보기 시작했다. 현실 그 자체는 해체되고 단순 판타지를 넘어 가상 세계의 상호적 현실이 그 자리를 메우게 된 것이다.

포스트모더니즘 시대의 우화는 한 점의 그림이 천 마디 말보다 더 가치 있다는 신념에 기초한다. "백문이 불여일견"이라는 격언도 보는 것이 듣는 것보다 더 낫다는 의미를 내포한다. 『언어의 겸손』 (*The Humiliation of the Word*)[2]이라는 매우 흥미로운 책을 보면 저자 자크 엘륄은 보는 것과 듣는 것을 믿는 것과 연관 짓는다. 엘륄은 고교회파의 전례와 전도적 운동의 휘황찬란한 캠페인이 말씀 선포를 대체하고 있다고 주장한다. 그는 단순히 두 눈으로 보는 것뿐 아니라 인간을 다른 생명체와 구분하는 언어의 중요성을 강조한다. 언어는 개미가 촉각을 이용하여 보내는 신호나 벌들의 춤과는 차원이 다르다. 언어는 더 복잡할 뿐 아니라 언어가 가지고 있는 상징성과

---

2 Jacques Ellul, *The Humiliation of the Word* (Grand Rapids, Mich.: Eerdmans, 1985).

개념적인 차원에서 차이가 있다. 엘륄은 시각이 공간 현실에서 우리의 위치를 찾아내는 즉각적인 것이지만 의미는 결여되어 있다고 설명한다. 반면에 언어는 시간 개념을 포함한다. 의미는 말의 흐름에 따라 흘러간다. 시각은 현실을 전달하고 말은 진리를 전한다.

엘륄은 이미지와 그것이 제시하는 대체 현실을 우상화하는 것에 대해 강하게 비판한다. 포스트모더니즘 스타일의 TV 광고는 언어가 아닌 이미지를, 어떤 경우에는 일 초당 두 개 내지 세 개씩 계속해서 비추기도 한다. 이렇게 깨어진 이미지와 해체된 음악은 모든 연속적인 것들을 끊임없이 변화하는 만화경 속으로 녹여버린다. 방송용으로 간략히 줄인 문구와 번쩍이는 영상은 TV 속 사람들의 지루한 대담을 완전히 몰아낸 듯하다.

타임지의 전 편집자였던 헨리 그룬왈드는 우리가 "시각 자료에 빠져 죽어가고 있다"라고 말한 바 있다.[3]

이런 현상 속에서 설교자는 어떻게 대처해야 하는가? 데이비드 슈링가는 자신의 박사학위 논문 "시각의 시대에서 말씀 듣기(Hearing the Word in a Visual Age)"[4]에 이 질문에 대한 논평을 실

---

3 Henry Grunwald, "The Power of the Word," *Wall Street Journal*, 5월 19, 1999, A20. Grunwald는 *Twilight: Losing Sight, Gaining Insight* (New York, Knopf, 1999)의 저자이다.

4 H. David Schuringa, "Hearing the Word in a Visual Age: A practical Theological Consideration of Preaching Within the Contemporary Urge to Visualization," 박사학위 논문, Theologische Universiteit van de Gereformeerde Kerken, Kampen, The Netherland, 1995.

었다. 그는 연구를 통해 구약과 신약에서 말씀을 듣는 것이 얼마나 중요한지 보여주었다. 눈이 아닌 귀가 계시를 받는 통로가 된다는 것이다. 하지만 슈링가는 제2계명, 즉 우상을 만들어 섬기지 말라는 계명을 "시각적인 것은 무조건 악하다"라고 해석하는 것에 대해 반대 의견을 피력한다. 그는 성경에서 계시를 받는 것이 듣는 것을 통해서 뿐 아니라 보는 것을 통해서도 이루어진다는 사실을 상기시킨다. 또한 설교는 현재 정보통신 과학에서 일어나는 "인식론적 변화"를 고려해야 한다고 주장한다. 이제 의미는 송신자의 의도가 아닌 수신자가 메시지에 부여하는 의미에 의해 분석된다.

이러한 변화는 사실 최근 일이 아니다. 몇 년 동안 기호학이나 해석학에 대해 전혀 들어보지 못한 성경 연구자들은 "이 본문이 나에게 주는 의미"에 대해 표명한 바 있다. D. A. 카슨은 저서『재갈 물린 하나님』(The Gagging of God)에서 해석에 대해 통상적으로 알려진 이론과 읽는 사람이 임의로 성경의 의미를 해석하는 일반적 관습 둘 다에 제동을 걸었다. 그는 지혜롭게 성경을 해석하는 방법이 아닌 성경에서 말씀하시는 하나님에서부터 이야기를 시작한다. 설교자의 임무를 이해하기 위해서는 여기에서부터 시작해야 한다.[5] 그러나 슈링가는 현대 청자들이 의미를 상대론적으로 이해하는 관습이 널리 퍼져 있음을 인정하고 더 나아가 윌로우 크릭 교회

---

5 Donald A. Carson, *The Gagging of God: Christianity Confronts Pluralism* (Grand Rapids, Mich.: Zondervan, 1996).

의 예배 및 설교 모델을 지지하고 나섰다. 그곳에서 그는 시각적이며 극적인 것과 말씀을 설교하는 것이 혼재한다고 보았다.[6]

성경은 분명히 하나님의 계시를 듣는 것과 함께 보는 것으로도 설명하고 있다. 엘륄은 말씀을 듣는 것을 옹호하기 위해 하나님이 현현하시는 부분을 최소화했지만 그도 역시 궁극적인 밸런스를 목표로 하고 있다. 예수님을 통해 하나님의 완전한 계시가 주어졌기 때문이다.

과연 살아 계신 하나님은 우리 눈에 보이는 장치들을 통해 예배 받지 않으시는 질투하는 하나님이시다. 하나님은 우상숭배자들의 마음을 그들이 스스로 아는 것 이상으로 알고 계신다. 그렇다면 왜 하나님은 언약궤 뚜껑 바로 그 자리에 그룹의 형상을 넣게 만드셨을까? 어쩌면 그 두 그룹 사이의 비어 있는 공간을 보게 하신 것일 수도 있다. 오직 쉐키나의 영광이 그곳에 임할 수 있다. 인간을 자신의 형상으로 만드신 하나님은 그 아들을 통해 인간의 모습으로 오셨다. 보좌는 보이지 않는 하나님의 형상이신 예수님을 위해 예비되었다(골 1:15). "그 안에는 신성의 모든 충만이 육체로 거하시고"(2:9). 하나님 아버지는 그 아들을 계시하는 것을 허락하지 않으신다. 우리는 영화에서 예수님의 모습을 재연할 수 없다. 만약 예수

---

6 Schuringa는 자신의 박사 논문에서 하나님의 말씀을 가르치고 듣는 것에 대해 개신교와 성경이 어떻게 강조하고 있는지 정확하게 보고하고 있다. 그는 네덜란드어 자료를 통해 듣는 것과 보는 것에 관한 문제에 대한 귀중한 연구 결과를 제시한다.

님의 역할을 맡은 배우가 그분의 말씀을 그대로 사용한다면 그 말들은 여전히 능력이 있다. 하지만 그 배우의 얼굴은 예수님의 얼굴이 아니다. 예수님을 표현하기 위해 사용된 모든 것이 예수님을 계시하는 것이 되고 하나님은 그러한 계시를 용납하지 않으신다.

베드로, 야고보, 요한은 변화산에서 하늘의 주님이신 예수님의 영광을 미리 맛보았다. 그곳에서 그들은 보는 것과 듣는 것의 절정을 경험했다. 베드로는 두 번째 서신에서 다음과 같이 썼다. "우리 주 예수 그리스도의 능력과 강림하심을 너희에게 알게 한 것이 교묘히 만든 이야기를 따른 것이 아니요 우리는 그의 크신 위엄을 친히 본 자라. 지극히 큰 영광 중에서 이러한 소리가 그에게 나기를 이는 내 사랑하는 아들이요 내 기뻐하는 자라 하실 때에 그가 하나님 아버지께 존귀와 영광을 받으셨느니라. 이 소리는 우리가 그와 함께 거룩한 산에 있을 때 하늘로부터 난 것을 들은 것이라"(벧후 1:16-18).

예수님은 제자들과 함께 군중을 떠나 먼 북쪽 지방 빌립보 가이사랴로 데리고 가셨다. 예수님은 제자들에게 물으셨다. "사람들이 인자를 누구라 하느냐?"(마 16:13). 제자들이 더 옳은 대답을 하기를 기다리실 때 베드로가 말했다. "주는 그리스도시요 살아 계신 하나님의 아들이시니이다"(16절).

베드로의 고백은 현대 사람들이 흔히 말하는 아첨성 발언을 훨씬 뛰어넘는 것이었고 베드로 자신도 넘어서는 것이었다. 베드로에게 예수님이 누구신지를 알려주신 분은 하늘에 계신 하나님 아버지이셨다. 계시를 통해 베드로는 하나님의 진리를 말했다. 하지만 이런 베드로조차 예수님이 예루살렘을 정복하러 가시는 것이 아니라 죽기 위해 가시는 것을 막았다는 이유로 꾸짖음을 들어야 했다. 베드로는 예수님도 자신도 십자가를 지는 것을 원하지 않았다. 주님께 심하게 꾸지람을 들었지만 베드로는 그 꾸지람에 굴복했다. 베드로는 예수님 곁에 남았고 예수님도 베드로와 함께 머무셨다. 베드로와 다른 이들은 예수님이 죽으러 가신다고 하셨음에도 예루살렘까지 쫓아갔다. 그러나 베드로가 매일 예수님을 보고 들었던 것 그 자체가 예수님을 주님이라고 환호했던 믿음을 일깨우지 않았다. 그 깨달음은 하나님 아버지로부터 왔다. 나중에서야 베드로는 자신이 고백했던 주님의 영광을 볼 수 있었다. 베드로는 그리스도의 영광을 보았기 때문에 믿은 것이 아니었다. 그가 그리스도를 믿었기 때문에 영광의 증인이 될 수 있었던 것이다.

변화산 사건은 주님의 말씀을 듣는 것이 얼마나 중요한 지를 보여준다. 베드로, 야고보 그리고 요한은 예수님을 따라 헤르몬산에 오른 후 졸음을 이기지 못하고 잠이 들었다.[7] 그곳에서 그들이 조는 동안 주님은 기도에 매진하셨다. 영광의 광채가 뿜어 나오자 그들은 잠에서 깨어 경외감에 사로잡혔다. 그 빛은 영광의 구름 속이 아

---

7 헤르몬산은 고도가 높은 산인데다가 예수님이 그들을 빌립보 가이사 랴로 데리고 가신 것으로 보아 헤르몬산이 변화산인 것으로 짐작할 수 있다.

닌 예수님의 얼굴에서 뿜어져 나왔다. 친근하던 얼굴이 이제 하늘의 영광으로 빛나고 있었다. 그전에는 한 번도 보지 못했던 영광 중에 계신 예수님을 보았다. 아들의 형상으로 오신 하나님이었다. 그들은 예수님과 함께 이야기를 하고 있는 이가 모세와 엘리야임을 알아보았다.

이들은 과거가 아닌 천국에서 온 모세와 엘리야였다! 베드로가 예수님, 모세, 그리고 엘리야를 위해 세 초막을 짓겠다고 나설 만한 상황이었다. 천국이 땅에 임했다. 하늘나라가 산 정상에 임했기에 그 누구도 천국이 올 것이라는 사실을 의심할 수 없었다. 하늘나라의 전조가 된 엘리야는 단순히 메시아가 오실 것을 알리기 위해서가 아니라 메시아의 영광 중에 함께 하기 위해 그곳에 왔다. 모세와 엘리야 둘 다 산 정상에서 주님의 임재를 경험했던 적이 있는 인물이었다. 이제 그들은 시내산도 호렙산도 아닌 헤르몬산에 서 있다. 예수님이 계신 곳에 천국의 영광이 강림했다. 그때 갈릴리의 군중들이 그 영광을 바라보기 위해 헤르몬산으로 올라왔는가? 만약 그랬다면 확실히 보는 것으로 모든 의심을 떨쳐 버릴 수 있었을 것이다.

그때 시내산에서 모세에게 그랬듯이 홀연히 빛난 구름이 베드로, 야고보, 그리고 요한을 두려움으로 에워쌌다. 그리고 모세가 들었듯이 그들도 구름 속에서 나오는 음성을 들었다. 이때 하나님의 음성은 모세의 십계명을 반복하는 소리가 아니었다. 열 개의 계명이 아닌 단 하나의 계명을 말하는 소리였다. 또한 호렙산에서 바위를 날려버리는 강풍보다 더 경이로운 속삭임으로 엘리야에게 주신 약속의 말씀을 반복해서 말하지 않으셨다. 구름 속 목소리는 단 하나의 계명을 선포했다. "이는 나의 아들 곧 택함을 받은 자니 너희는 그의 말을 들으라" (눅 9:35). 그의 영광에서 그를 **보라**가 아닌 **들으라**고 말씀하셨다. 예수님이 예루살렘에서 성취하실 출애굽에 대해 모세와 엘리야와 말씀하시는 그 음성을 들으라.

그의 말을 들으라: 영광의 선지자

그의 말을 들으라. 그는 영광의 선지자시다. 그 어떤 선지자도 모세에 비할 수 없다. 시내 산자락에 모여 있던 이스라엘 백성은 주님의 음성을 차마 들을 수 없었다. "하나님이 우리에게 말씀하시지 말게 하소서. 우리가 죽을까 하나이다"(출 20:19). 백성들이 멀찌감치서 있을 때 모세는 하나님이 계신 산꼭대기 흑암으로 올라갔다(18-21절). 그곳에서 모세는 구름 속으로 들어가 하나님의 말씀을 받았다(24:16-18). 하나님은 "내 종 모세와는 그렇지 아니하니… 그와는 내가 대면하여 명백히 말하고 은밀한 말로 하지 아니하며 그는 또 여호와의 형상을 보거늘"(민 12:7-8)이라고 말씀하셨다.

후에 예레미야는 마치 전능하신 여호와의 회의에 참여하여 그 말을 직접 들은 것처럼 말하는 거짓 선지자들을 강하게 비난했다 (렘 23:18, 22). 참 선지자는 여호와의 입에서 나온 말씀으로 말한다. 그 말씀은 하늘나라 회의에서만큼 이 땅에서도 확실하게 임한다(16절).

모세가 앞으로 하나님이 일으키실 선지자들에 대해 예언하는 부분을 살펴보면 사실 단수형으로 지칭했음을 확인할 수 있다. 한 분의 선지자가 올 것이고 사람들은 그분의 말을 들어야 한다는 것이다(신 18:18).

변화산에서 나타난 예수님의 영광은 하나님의 집을 다스리는 아들이 그 집의 종보다 큰 자이듯 모세의 영광과 비교할 수 없을 만큼 위대하다. 과거에 여러 부분과 여러 모양으로 말씀하셨던 하나님은 이 모든 날 아들을 통하여 마지막으로 그리고 완전하게 그 말씀을 이루셨다(히 1:1-2). 예수님을 통해 선지자들이 약속했던 모든 것들이 실현되었다. 선지자들의 메시지는 예수님에 관련된 것일 뿐 아니라 예수님으로부터 나온 것이었다. 그리스도의 영이 예언의 영이기 때문이다(벧전 1:11; 계 19:10 참고). 하나님의 아들이 하나님의 마지막 말씀을 선포하시고 그분 자신이 곧 하나님의 마지막 말씀이시다. 그분이 하신 말씀은 그 말씀을 들은 이들에 의해 확증되었고 "하나님도 표적들과 기사들과 여러 가지 능력과 및 자기의 뜻을 따라 성령이 나누어 주신 것으로써 그들과 함께 증언하셨"다(히 2:4).

오직 한 분만이 삼위일체 하나님의 모든 목적을 이 땅에서 이루실 수 있었다. 하나님의 아들은 모든 영원 속 아버지의 품에 안겨 자신의 신성 안에서 아버지 하나님을 보았다(요 6:46). 예수님은 하나님 아버지와 함께 보고 들은 것을 말씀하시고 행하셨다. 마치 아버지만이 그분을 드러내실 수 있듯이 오직 예수님만이 하나님 아버지를 드러내실 수 있다. 만약 예수님의 대적들이 모세의 글을 믿었다면 예수님의 말도 믿었어야 했다. 왜냐하면 단 한 절의 예언뿐 아니라 토라 전체에 예수님에 대한 말씀이 쓰여 있기 때문이다 (5:45-47).

모세는 헤르몬산 위에 예수님과 함께 서서 예수님이 예루살렘에서 자신을 희생해야 하는 것에 대해 이야기를 나눴다. 모세는 이스라엘이 광야에서 자신들을 목말라 죽게 하였다고 여호와를 상대로 소송을 제기한 날을 생생히 기억하고 있었다(출 17:1-7).[8] 그들은 하나님을 심판대에 세웠다. 모세는 주님의 명령을 따라 심판의 지팡이를 들고 장로들을 증인으로 세운 뒤 반석 위 심판대 위에 섰다. 그곳에서 주님, 곧 삼위일체의 제2위격이신 분이 바위 위 영광의 구름 속에 나타나셨다. 주님은 마치 피고석에 서 있는 죄인의 모습으로 모세 앞에 서셨고 모세는 바위를 치기 위해 지팡이를 들었다. 모세는 주님이 나타나신 영광을 감히 칠 수 없었지만 하나님은 주님이 서 계시고 그분을 나타내는 그 바위를 치라고 명하셨다. 모세는 자신이 부른 노래에서 하나님을 반석으로 칭하며 "진실하고 거짓이 없으신 하나님이시니 공의로우시고 바른" 분으로 명명한다 (신 32:4). 하나님의 이름인 반석이 상징하는 것은 주님이 이스라엘이 받아 마땅한 타격을 받으셨다는 것이다. 그 반석으로부터 반역

---

8 "므리바"(출애굽기 17:7)는 소송을 의미한다. 여기서 므리바의 어원인 *rîb* 를 사용했다. 7절에서 므리바와 함께 쓰인 "맛사" 역시 법적 용어로서 "재판", 소송을 걸다라는 의미로 쓰였다.

성경 모든 본문에서 그리스도를 설교하라

한 백성들을 위한 생명의 물이 흘러나왔다. 바울은 말한다. "그 반석은 곧 그리스도시라!"(고전 10:4).

모세와 예수님은 깨어진 반석이 갖는 상징이 아닌 궁극적 속죄의 실체에 대해 말씀하셨다. 예수님은 이제 헤르몬산을 내려가 골고다 언덕을 오르셔야 했다. 구름 속에서 들리는 음성은 짧게 "그의 말을 들으라!"라고 말했다.

그렇다. 예수님의 제자들은 그분을 따라야 했다. 그분이 우리를 위해 하신 일의 증인이 될 것이다. 하지만 예수님이 하신 일에 대해 이해하려면 우리는 그것이 어떤 의미인지에 대해 설명하시는 그분의 말씀을 들어야 한다. 불신은 언제나 예수님의 말씀을 믿지 못하게 한다. 불신은 Notitia("정보" 혹은 "진리")를 만들어 내는 믿음의 들음 대신 **실수**를 조작하는 인간의 생각으로 이를 대체하고, 신학적 동의로 나타나는 믿음의 **확신** 대신 **착각**이라는 가상 현실로 옮겨가며, fiducia("신뢰")에서 찾을 수 있는 믿음의 헌신 대신 불신은 **우상 숭배**에 종노릇한다.

성자 하나님의 영광이 이 작은 지구의 가장 높은 에베레스트산보다 무한대로 더 높이 들어 올려질 것이다. 하늘 높은 곳 영광의 보좌 위에서 그분의 이름은 모든 이름보다 뛰어나게 될 것이다. 불타는 스랍들이 "거룩하다, 거룩하다, 거룩하다 만군의 여호와여"라고 외칠 것이다. 요한은 이사야가 성전 환상에서 그분의 영광을 보고 그를 가리켜 말한 것이라고 이야기한다(요 12:41).

하지만 영광의 주님은 베드로, 야고보, 요한과 함께 헤르몬산

길을 내려가셔야 했다. 예루살렘에서 그분의 출애굽을 성취하셔야 했기 때문이다.

그의 말을 들으라: 영광의 제사장

제사장이자 모세보다 훨씬 더 위대한 중보자이신 그분의 말을 들으라. 모세는 이스라엘을 살려 달라고 주님께 간구했다. 모세는 만약 주님이 이 반역한 백성들을 심판하시려거든 자신의 이름을 생명책에서 지워 달라고 기도했다. 그러나 예수님은 우리와 운명을 함께 하시는 것 이상의 일을 이루셨다. 즉, 직접 나무에 달리셔서 우리의 죄를 감당하심으로 우리를 구원하신 것이다.

위대한 대제사장이신 예수님의 긍휼을 기억하기 위해 예수님이 예루살렘을 향하여 기도하실 때 맛보았던 영광에 대해 생각해 볼 필요가 있다 (눅 9:51). 그 영광은 아버지와 함께 계실 때 알고 계셨던 그분 자신의 영광이었다. 예수님의 존재만으로 영광이 넘쳐 흘렀고 그분의 얼굴에서 빛이 났다. 분명히 예수님은 모세, 엘리야와 함께 그 영광으로 돌아가실 수 있었다! 예수님의 명령 하에 불의 전차를 내려오게 하실 수도 있었다. 그런데 다시 산 아래로 내려가 귀신도 쫓아내지 못하는 무능한 제자들에게 돌아가실 필요가 있었을까? 사탄이 이미 예수님께 이 세상 왕국의 영광을 보여준 바 있지만 변화산에서 예수님은 천국의 영광을 맛보셨다. 이 영광은 예수님을 유혹하기 위해서가 아니라 강건하게 하기 위해서 임했다. 그렇다. 예수님은 모세와 엘리야와 함께 올라가지 않고 반드시 내려가서야 했다. 만약 예수님이 내려가지 않으시면 **그들은** 올라갈 수가 없었다. 그들을 위한 영광은 있을 수 없었다. 그들은 **그들의** 희망인 동시에 모든 하나님 백성을 위한 희생 제물에 대해 예수님과 이야기를 나누었다. 예수님은 기도로 힘을 얻으셨고 잃어버린 죄인들을 위해 죽어야 하는 고통에 단단히 대비하기 위해 영광으로 새 마음을 얻으셨다. 모세와 엘리야는 헤르몬산에서 그들이 알지 못했던 영광을 예수님과 함께 맛보았다. 하나님이 애굽으로부터 아들을 불러내셨다.

아니다, 베드로야. 세 장막을 세우지 말아라. 이제 진정한 마지막 장막이 세워졌느니라. "말씀이 육신이 되어 우리 가운데 거하시매 [장막을 치시매]⁹ 우리가 그의 영광을 보니 아버지의 독생자의 영광이요 은혜와 진리가 충만하더라"(요 1:14). 모세와 엘리야가 영광 중으로 돌아가고 오직 예수님만이 베드로, 야고보, 요한과 남으셨다. 죄의 값을 치르기 위해 이보다 더 선한 방법은 없었다. 예수님이 대제사장이자 희생 제물이 되어 단 한 번으로 세상 끝에서 죄를 없이 하셨다 (히 9:26; 10:12). 모세는 물을 내기 위해 바위를 두

---

9 뉴킹제임스버전 (NKJV)과 영어표준번역 (ESV)에서 "거하다"를 나타내는 단어는 *eskēnōsen*을 번역한 것인데 이를 직역하면 "장막을 치다"라는 뜻이다. 이 문맥에서 이러한 언급은 장막의 상징을 성취하는 것이라고 할 수 있다. 장막을 덮은 영광의 구름은 성막에 거하시는 하나님의 임재를 상징했다.

번 치는 것으로 범죄 했지만 예수님은 단 한 번의 타격으로 우리를 대신하여 죄를 지셨다.

그의 말을 들으라: 영광의 왕

영광의 왕이신 그분의 말을 들으라. 이스라엘이 금송아지 사건으로 범죄 한 후 모세는 주님께 중보 하면서 그 어떤 변명도, 이스라엘이 더 바르게 행하게 하겠다는 맹세도 할 수 없었다. 모세는 그저 주님이 그분의 영광을 드러내도록 이스라엘 가운데 있는 성막에 임해달라고 간구할 뿐이었다. 백성들은 모세의 얼굴에 비치는 영광으로 인해 몸을 움츠렸다. 하지만 변화산에서 모세는 세상에 오신 진짜 영광의 하나님을 보았고 바위틈으로 지나가시는 주님의 뒷모습을 보는 것이 아닌 하나님의 아들로 오신 예수님의 영광의 얼굴을 보았다.

엘리야는 갈멜산에서 하늘에서 불이 떨어짐으로 바알 제사장들과의 대결에서 승리했다. 그러나 이세벨 여왕의 분노에 죽음의 위기를 느끼며 도망했다. 엘리야는 모든 선지자 중 자신만이 남았으며 곧 죽게 되었다고 불평했다. 주님은 속삭이는 목소리로 자신의 계획을 엘리야에게 나타내셨다. 그분은 그가 혼자가 아니며 이미 엘리사를 선택해 두셨다고 말씀하셨다. 이제 엘리야는 주님을 만나고 그분의 음성을 들었다. 그 음성은 구름 속에서 말씀하신 아버지의 음성이었으며 영광의 왕이신 아들의 음성이기도 했다. 예수님도 겟세마네 동산에서 베드로, 야고보, 요한이 잠들어 버렸고 잡히실 때 모두 도망갔기에 철저히 혼자였다. 그러나 십자가 위에 붙어진 나무패가 만세에 증인이 되었다. **나사렛 예수, 유대인의 왕.**

듣는 것이 믿는 것이다

예수님은 죽음에서 부활하시고 제자들에게 자신을 나타내셨다. 제자들은 예수님을 보았고 그분이신 줄 알았다. 예수님은 도마 앞에 나타나셨을 뿐 아니라 직접 상처에 손을 대 보라고 말씀하셨다. 도마가 직접 만져보게 하시고 믿게 하셨다. 하지만 도마는 상처에 손을 대지 않고 발 앞에 엎드려 숨을 쉬듯 말했다. "나의 주님이시요, 나의 하나님이시니이다!" 예수님은 "너는 나를 본 고로 믿느냐. 보지 못하고 믿는 자들은 복되도다"라고 말씀하셨다(요 20:29).

우리는 **보지** 못했지만 주님의 말씀을 **들어왔다.** 도마에게 보는 것이 곧 믿는 것이었지만 우리에게는 **듣는 것**이 곧 믿음이다. 예수님이 승천하셨을 때 그 어떤 형상이나 초상화 같은 것들을 일체 남기지 않으셨다. 십자가에 달리시기 전 세 제자들이 변화산에서 본 예수님의 영광은 세상에 남지 않았다. 이제 예수님의 영광을 볼 수 있는 곳은 아버지의 우편에 있다. 스데반은 이 보좌 우편에 계신 영광, 즉 자신이 증거하던 주님을 보았다. 예수님이 영광 중으로 올라가신 후 남은 것은 제자들이 듣고 선포한 말씀이었다. 그들은 예수님의 말씀을 들었고 예수님은 그들이 모든 말씀을 기억하고 그 구원의 복음을 열방에 선포할 수 있는 힘을 주시려고 성령의 능력으로 내려오셨다. 예수님은 그들은 두고 떠나신 것이 아니었다. 사도행전 저자는 예수님이 하늘로 승천하신 후에도 성령을 통해 어떻게 계속해서 일하시고 가르치시는지 기록하고 있다. 성령은 능력으로 오셨고 하나님의 말씀은 증가하고 배가되었다.

베드로는 그리스도인으로 개종하여 고향에서 이방인이 되어버린 소아시아 지방의 신자들에게 보내는 편지에서 예수 그리스도의 계시에 대해 썼다. 베드로가 예수님을 다시 보게 되는 날을 고대하듯이 그들도 예수님을 보기를 소원했다. "예수를 너희가 보지 못하였으나 사랑하는도다. 이제도 보지 못하나 믿고 말할 수 없는 영광스러운 즐거움으로 기뻐하니"(벧전 1:8). 베드로는 예수님을 직접 뵈었고 또 그분을 사랑했다. 이 이방인들은 예수님을 보지 못했지만 그들 역시 그분을 사랑했다. 어떻게 이런 일이 있을 수 있는가? 바울이 이에 대한 답을 제시한다. 바울은 갈라디아 교인들을 꾸짖는 중에 이렇게 썼다. "예수 그리스도께서 십자가에 못 박히신 것이 너의 눈앞에 밝히 보이거늘 … 너희가 성령을 받은 것이 율법의 행위로냐 혹은 듣고 믿음으로냐?"(갈 3:1b-2).

바울의 가르침은 매우 생생했다. 그는 십자가에 못 박히신 그리스도를 가르쳤다. 하지만 바울의 가르침의 능력은 말씀의 능력, 곧 성령의 능력이었다. 말씀이 들렸고 믿음은 들음에서 났다. 바울이 갈라디아 교인들을 위해 그렸던 그림은 용의선상에서 예수님을 알아볼 수 있을 만한 특징들을 묘사한 것이 아니었다. 바로 갈보리 언덕에서 말씀하시고 행하셨던 복음의 그림이었다. 변화산에서처럼 그곳에서 우리는 그분의 말씀을 들어야 한다.

가상현실이 판을 치는 세상에서 현실주의를 가져오는 것은 주님의 말씀이다. 이것이 강렬한 진리의 햇빛으로 모든 환상을 없애는 "현실 직시"라고 할 수 있다. 우리의 삶과 사역에서 우리는 살아계신 말씀인 예수 그리스도를 들어야 한다.

말씀 속에 임하시는 주님의 음성을 들으라

모세를 통해 하나님은 이렇게 말씀하셨다. "이스라엘아 들으라. 우리 하나님 여호와는 오직 유일한 여호와시니"(신 6:4). 이제 그분은 모세, 엘리야, 그리고 제자들에게 "그의 말을 들으라"라고 말씀하신다[10]. 천지 창조 이후 "어떤 국민이 불 가운데에서 말씀하시는 하나님의 음성을 너처럼 듣고 생존하였느냐?"(4:33). 하지만 이제 더 위대한 최후의 능력의 말씀이 선포되었다. 하나님 아버지의 음성은 이렇게 말한다. "이는 내 사랑하는 아들이라. 그의 말을 들으라!" 주님이 오신 것이다. 말씀은 살아 계신 하나님 그분 자체다. 성자 하나님이자 모든 것을 창조한 말씀이신 그분의 음성을 들으라! "빛이 있으라" 그는 말씀하신다. 헤르몬산에서 얼굴에 비췄던 빛은 그분

---

10 "쉐마(Shema-들어라)"의 중요성에 관하여 Schuringa의 "Hearing the Word in a Visual Age," 32ff를 참고하라.

의 말씀이 실존하여 나타난 것이다. 그분의 빛은 우리의 어둠 속에서 스스로 빛나는 빛이다.

능력의 말씀을 전하시는 그분의 음성을 들으라. 강풍에 휘말린 고깃배 위에 예수님은 서 계신다. 제자들을 그분의 명령을 듣는다. "잠잠하라, 고요하라!" 조용해진 바람과 바다 소리가 강풍보다 그들을 더 두려움에 떨게 했다. "그가 누구이기에 바람과 바다도 순종하는가?"(막 4:41). 창조주이신 주님이 역사의 주님 되신다(시 148:7-12; 147:15-16; 46:6; 33:6, 10-11). 주님의 말씀이 불경한 헤롯왕을 치고 땅과 하늘의 권세를 통치하신다.

귀먹은 이도 그분의 음성을 들었다. "**에바다!** 열릴지어다!"(막 7:34). 죽은 자도 그의 명령을 들었다. "아이야, 일어나라"(눅 8:54). "나사로야, 나오라"(요 11:43)라고 말씀하신 주님은 "삭개오야, 속히 내려오라. 내가 오늘 네 집에 유하여야 하겠다"라고 말씀하신다(눅 19:5). 그분은 부르신다. 그의 말씀은 영이며 생명이다. 말씀은 날선 검처럼 심장을 찌르고 명령을 성취한다. 구제불능의 죄인에게 처음에는 "이 사람아 네 죄 사함을 받았느니라"라고 하시고 그다음에 "내게 네게 이르노니 일어나 네 침상을 가지고 집으로 가라" 말씀하신다(눅 5:20, 24).

예수님이 가지신 능력의 말씀은 약속의 말씀이기도 하다. 죄인들을 초청하시는 그분의 음성을 들어보라. "수고하고 짐 진 자들아, 다 내게로 오라. 내가 너희를 쉬게 하리라"(마 11:28). "인자가 온 것은 잃어버린 자를 찾아 구원하려 함이니라"(눅 19:10).

말씀의 주님이신 예수님은 자신의 구원 사역에 대해 말씀하신다. 그분의 구속사는 언제나 그분의 계시와 함께 나타난다. 주님은 앞으로 하실 일과 지금 하고 계시는 일, 그리고 이미 하신 일을 선포하신다. 선한 목자이신 그분의 음성을 들으라! 그분은 말씀하신다. "내가 온 것은 양으로 생명을 얻게 하고 더 풍성히 얻게 하려는 것이라"(요 10:10). 공표하시는 그분의 말씀을 들으라. 예수님은 나사렛 회당에서 이사야가 선포한 메시아의 희년에 대한 글을 읽으시고는 "이 글이 오늘 너희 귀에 응하였느니라"라고 말씀하신다(눅 4:21). 예수님은 억압받는 자들을 자유케 하시고 주님의 은혜의 해를 선포하러 오셨다.

예수님은 제자들을 모으시고 교훈적인 말씀들을 가르치신다. "나는 너희에게 이르노니 너희 원수를 사랑하며 너희를 박해하는 자를 위하여 기도하라. 이같이 한즉 하늘에 계신 너희 아버지의 아들이 되리니"(마 5:44-45). 반면에 모든 계명을 지켰다고 말한 부유하고 젊은 청년에게는 "와서 네 십자가를 지고 나를 따르라"라고 말씀하셨다(막 10:21).

주님은 파도를 향해 능력으로 말씀하실 뿐 아니라 바리새인들에게는 심판과 경고의 말씀을, 그리고 제자들에게는 다양한 방식으로 말씀하셨다. 또한 기도로 하나님 아버지께 말씀하셨다. "천지의 주재이신 아버지여, 이것을 지혜롭고 슬기 있는 자들에게는 숨기시고 어린아이들에게는 나타내심을 감사하나이다"(마 11:25). 예수님은 회중 가운데에서 아버지 하나님을 찬양하신다. 그분은 베드로의 믿음이 실족하지 않기를 청원하신다. 숨을 거두시기 전에 그분이 하신 기도를 들으라. "내가 비옵는 것은 이 사람들만 위함이 아니요, 또 그들의 말로 말미암아 나를 믿는 사람들도 위함이니 아버지여, 아버지께서 내 안에, 내가 아버지 안에 있는 것 같이 그들도 다 하나가 되어 우리 안에 있게 하사 세상으로 아버지께서 나를 보내신 것을 믿게 하옵소서"(요 17:20-21). 또한 십자가 위에서 부르짖으신 애가를 들어보라. "나의 하나님, 나의 하나님. 어찌하여 나를 버리시나이까?" 그분의 말씀을 들으라!

주님이 자신의 이름과 임재를 말씀하시기 때문에 우리는 그분의 말씀을 들어야 한다. 폭풍 속에서 물 위를 걸어오시며 심하게 흔들리는 배 안에서 두려움에 떨고 있는 제자들을 향해 말씀하셨다. "나니 두려워하지 말라!" 당신은 그분의 제자로서 그분의 음성을 듣고 있는가? "내가 어떻게 독수리 날개로 너희를 업어 내게로 인도하였음을 너희가 보았느니라"라고 말씀하신 분이 주님이시다(출 19:4). 그분은 또 말씀하신다. "아브라함 전에 내가 있었다." 불타는 떨기나무 속에서 모세에게 언약의 이름을 선포하셨고 당신에게 이렇게 말씀하신다. "내가 너희를 고아와 같이 버려두지 아니하고 너희에게 오리라"(요 14:18).

주님의 말씀을 가르칠 것인가? 당신은 그 말씀을 들은 적이 있는가? 지금도 듣고 있는가? 어떻게 이 엄청난 보물의 작은 조각이라도 당신에게 전달할 수 있을까? 오늘 성령을 통해 예수님이 하시는 말씀을 한 마디만 들어도 당신의 삶은 변할 것이다. 그렇다고 한 마디에만 머물지 말고 매일매일 구세주의 음성을 듣고 주의를 기울여야 한다. 말씀의 전문가가 되는 것은 교훈만을 전문적으로 다룬다거나 약속들만 속속들이 알고 있다거나 선포의 말씀에만 능통한 것을 의미하지 않는다. 당신이 새롭게 발견했거나 처음으로 깨닫게 된 주님의 말씀을 가르쳐야 한다. 새로운 것이든 오래된 것이든 당신이 간직하고 있는 보물에서 가져와야 한다. 물의 근원에서 마시고 잔치의 만찬을 즐기고 불 앞에 엎드리고 주님께 가까이 다가가라.

주님의 말씀을 가르치는 것이 가진 능력을 절대 잊지 말라. 사도들이 세운 교회에서 자라고 전파된 말씀은 그리스도의 말씀, 곧 능력의 말씀이었다. 복음은 살아계시고 하늘로 올라가신 주님이 하신 말씀이다. 그리스도의 말씀이 당신의 말씀 사역에 얼마나 큰 변화를 가져다주는가! 읽지는 않고 그림만 보려고 하는 이 시대에 실망했는가? 예수 그리스도가 여전히 말씀하시며 모든 남녀노소가 그분의 음성을 듣도록 부르시는 것을 믿는가? 떨지어다, 말씀을 가르치는 자들이여. 만약 그분이 분명히 당신을 부르셨고 말씀의 선포자로 세우셨다면 당신을 통해 그분이 말씀하신다. 존 머리는 로마서 10장 12-21절에 쓰여 있는 사도 바울의 말의 핵심을 간략하지만 예리하게 집어 준다.[11] 로마서 8장에서 구원의 황금 사슬을 연결

---

11 John Murray, *The Epistle to the Romans*, vol. 2 (Grand Rapids, Mich.: Eerdmans, 1965), 60ff.

시킨 바울은 10장에서 복음의 적용 사슬을 구축했다. 여기서 바울은 주님께 부르심을 받은 자들이 아닌 주님을 부르는 자들에 대해 말한다. 이들은 누구인가? 바로 믿는 자들이다. 예수님에 대해 듣지 못한다면 어떻게 그들이 예수님을 믿을 수 있겠는가? 전하는 자 없이 어떻게 그분에 대해 들을 수 있겠는가? 그리고 보내심을 받지 않으면 어떻게 전할 수 있겠는가?[12]

믿음은 들음에서 나지만 어떤 일반적인 감각을 이야기하는 것이 아닌 예수 그리스도가 하신 말씀을 들음으로 난다. 예수님 자체가 아버지의 보내심을 받은 아들이시며 "하나님의 말씀을 하나니 이는 하나님이 성령을 한량없이 주심이니라"(요 3:34). 예수님은 하늘에서 친히 보고 들은 것을 증언하신다(요 3:31-32). 예수님이 하시는 말씀은 영이요 생명이다(요 6:63, 68). 바울은 자신이 다메섹 도상에서 들었던 것과 같은 방식으로 모든 믿는 자들이 예수님의 말씀을 들을 것이라고 기대하지 않는다. 바울이 들은 것은 부활하신 주님을 본 것의 일부분이었다. 주님은 이방인과 군주, 그리고 이스라엘 자손에게 자신의 이름을 감당할 도구로 바울을 선택하시고 보내셨다. 바울은 사도로서 이스라엘 민족뿐 아니라 이방인들에게 그리스도의 말씀을 선포할 수 있게 한 하나님의 신비를 보여주는

---

12 Schuringa가 로마서 10장 14절을 "그분에 대하여 듣다(hear of him)"에 반하여 "그분의 음성을 듣다(hear him)"로 번역한 논문 발표를 참고하라 ("Hearing the Word in a Visual Age," 53ff.).

절정의 계시라고 **그의** 복음을 전할 수 있었다(엡 3:2-12). 바울은 하나님의 사신으로 하나님을 대변했다. 하나님이 그를 통해 말씀하셨기 때문이다(고후 5:20).[13] 바울이 가르친 것은 사람의 뜻을 따라 된 것이 아니었다. 또한 사람으로부터 받거나 배운 것이 아니라 예수 그리스도의 계시로 말미암은 것이었다(갈 1:11-12).[14] 우리는 단순히 성경에 붉은 글씨로 쓰인 것만이 아닌 말씀이신 주님의 전체적인 계시를 통해 그 음성을 듣는다.

그러나 영감을 받은 사도들에게만 그리스도의 말씀이 주어진 것이 아니다. 다른 설교자들 또한 사도들과 예언자들을 통해 듣는 예수님의 말씀의 청지기가 된다. 주님이 말씀하신 것처럼 당신은 주님의 말씀을 선포하고 그분의 음성을 들은 자들이 이를 확증한다. 우리는 사도들이 교회의 토대로 세운 주님의 계시와 사도적 근간 위에 세운 이들의 영적 깨달음 간의 차이를 구별해야 한다. 사도

---

13 Schuringa는 F. W. Grosheide의 말을 인용했는데 그는 *hōs*구에서 ("하나님이 우리를 통하여 너희를 권면하시는 것 같이") "~것 같이 (as if)"를 "그런 것 같이 보이지만 사실은 그것이 아닌"이라는 의미보다는 "우리가 하는 것 같아 보이지만 사실은 하나님이 하신다"로 해석해야 한다고 말했다. Thayer와 G. Abbott-Smith는 이 구절과 베드로후서 1장 3절을 저자의 신념(혹은 누군가의 잘못된 의견)을 표현하는 절대 속격(genitive absolute)과 함께 *hōs*아래 열거한다. J. H. Thayer, *Greek-English Lexicon of the New Testament*, 4th ed. (Edinburgh: T & T Clark, 1901), 681, col. 1; G. Abbott-Smith, *A Manual Greek Lexicon of the New Testament* (Edinburgh: T & T Clark, 1937), 490-491.

14 Peter R. Jones, *La deuxième épître de Paul aux Corinthiens* (Vaux sur Seine, France: Edifac, 1992), 115.

들뿐 아니라 70인에게도 예수님은 "너희 말을 듣는 자는 곧 내 말을 듣는 것이요, 너희를 저버리는 자는 곧 나를 저버리는 것이요, 나를 저버리는 자는 나 보내신 이를 저버리는 것이라"라고 말씀하셨다 (눅 10:16; 요 13:20).

주님의 말씀은 여전히 자라고 배가하고 있다. 지도에 표시도 없었던 섬에 상륙한 바운티 호에 승선하고 있던 한 선원의 서랍장에서 발견된 성경책이 그랬듯 기록된 성경 말씀이 전해지고 있다. 사도들의 시대에 예루살렘에서 쫓겨날 때에 그랬듯 박해당한 그리스도인들이 말씀을 널리 퍼뜨렸다. 주님의 말씀은 작은 소그룹에서도 들릴 수 있고 선교단체나 연합단체가 주최하는 대형 집회에서도 들릴 수 있다. 하지만 신약, 특히 목회서신을 보면 예배를 드리기 위해 하나님의 사람들이 모이는 곳은 주님의 말씀을 들을 수 있는 특별한 장소임을 알 수 있다(딤전 5:7; 4:11, 16; 6:3; 딤후 2:14-15; 4:2; 딛 3:1).[15] 말씀은 시장에서도 선포되어야 하지만 또한 계속해서 하나님의 사람들이 예배하는 자리에서 들려야 한다. 그리고 부르심을 받아 파송된 사람의 입술로부터 들려야 한다. 그렇다. 그 임무를 위해 부르심을 받은 자의 설교는 주님의 말씀을 듣게 되는 설교이다. 당신의 입술을 통해 예수 그리스도가 말씀하신다. 벨직 신앙고백서가 선언하듯 하나님 말씀을 설교하는 것 자체가 하나님의

---

15   Schuringa의 "Hearing the Word in a Visual Age," 51을 참고하라.

말씀이다.

당신이 이러한 임무를 위해 부르심을 받았다면 여기에 당신을 향한 하나님의 말씀이 있다. "이는 내 사랑하는 아들이요, 그의 말을 들을지어다!"

색인

인물 색인

주제 색인

씨름 '레슬링'을 보라.

성구 색인